U0685213

基金从业资格考试辅导系列

证券投资基金基础知识过关必备
(名师讲义+历年真题+考前预测)

圣才学习网　主　编

清华大学出版社
北　京

内 容 简 介

本书是基金从业资格考试"证券投资基金基础知识"科目的学习辅导书,具体包括四部分内容:第一部分为备考指南,对基金从业资格考试、命题规律、复习策略进行解读;第二部分为核心讲义,以名师授课讲义为基础,全面讲解考试重点、难点内容;第三部分为历年真题详解,根据最新教材和考试大纲的要求,对历年真题的每道试题从难易程度、考查知识点等方面进行全面、细致的解析;第四部分为模拟试题详解,按照最新考试大纲及近年的命题规律精心编写了两套考前模拟试题,并根据参考教材对所有试题进行详细的分析和说明。

本书以参加基金从业资格考试的考生为主要读者对象,特别适合临考前复习使用,同时可以作为基金从业资格考试培训班的教辅,以及大、中专院校师生的参考书。

本书封面贴有清华大学出版社防伪标签,无标签者不得销售。
版权所有,侵权必究。侵权举报电话:010-62782989 13701121933

图书在版编目(CIP)数据

证券投资基金基础知识过关必备(名师讲义+历年真题+考前预测)/圣才学习网主编. --北京:清华大学出版社,2016
(基金从业资格考试辅导系列)
ISBN 978-7-302-42814-5

Ⅰ. ①证… Ⅱ. ①圣… Ⅲ. ①证券投资—投资基金—资格考试—自学参考资料 Ⅳ. ①F830.91

中国版本图书馆 CIP 数据核字(2016)第 028146 号

责任编辑:杨作梅
装帧设计:杨玉兰
责任校对:周剑云
责任印制:宋 林

出版发行:清华大学出版社
        网   址:http://www.tup.com.cn, http://www.wqbook.com
        地   址:北京清华大学学研大厦 A 座   邮   编:100084
        社 总 机:010-62770175   邮   购:010-62786544
        投稿与读者服务:010-62776969, c-service@tup.tsinghua.edu.cn
        质量反馈:010-62772015, zhiliang@tup.tsinghua.edu.cn
印 刷 者:清华大学印刷厂
装 订 者:三河市少明印务有限公司
经   销:全国新华书店
开   本:190mm×260mm   印 张:18.5   字 数:439 千字
版   次:2016 年 3 月第 1 版   印 次:2016 年 3 月第 1 次印刷
印   数:1~2500
定   价:39.80 元

产品编号:067027-01

基金从业人员资格考试辅导系列

编 委 会

主 编：圣才学习网(www.100xuexi.com)

编 委：邸亚辉　王　巍　肖　娟　赵芳微　杨　辉

　　　　娄旭海　韩艳强　张宝霞　蒋珊珊　王泽人

　　　　段瑞权　匡晓霞　李昌付　肖　萌　倪彦辉

为了帮助考生顺利通过基金从业资格考试，我们根据最新考试大纲、教材和相关考试用书编写了基金从业资格考试辅导系列丛书：

(1)《基金法律法规、职业道德与业务规范过关必备》

(2)《证券投资基金基础知识过关必备》

本书是基金从业资格考试"证券投资基金基础知识"科目的学习辅导书，以名师课堂讲授的讲义为基础，集聚了辅导教师数年的讲授经验和授课精华。同时，本书根据"证券投资基金基础知识"考试科目的最新命题规律和特点，总结分析了考试要点，并对难点进行了重点讲解。

总的来说，本书具有以下几个特点。

1．备考指南剖析考情，解读命题规律

本部分重点介绍基金从业资格考试的基本情况，剖析了历年考试的命题规律，并有针对性地给出了相应的学习方法和应试技巧，能够提高考生的应试水平。

2．整理名师讲义，浓缩知识点精华

【考情分析】总体介绍各章的主要内容、重难点，历年考试题型及分值比重等，方便考生总体上把握全书要点。

【学习方法】指明具体的复习思路、学习要点。

【知识结构】清晰勾勒出各法规的轮廓，使考生明确各知识点在整个体系中的地位和作用，形成脉络分明的复习主线。

【核心讲义】集聚名师数年讲课经验和授课精华，浓缩了各法规的知识点。以近年考题为切入点，重要法条后附有精选的例题，重点阐释各知识点的潜在联系。

【过关练习】囊括了考试大纲规定的全部考核要点，便于考生临考练兵，查缺补漏。

3．精准解析历年真题，深度解读考试重难点

本书收录了 2015 年 9 月的考试真题，按照最新考试大纲、指定教材和法律法规对全部真题的答案进行了详细的分析和说明。解析部分对相关知识点进行了系统归纳、总结，利于考生全面掌握和熟悉相关知识点。

4．考前预测紧扣大纲，直击考点实战演练

本书根据历年考试真题的命题规律及热门考点精心编写了两套模拟试题，其试题数量、难易程度、出题风格与考试真题完全一样。模拟试题紧扣大纲，知识"全"；直击考点，命题"准"；实战演练，提高"快"。方便考生检测学习效果，评估应试能力。

购买本书后，登录圣才学习网(www.100xuexi.com)，用所购图书封面防伪标的密码，即可享受大礼包增值服务：①15 小时视频课程(价值 200 元)；②本书 3D 电子书(价值 20 元)；③3D 题库(历年真题+章节题库+考前押题)(价值 20 元)；④手机版(电子书/题库)(价值 40 元)，

可在圣才学习网旗下所有网站进行消费。扫一扫本书封面的二维码,可免费下载本书手机版;摇一摇本书手机版,可找到所有学习本书的学友,交友学习两不误。

与本书相配套,圣才学习网提供基金从业资格考试网络课程、3D 电子书、3D 题库(免费下载,免费升级)。

圣才学习网编辑部

第一部分 备 考 指 南

第二部分 核 心 讲 义

第三部分　历年真题详解

第四部分　模拟试题详解

第一部分

备考指南

第一章 考情分析

一、考试概况

基金从业资格考试作为证券从业人员资格考试体系的一部分，从 2003 年起一直是由中国证券业协会组织的。为了落实新《基金法》，2015 年 1 月底，财政部、国家发改委下发了《关于重新发布中国证券监督管理委员会行政事业性收费项目的通知》(财税〔2015〕20号)，明确了基金业协会组织基金从业资格考试的收费项目，自此基金从业资格考试正式从证券业协会移交到基金业协会。

为了适应新形势下的行业发展，基金业协会借鉴境内外经验，根据历年各方反馈的意见，对考试内容进行了调整。调整后的考试侧重实际应用，主要考核基金从业人员必备的基本知识和专业技能。考试内容涵盖基金行业概览、法律法规与职业道德、投资管理、运作管理、销售管理、内部控制和合规管理、国际化七部分基本知识。

随着互联网等销售方式的变革，以及产品类型的丰富和复杂程度的增加，只针对宣传推介基金人员和基金销售信息管理平台系统运营维护人员的基金销售资格考试被取消，一并纳入基金从业资格考试。

二、报考条件

基金从业资格考试的报考条件包括：
(1) 具有完全民事行为能力。
(2) 年满 18 周岁。
(3) 具有高中以上文化程度。
(4) 中国证监会规定的其他条件。

三、考试科目

基金从业资格考试包含以下两个科目：
科目一：基金法律法规、职业道德与业务规范。
科目二：证券投资基金基础知识。
考生通过两个科目考试后，具备基金从业资格及基金销售资格注册条件。
基金业协会将根据行业与市场发展的需要，酌情增加或调整相关的考试科目。

四、考试时长、题型和分值

(1) 考试题型均为单选题，每科题量为 100 道，每题分值 1 分，总分 100 分，60 分为合格线。

(2) 单科考试时长为 120 分钟。

五、考试组织实施

(1) 考试公告：基金业协会将在考试前发布考试公告，公布具体考试安排。

(2) 报名方式：报名采用网上报名方式。

(3) 考试类型：考试分为全国统一考试和预约式考试。

(4) 考试地点：全国统一考试在省会及重点城市同时举行；预约式考试根据市场需求在部分城市举行。

(5) 考试方式：考试采取闭卷、计算机考试方式进行。

六、考试成绩与资格注册

科目一和科目二考试合格后，在 4 年内可以通过所在机构向基金业协会申请注册基金从业资格。超过 4 年未通过机构申请注册基金从业资格的，需重新参加从业资格考试或在注册前补齐最近 2 年的规定后续培训学时。已经取得基金从业资格的人员需按照有关规定每年度完成 15 学时的后续培训，并按要求通过所在机构参加基金业协会组织的从业资格年检。

第二章 命题规律

2015年9月的考试是基金从业资格考试正式从证券业协会移交至基金业协会后的全国第一次统一考试，考试从整体来看难度不大，题目大多是对教材中基本知识点的考查。通过对真题的研究，我们发现了一些潜在的命题规律，具体总结如下。

一、教材中原话以填空形式考查

该类题目多是对细节内容的考查，要求考生能够对知识点准确记忆，难度不大。

1. 通过对____和____的比较分析，可以了解投资者对该基金的认可程度。（　　）[证券投资基金基础知识 2015年9月真题]

  A. 基金盈利能力；持有人结构

  B. 基金份额变动情况；持有人结构

  C. 基金份额变动情况；基金盈利能力

  D. 基金分红能力；持有人结构

【答案】B

【解析】通过对基金份额变动情况和持有人结构的比较分析，可以了解投资者对该基金的认可程度。一般来说，如果基金份额变动较大，则会对基金管理人的投资有不利影响；反之，则有助于基金投资的稳定。如果基金持有人中个人投资者较多，则该基金的规模相对会稳定；如果基金持有人中机构投资者较多，表明机构比较认可该基金的投资。

2. 基金监管活动的要素包括（　　）等。[基金法律法规、职业道德与业务规范 2015年9月真题]

  A. 原则、内容、方式、手段   B. 目标、原则、方式、手段

  C. 目标、体制、内容、方式   D. 目标、体制、手段、方式

【答案】C

【解析】基金监管体系，即为基金监管活动各要素及其相互间的关系。基金监管活动的要素主要包括目标、体制、内容、方式等。

二、通过具体情况对知识点进行考查

该类题目比较灵活，需要考生对考点有深刻的理解，掌握其内在含义，才能把知识点应用到具体情况中去。

1. 某大学基金会的投资目标是资产的长期保值增值。该基金会当前有20%的资产配置于国内股票，80%的资产配置于国内债券。为了分散风险、提高收益，该基金会考虑了如下措施：

Ⅰ. 将部分资产配置于国外股票；

Ⅱ．将部分资产配置于房地产投资；

Ⅲ．将部分资产配置于私募股权投资；

Ⅳ．将所有资产配置于国内股票；

Ⅴ．将所有资产配置于国内债券。

以上哪些措施可以起到分散风险、提高收益的目的？(　　)[证券投资基金基础知识
2015 年 9 月真题]

  A．Ⅳ、Ⅴ   B．Ⅰ、Ⅲ、Ⅴ

  C．Ⅰ、Ⅱ、Ⅲ、Ⅳ   D．Ⅰ、Ⅱ、Ⅲ

【答案】D

【解析】为降低投资风险，一些国家的法律法规规定基金除另有规定外，一般需要以
组合投资的方式进行投资运作，多元化组合投资可以达到分散风险、提高收益的目的。
Ⅳ和Ⅴ均属于"把鸡蛋放在一个篮子里面"的行为，单一的投资产品无法达到分散风险
的目的。

2．甲是 A 基金管理公司的销售人员，离职后将 A 基金公司的客户清单储存到自己的
移动设备中带走，供自己在新的工作中参考，对该行为，以下表述错误的是(　　)。[基金
法律法规、职业道德与业务规范 2015 年 9 月真题]

  A．如果甲未向他人泄露该信息，则不违反保守秘密的职业道德要求

  B．如果向他人泄露了该信息，则违反了保守秘密的职业道德要求

  C．即使甲未向他人泄露该信息，也违反保守秘密的职业道德要求

  D．甲的行为未经 A 基金管理公司同意，侵害公司的利益，违反了忠诚尽责的职
   业道德要求

【答案】C

【解析】如果甲未向他人泄露或者公开披露这些信息，则不违反保守秘密规范的要求。
但是，因为客户清单和文件等都属于公司的资产，所以，甲在离职时未经公司同意而带走
公司资产的行为，侵害了公司的利益，违反了忠诚尽责规范的要求。

3．某基金管理公司员工在向公司提出离职申请后，即不再来公司上班了，对该行为表
述错误的是(　　)。[基金法律法规、职业道德与业务规范 2015 年 9 月真题]

  A．已提出辞职但尚未完成工作移交的从业人员，应认真履行各项义务，不得擅自
   离岗

  B．该员工违反了忠诚尽责的职业道德要求

  C．该员工的做法并无不妥，不牵涉到违反职业道德

  D．该员工应当按照聘用合同约定的期限提前向公司提出申请

【答案】C

【解析】根据职业道德中忠诚敬业的要求，基金从业人员提出辞职时，应当按照聘用
合同约定的期限提前向公司提出申请，并积极配合有关部门完成工作移交。已提出辞职但
尚未完成工作移交的，从业人员应认真履行各项义务，不得擅自离岗；已完成工作移交的
从业人员应当按照聘用合同的规定，认真履行保密、竞业禁止等义务。

三、多个考点在同一题目中考查

考试中，有时两个考点或者更多的考点会在同一题目中出现，旨在考查知识点之间的联系和区别。

1．关于系统性风险和非系统性风险，以下说法错误的是(　　)。[证券投资基金基础知识 2015 年 9 月真题]

    A．非系统性风险往往是由某个或者少数特别因素导致的

    B．非系统性风险可以通过组合化投资进行分散

    C．系统性风险是指在一定程度上无法通过一定范围内的分散化投资来降低的风险

    D．系统性风险可以通过组合化投资进行分散

【答案】D

【解析】系统性风险的存在是由于某些因素能够通过多种作用机制同时对市场上大多数资产的价格或收益造成同向影响，这些因素即为系统性因素，它是在一定程度上无法通过一定范围内的分散化投资来降低的风险。非系统性风险，又称特定风险、异质风险、个体风险等，往往是由与某个或少数的某些资产有关的一些特别因素导致的，是可以通过分散化投资来降低的风险。

2．关于主动投资和被动投资的说法，错误的是(　　)。[证券投资基金基础知识 2015 年 9 月真题]

    A．被动投资的目标是减少跟踪偏离度和跟踪误差

    B．主动投资的目标是扩大主动收益，缩小主动风险，提高信息比率

    C．被动投资是在市场有效假定下的一种投资方式

    D．主动投资是在市场有效假定下的一种投资方式

【答案】D

【解析】主动投资又称积极投资，它基于这样一种信念：通过耗费时间和精力的积极策略获取超额收益是可能的，并且这些收益可能只有在市场定价无效的条件下存在。而被动投资是建立在市场有效假定下的一种投资方式，即复制市场基准的收益与风险，而不试图跑赢市场的策略。

3．关于做市商与经纪人的相同点和区别，下面的表述错误的是(　　)。[证券投资基金基础知识 2015 年 9 月真题]

    A．一般情况下，做市商参与交易，经纪人不参与交易

    B．经纪人能为市场提供流动性，做市商不能

    C．经纪人可以为做市商服务

    D．做市商的利润主要来自于证券买卖差价，经纪人的利润主要来自佣金

【答案】B

【解析】做市商与经纪人两者既有联系又相互区别，当做市商之间进行资金或证券拆借时，经纪人可以为做市商服务。做市商与经纪人的区别主要体现为：①市场角色不同。做市商在报价驱动市场中处于关键性地位，参与市场与投资者进行买卖双向交易，而经纪人则是在交易中执行投资者的指令，不参与交易。②利润来源不同。做市商的利润主要来

自证券买卖差价，经纪人的利润则主要来自给投资者提供经纪业务的佣金。③市场流动性贡献不同。在报价驱动市场中，做市商是市场流动性的主要提供者和维持者；而在指令驱动市场中，市场流动性是由投资者的买卖指令提供的，经纪人只是执行这些指令。

四、同一考点以多种形式、从多种角度考查

在考试中，有的考点会以不同形式、从不同角度进行考查，考生需要对这样的考点进行全面掌握。

1. 用复利法计算第 n 期期末终值的计算公式为( )。[证券投资基金基础知识 2015年9月真题]

    A. $FV=PV \cdot (1+i \cdot n)$ B. $FV=PV \cdot (1+i)^n$

    C. $PV=FV \cdot (1+i \cdot n)$ D. $PV=FV \cdot (1+i)^n$

【答案】B

【解析】用复利法计算，第 n 期期末终值的一般计算公式为 $FV=PV \cdot (1+i)^n$。式中，FV表示终值，即在第 n 年年末的货币终值；n 表示年限；i 表示年利率；PV表示本金或现值。

2. 用复利法计算，一次性支付的现值公式为( )。[证券投资基金基础知识 2015年9月真题]

    A. $FV=PV/(1+i \cdot n)$ B. $PV=FV/(1+i)^n$

    C. $FV=PV/(1+i)^n$ D. $PV=FV/(1+i \cdot n)$

【答案】B

【解析】现在值即现值，是指将来货币金额的现在价值。用复利法计算的终值的计算公式为 $FV=PV \cdot (1+i)^n$，转换为求 PV，得一次性支付的现值计算公式为 $PV=FV/(1+i)^n$。

五、计算题考查知识点集中，注意理解运用

基金从业资格考试也会涉及少量计算题，主要出现在证券投资基金基础知识科目考试中。有的题目考生只需记住教材中的公式，即可解出答案，有的题目需在理解分析的基础上才能计算出结果。计算题常涉及对具体操作的理解和应用，但整体难度不大。

1. 某基金年度平均收益率为20%，假设无风险收益率为3%(年化)，该基金的年化波动率为25%，贝塔系数为0.85，则该基金的特雷诺比率为( )。[证券投资基金基础知识 2015年9月真题]

    A. 0.68   B. 0.8   C. 0.2   D. 0.25

【答案】C

【解析】特雷诺比率(T_p)表示的是单位系统风险下的超额收益率。用公式表示为 $T_p = \dfrac{\overline{R_p} - \overline{R_f}}{\beta_p}$。式中，$T_p$ 表示特雷诺比率；$\overline{R_p}$ 表示基金的平均收益率；$\overline{R_f}$ 表示平均无风险收益率；β_p 表示系统风险。本题，代入数值可得特雷诺比率=(20%-3%)÷0.85=0.2。

2. 假设基金 A 在股、债、货币市场的配置比例为 7：2：1，当月的实际收益率为6%，基准 B 中股、债、货币市场的配置比例是 6：3：1，这三个市场指数收益率分别为5%、2%、

1%，则该基金由于资产配置带来的超额收益为(　　)。[证券投资基金基础知识 2015 年 9 月真题]

A．0.3%　　　　B．0.5%　　　　C．0.6%　　　　D．0.2%

【答案】A

【解析】由于资产配置，基金 A 在股、债、货币市场的配置比例由 6∶3∶1，基准的配置比例对应为 7∶2∶1，根据公式，该基金相对于基准由于资产配置带来的超额收益为 (0.7-0.6)×5%+(0.2-0.3)×2%+(0.1-0.1)×1%=0.3%。

3．某投资者信用账户中有现金 40 万元保证金，该投资者选定证券 A 进行证券卖出。证券 A 的最近成交价为每股 8 元，该投资者融券卖出 10 万股。第二天，该股票价格上升到每股 10 元，不考虑利息和费用，该投资者需要追加(　　)保证金才能持续 130% 的担保比例。[证券投资基金基础知识 2015 年 9 月真题]

A．不需要追加　　B．10 万元　　　C．5 万元　　　　D．50 万元

【答案】B

【解析】该投资者进行的是融券业务。维持担保比例=(现金+信用证券账户内证券市值总和)/(融资买入金额+融券卖出证券数量×当前市价+利息及费用总和)。设投资者需要追加 x 万元的保证金，列式(40+x+8×10)/(10×10)=130%，可解得 x=10，即该投资者需要追加 10 万元的保证金才能持续 130% 的担保比例。

六、对具体概念业务的归属进行考查

考试中经常会对概念业务的归属进行考查，对于这类考点，考生经常弄混。在备考中，一旦遇到该类考点，一定要加强记忆。

1．下列投资中，属于另类投资形式的有(　　)。[证券投资基金基础知识 2015 年 9 月真题]

Ⅰ．私募股权；

Ⅱ．不动产；

Ⅲ．大宗商品；

Ⅳ．艺术品；

Ⅴ．股票。

A．Ⅰ、Ⅱ、Ⅲ、Ⅳ、Ⅴ　　　　　　B．Ⅰ、Ⅱ、Ⅲ、Ⅳ

C．Ⅰ、Ⅳ、Ⅴ　　　　　　　　　　D．Ⅰ、Ⅲ、Ⅴ

【答案】B

【解析】另类投资，是指传统公开市场交易的权益资产、固定收益类资产和货币类资产之外的投资类型。除了私募股权、不动产、大宗商品等主流形式外，另类投资还包括黄金投资、碳排放权交易、艺术品和收藏品投资等方式。

2．股份有限公司所有者权益不包括(　　)。[证券投资基金基础知识 2015 年 9 月真题]

A．资本公积　　B．股本　　　C．盈余公积　　　　D．利润总额

【答案】D

【解析】所有者权益又称股东权益或净资产，是指企业总资产中扣除负债所余下的部

分，表示企业的资产净值，即在清偿各种债务以后，企业股东所拥有的资产价值。所有者权益包括四个部分：①股本，即按照面值计算的股本金；②资本公积，包括股票发行溢价、法定财产重估增值、接受捐赠资产、政府专项拨款转入等；③盈余公积，又分为法定盈余公积和任意盈余公积；④未分配利润，即企业留待以后年度分配的利润或待分配利润。

3. ( )不属于混合型基金。[基金法律法规、职业道德与业务规范 2015 年 9 月真题]

    A. 股债平衡型基金   B. 偏债型基金

    C. 对冲配置型基金   D. 偏股型基金

【答案】C

【解析】混合基金同时以股票、债券等为投资对象，通过对不同金融工具进行投资实现投资收益与风险的平衡，其投资风险主要取决于股票与债券配置的比例。混合型基金包括偏股型基金、偏债型基金和股债平衡型基金。

七、对法律法规中具体条款的考查

这一命题规律主要针对基金法律法规、职业道德与业务规范科目，体现这一规律的题目基本都是对法条的直接考查。例如，考查中国证监会对基金行业的监管职责及监管措施，考查一些比较重要的数字，如时间、金额、人数、比例等，大多比较简单，要求考生对知识点准确识记。

1. 根据中国证监会《公开募集证券投资基金运作管理办法》规定，开放式基金合同生效后，可以在基金合同和招募说明书规定的期限内不办理赎回，但该期限最长不超过( )。[基金法律法规、职业道德与业务规范 2015 年 9 月真题]

    A. 1 个月   B. 9 个月   C. 6 个月   D. 3 个月

【答案】D

【解析】根据中国证监会《公开募集证券投资基金运作管理办法》规定，开放式基金合同生效后，可以在基金合同和招募说明书规定的期限内不办理赎回，但该期限最长不超过 3 个月。封闭期结束后，开放式基金将进入日常申购、赎回期。基金管理人应当在每个工作日办理基金份额的申购、赎回业务。

2. 中国证监会对基金市场监管的主要措施不包括( )。[基金法律法规、职业道德与业务规范 2015 年 9 月真题]

    A. 拘留   B. 检查   C. 行政处罚   D. 限制交易

【答案】A

【解析】依据《证券投资基金法》的规定，中国证监会依法履行职责，有权采取下列监管措施：①检查；②调查取证；③限制交易；④行政处罚。

八、对一个知识点进行全面考查

该类题目对知识点考查全面，难度稍大，通常概念、特征、分类会出现在同一考题中，这就要求考生对考点有全面透彻的理解。

1. 关于金融资产，以下描述错误的是( )。[基金法律法规、职业道德与业务规范 2015

年9月真题]

  A．金融资产具有较大的升值空间

  B．资金的供给者通过投资金融工具获得各类金融资产

  C．金融资产是代表未来收益或资产合法要求权的凭证

  D．金融资产一般分为债权类金融资产和股权类金融资产

【答案】A

【解析】在金融市场上，资金的供给者通过投资金融工具获得各种类型的金融资产。金融资产是代表未来收益或资产合法要求权的凭证，标示了明确的价值，表明了交易双方的所有权关系和债权关系。一般分为债权类金融资产和股权类金融资产两类。

  2．以下关于估值责任的表述，错误的是( )。[证券投资基金基础知识2015年9月真题]

  A．基金管理人在计算份额净值时参考估值工作小组意见的，则可免除其估值责任

  B．基金托管人应该审阅基金管理人采用的估值原则和程序

  C．基金托管人对管理人的估值结果负有复核责任

  D．基金估值的责任人是基金管理人

【答案】A

【解析】我国基金资产估值的责任人是基金管理人，但基金托管人对基金管理人的估值结果负有复核责任。托管人在复核、审查基金资产净值以及基金份额申购、赎回价格之前，应认真审阅基金管理公司采用的估值原则和程序。基金管理公司和托管人在进行基金估值、计算基金份额净值及相关复核工作时，可参考工作小组的意见，但是并不能免除各自的估值责任。

第三章　复习建议

一、学习方法

1. 制订学习计划

任何考试都需要提前筹划，既然决定要参加考试，就要制订好这门课程的学习计划。基金从业资格考试从整体来说难度不是很大，但是需要掌握的内容很多，因此制订学习计划非常有必要。考生应根据自己的基础情况和学习时间合理安排具体的学习计划，以保证充裕的复习时间并达到良好的学习效果。

2. 分析考试大纲

基金从业资格考试大纲是考试命题的依据，也是应考人员备考的重要资料，考试范围限定于大纲范围内，但不局限于教材内容。基金从业资格考试的两个科目共用一本教材，但两个科目的考试内容并不相同。大纲规定了每个科目的考试范围。因此，考生备考的第一步便是分析大纲，清楚知晓每个科目的考试内容，这也有利于考生把握各科目的知识脉络。

3. 以指定教材为基础

在分析考试大纲的基础上，我们依然要熟悉考试教材。大纲的作用是帮助考生把握考试方向，教材则具体地给出了实实在在的知识点。大纲虽然给出了整个科目的知识体系，但我们不可能根据大纲自己逐一查找每个需要掌握的知识点，这时使用教材就会事半功倍。

基金从业资格考试指定教材为中国证券投资基金业协会组编的《证券投资基金》。基金从业资格考试的难度不大，考试中出现的基本概念、理论都出自教材，对于教材中的重要知识点，考生应做到反复记忆。

总之，教材在考试中举足轻重，是考试成功的关键。考生对教材中的知识点要熟记于心，并能灵活应用。

4. 重视历年真题

对任何考试来说，历年真题都是最重要的复习资料。考生在备考基金从业资格考试过程中，要充分重视历年真题。2015 年 9 月的考试是基金从业资格考试正式从证券业协会移交到基金业协会的第一次考试，真题的难易程度、命题角度、出题风格对于考生的备考有着指导性的意义。该考试的真题不对外公布，因此本书第三部分提供的完整版真题就显得格外珍贵。

考生切忌把真题当成练习题来做，应该在掌握了教材内容，并做了适量练习题的基础上做真题。考生在做真题时，应严格按照正式考试的时间，不能翻阅教材或查阅任何资料，独立完成整套试题，并按照评分标准打分，以此来检验学习效果。只有通过这种方式，考生才能掌握自己真实的复习情况，以安排后续的复习重点和进度。

真题做完之后，还应仔细研究每一道题目。对于做对的题目要进一步巩固考点，并适当进行延伸；对于做错的题目则要格外重视，分析自己出错的原因，然后再进行查漏补缺，找到教材中对应的知识点，逐个攻破。由于考试是采用机考的方式，每次考试难免会出现重复的题目，对于考生会做的重复题目，考试时应该细心认真，避免在这种题目上失分。总而言之，考生要对历年真题给予极高的重视。

5. 适当进行章节练习

基金从业资格考试的难度不大，且知识点相对固定。针对上述考试特点，我们不建议考生采用题海战术，过多的练习有时并不会达到强化记忆的目的，反而会扰乱整个知识体系。因此，我们强调在学习教材的同时进行适当的章节练习。考生在选择教辅的时候一定要慎重，优秀的辅导用书会帮助考生熟悉考试，巩固知识点，而如果没有选对合适的辅导书，可能会浪费考生宝贵的时间，打乱学习计划，对考试有百害而无一利。考生应选择与真题题型、难度都相似的辅导书。

随着科技的进步，图书载体出现了多元化趋势，考生可以利用智能手机、电脑购买电子书和题库，随时随地进行练习。而且有的电子书和题库是对考试真题的完全复制，可以使考生尽早熟悉机考环境。通常电子书和题库都具备错题记录、视频讲解等功能，可以使考生备考更轻松、效率更高。

6. 劳逸结合，查漏补缺

进入最后冲刺阶段，在各个方面都已经复习到位的基础上，考生不宜太紧张，应该劳逸结合，切忌疲劳复习，影响考试成绩。最好是把整个科目的知识体系从头到尾进行梳理，把之前做错的题目(尤其是真题)再看一遍以加深记忆，这样既能提早进入考试状态，又不至于过分紧张。

建议考生考前最后一星期主要进行查漏补缺，看看之前做错的题目，此时不宜再使用题海战术。越临近考试，心情越要放松。考生按照我们提供的方法进行学习，相信在考试时一定会淡定自如、豁然开朗。

7. 梳理答题思路

学习永无止境，没有人觉得自己真正准备好了，如果你觉得自己还有很多知识没有看，很多题没有做，不用担心，万变不离其宗。最佳的状态就是把答题思路融入答题过程中，灵活应对。

在最后的 3 天，建议考生梳理答题思路，针对不同的题型，总结出自己的一套答题模式，这样在考试时才能胸有成竹。

二、应试技巧

根据考试真题的特点，建议考生可以参考以下应试技巧。

1．细致审题

细节决定成败，考生在答题过程中，要注意题目是正向出题，还是反向出题。不要因为没有注意题目的要求而丢失分数。审清题意，是答题成功的关键。

2．根据常识答题

考生工作任务重，学习时间紧张。在很短的时间里要把所有考试内容通过"死记硬背"完全记住是不可能的。但是，绝大部分考生都已经是从业人员，在平时的工作中经对考试内容有了一定的了解，可以根据平时对证券投资基金的知识和工作规则的了解进行答题。

3．不纠缠难题

遇到难题，可以先在考试界面上对应试题处做一个标记，不宜纠缠，等最后有时间再解决。这是因为单个难题分值小，而考试时间紧，题量大，考生应避免因小失大。

4．使用猜题技巧，不漏答题

即使有难题、考生感觉拿不准的题，都要尽量给出一个答案。这是因为在这种考试模式下，都答了，至少有选对的概率。这里可以使用以下猜题技巧：①表示绝对含义的词语所在的选项通常为错误选项，如"完全""一定""所有"等；②表示相对意义的词语所在的选项一般为正确选项，如"一般""通常""往往""可能""可以"等；③寻找题干和选项重复的关键字，一般就是正确答案。

5．合理分配考试时间

在不纠缠难题和不漏答题的基础上，考试时还要有科学的方式和方法，尤其是要合理地分配考试时间。一般来说，单选题和判断题相对简单，要尽量做到不失分，争取在这一部分多得分；多选题有一定难度，要认真审题，避免多选和漏选的情况发生。

另外，在具体答题的过程中，考生也可以采用排除法，对于与自身经验和常识不符的选项，可以逐步排除。如果试卷全部答完后还有时间，可以充分利用剩余时间来检查答案。需要提醒考生的是，答完试卷后不用着急交卷，要静下心来检查一遍，将那种不应该犯的错误一一更正。而对于那些拿不准、感觉模棱两可的题目，除非有十足把握，通常情况下建议考生不要改答案。

第二部分

核心讲义

第一章　投资管理基础

【考情分析】

本章主要内容为投资管理基础知识，主要包括财务报表、财务报表分析、货币的时间价值与利率和常用描述性统计概念的介绍说明。考生需要理解资产负债表、利润表和现金流量表所提供的信息，了解财务报表分析的方法，理解衡量盈利能力的三个比率。其中，货币的时间价值与利率是重要考点，考生要掌握货币的时间价值、即期利率和远期利率、名义利率和实际利率、单利和复利等概念，理解时间和贴现率对价值的影响以及 PV 和 FV 的概念、计算和应用。真题多考查细节，要求考生在理解的基础上熟练掌握。此外，平均值、中位数、分位数的概念、计算和应用也是考试中的重难点，需要考生在复习时多下工夫。

【学习方法】

本章知识点较多，对记忆要求较高，对于本章的复习，考生需要通读全书，认真理解记忆。本章涉及计算的考点较多，考生需要在理解的基础上记忆公式，在做题的过程中灵活运用。考生在计算时要特别注意题目的具体问法，并要计算准确。在备考过程中，考生要尽量掌握各知识点的考查方向，且反复练习，这样才能在考试中快速得出答案。

【知识结构】

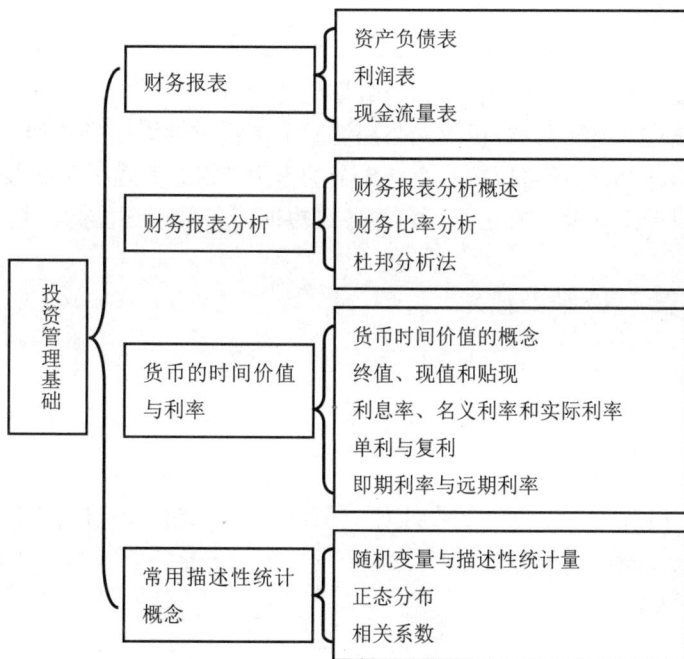

【核心讲义】

第一节 财 务 报 表

一、资产负债表

1．概述

1) 含义

资产负债表称为企业的"第一会计报表"。资产负债表报告了企业在某一时点的资产、负债和所有者权益的状况，报告时点通常为会计季末、半年末或会计年末。通过分析企业的资产负债表，能够揭示出企业资产要素的信息、长期或短期偿还债务的能力、资本结构是否合理、企业经营稳健与否或经营风险的大小以及股东权益结构状况等。

2) 逻辑关系

按照会计恒等式，资产负债表的基本逻辑关系为

$$资产=负债+所有者权益$$

其中，所有者权益包括以下四个部分。

(1) 股本，即按照面值计算的股本金。

(2) 资本公积，包括股票发行溢价、法定财产重估增值、接受捐赠资产、政府专项拨款转入等。

(3) 盈余公积，又分为法定盈余公积和任意盈余公积。

(4) 未分配利润，指企业留待以后年度分配的利润或待分配利润。

2．基本作用

(1) 资产负债列出了企业占有资源的数量和性质。

(2) 资产负债表上的资源为分析收入来源性质及其稳定性提供了基础。

(3) 资产负债表的资产项可以揭示企业资金的占用情况，负债项则说明企业的资金来源和财务状况，有利于投资者分析企业长期债务或短期债务的偿还能力，是否存在财务困难以及违约风险等。

(4) 资产负债表可以为收益把关。

二、利润表

1．含义

利润表，也称损益表，反映一定时期(如一个会计季度或会计年度)的总体经营成果，揭示企业财务状况发生变动的直接原因。利润表是一个动态报告，直接明了地揭示企业获取利润的能力以及经营趋势。

2．组成及结构

利润表由营业收入、费用(生产性费用、销售费用和其他费用)和利润构成。利润表的基本结构是收入减去成本和费用等于利润(或盈余)。

在评价企业的整体业绩时，重点在于企业的净利润，即息税前利润减去利息费用和税费。企业盈余稳定地增长是推动股价上升的持续动力。

三、现金流量表

1．含义

现金流量表，也称账务状况变动表，所表达的是在特定会计期间内，企业的现金(包含现金等价物)的增减变动等情形。该表是以收付实现制为基础编制的。

2．作用

(1) 反映企业的现金流量，评价企业未来产生现金净流量的能力。
(2) 评价企业偿还债务、支付投资利润的能力，谨慎判断企业财务状况。
(3) 分析净收益与现金流量间的差异，并解释差异产生的原因。
(4) 通过对现金投资与融资、非现金投资与融资的分析，全面了解企业的财务状况。

分析现金流量表，有助于投资者估计今后企业的偿债能力、获取现金的能力、创造现金流量的能力和支付股利的能力。

3．结构

(1) 经营活动产生的现金流量(CFO)，是与生产商品、提供劳务、缴纳税金等直接相关的业务所产生的现金流量。

(2) 投资活动产生的现金流量(CFI)，包括为正常生产经营活动投资的长期资产以及对外投资所产生的股权与债权。

(3) 筹资(也称融资)活动产生的现金流量(CFF)，反映的是企业长期资本(股票和债券、贷款等)筹集资金状况。

三部分现金流加总则得到净现金流(NCF)，其公式为

$$NCF=CFO+CFI+CFF$$

【例1.1·单选题】关于财务报表，下列说法不正确的是(　　)。
A．财务报表主要包括资产负债表、利润表和现金流量表三大报表
B．资产负债表报告时点通常为会计季末、半年末或会计年末
C．利润表被称为企业的"第一会计报表"
D．现金流量表的基本结构分为经营活动产生的现金流、投资活动产生的现金流和筹资(也称融资)活动产生的现金流

【答案】C
【解析】C项，资产负债表被称为企业的"第一会计报表"，报告了企业在某一时点的资产、负债和所有者权益的状况。

第二节　财务报表分析

一、财务报表分析概述

1. 含义

财务报表分析是指通过对企业财务报表相关财务数据进行解析，挖掘企业经营和发展的相关信息，从而为评估企业的经营业绩和财务状况提供帮助。

2. 要点

(1) 企业的利润好并不一定有充足的现金流。

(2) 净现金流(NCF)为正或为负并非判断企业财务现金流量健康的唯一指标，关键要分析现金流量结构。

(3) 现金流量结构可以反映企业的不同发展阶段。

二、财务比率分析

财务比率分析是指用财务比率来描述企业的财务状况、盈利能力以及流动性的分析方法。

1. 流动性比率

1) 含义

流动性比率是用来衡量企业的短期偿债能力的比率，它重点关注的是企业的流动资产和流动负债。

(1) 流动资产：主要包括现金及现金等价物、应收票据、应收账款、存货等几项资产。

(2) 流动负债：指企业要在一年或一个营业周期内偿付的各类短期债务，包括短期借款、应付票据、应付账款等。

2) 常用的流动性比率

(1) 流动比率。

流动比率的计算公式为

$$流动比率=流动资产/流动负债$$

对短期债权人来说，流动比率越高越好，因为越高意味着他们收回债款的风险越低；对企业来说并不是这样。因为流动资产的收益率较低，这部分资产比重过大势必影响企业的经营获利或者投资盈利状况。

(2) 速动比率。

速动比率的计算公式为

$$速动比率=(流动资产-存货)/流动负债$$

相对于流动比率来说，速动比率对于短期偿债能力的衡量更加直观可信。一般来说，速动比率大于2时，企业才能维持较好的短期偿债能力和财务稳定状况。

2. 财务杠杆比率

1) 含义

财务杠杆比率是分析企业偿债能力的风险指标。它衡量的是企业长期的偿债能力。

2) 常用的财务杠杆比率

(1) 资产负债率。

资产负债率是负债总额(包括短期负债和长期负债)占总资产的比例,即

$$资产负债率 = \frac{负债}{资产}$$

资产负债率是使用频率最高的债务比率。

(2) 权益乘数和负债权益比。

权益乘数和负债权益比是由资产负债率衍生出来的两个重要比率,其公式分别为

$$权益乘数 = \frac{资产}{所有者权益}$$

$$负债权益比 = \frac{负债}{所有者权益}$$

由于资产=负债+所有者权益,所以

$$权益乘数 = \frac{1}{1-资产负债率}$$

$$负债权益比 = \frac{资产负债率}{1-资产负债率}$$

资产负债率、权益乘数和负债权益比都是数值越大代表财务杠杆比率越高,负债越重。

(3) 利息倍数。

资产负债率、权益乘数和负债权益比衡量的是对于长期债务的本金保障程度,而衡量企业对于长期债务利息保障程度的是利息倍数,其公式为

$$利息倍数 = \frac{EBIT}{利息}$$

式中,EBIT 是息税前利润。

对债权人来说,利息倍数越高越安全。对举债经营的企业来说,为了维持正常的偿债能力,利息倍数至少应该为 1,并且越高越好。

3. 营运效率比率

1) 含义

营运效率用来体现企业经营期间的资产从投入到产出的流转速度,可以反映企业资产的管理质量和利用效率。

2) 类别

(1) 短期比率,主要考察存货和应收账款两部分的使用效率,因为它们是流动资产中的主体部分,又是流动性相对较弱的。

(2) 长期比率,主要指的是总资产周转率,考察的是企业账面上所有资产的使用效率。

3) 常用的营运效率比率

(1) 存货周转率。

存货周转率显示了企业在一年或者一个经营周期内存货的周转次数。其公式为

$$存货周转率 = \frac{年销售成本}{年均存货}$$

存货周转率越大，说明存货销售、变现所用的时间越短，存货管理效率越高。在计算存货周转率时，代入计算的年均存货通常是指年内期初存货和期末存货的算术平均数。

存货周转天数的计算公式为

$$存货周转天数 = \frac{365天}{存货周转率}$$

(2) 应收账款周转率。

应收账款周转率衡量的是销售收入收回的速度。应收账款周转率显示了企业在一年或一个经营周期内，应收账款的周转次数。其计算公式为

$$应收账款周转率 = \frac{销售收入}{年均应收账款}$$

应收账款周转率越大，说明应收账款变现、销售收入收回的速度所需的时间越短。

应收账款周转天数的计算公式为

$$应收账款周转天数 = \frac{365天}{应收账款周转率}$$

(3) 总资产周转率。

总资产周转率衡量的是一家企业所有资产的使用效率，它的计算公式为

$$总资产周转率 = \frac{年销售收入}{年均总资产}$$

这里的年均总资产是企业年内期初资产和期末资产的算术平均数。总资产的周转率越大，说明企业的销售能力越强，资产的利用效率越高。

【例 1.2 • 单选题】营运效率可以反映企业资产的管理质量和利用效率，下列对于营运效率指标的分析正确的是(   )。

    A. 资产收益率是应用最为广泛的衡量企业盈利能力的指标之一

    B. 存货周转率越大，说明存货销售、变现所用的时间越长，存货管理效率越低

    C. 应收账款周转率越大，说明应收账款变现、销售收入收回的速度所需的时间越长

    D. 销售利润率低对企业不利

【答案】A

【解析】B 项，存货周转率越大，说明存货销售、变现所用的时间越短，存货管理效率越高；C 项，应收账款周转率越大，说明应收账款变现、销售收入收回的速度所需的时间越短；D 项，当其他条件可变时，销售利润率低也并不总是坏事，因为如果总体销售收入规模很大，还是能够取得不错的净利润总额的，薄利多销就是这个道理。

4．盈利能力比率

1）销售利润率

销售利润率是指每单位销售收入所产生的利润，其计算公式为

$$销售利润率=\frac{净利润}{销售收入}$$

2）资产收益率

资产收益率计算的是每单位资产能带来的利润，其计算公式为

$$资产收益率=\frac{净利润}{总资产}$$

资产收益率是应用最为广泛的衡量企业盈利能力的指标之一。

3）净资产收益率

净资产收益率也称权益报酬率，强调每单位的所有者权益能够带来的利润，其计算公式为

$$净资产收益率=\frac{净利润}{所有者权益}$$

净资产收益率是衡量企业最大化股东财富能力的比率，净资产收益率高，说明企业利用其自由资本获利的能力强，投资带来的收益高。

三、杜邦分析法

1．含义

杜邦分析法是一种用来评价企业盈利能力和股东权益回报水平的方法，它利用主要的财务比率之间的关系来综合评价企业的财务状况。

2．基本思想

杜邦分析法的基本思想是将企业净资产收益率逐级分解为多项财务比率乘积，从而有助于深入分析比较企业的经营业绩。

3．杜邦恒等式

净资产收益率=销售利润率×总资产周转率×权益乘数

【例1.3·单选题】财务比率分析可以用来比较不同行业、不同规模企业之间的财务状况，也可以用来比较同一企业的各期变动情况，关于财务比率，下列说法不正确的是(　　)。

　　A．流动性比率是用来衡量企业的短期偿债能力的比率

　　B．速动比率=(流动资产−存货)/流动负债

　　C．常用的财务杠杆比率包括资产负债率、权益乘数和负债权益比、利息倍数

　　D．营运效率比率包括短期比率、中期比率、长期比率

【答案】D

【解析】D项，营运效率比率可以分成两类：①短期比率，这类比率主要考察存货和应收账款两部分的使用效率，因为它们是流动资产中的主体部分，又是流动性相对较弱的；

②长期比率，主要指的是总资产周转率，考察的是企业账面上所有资产的使用效率。

第三节　货币的时间价值与利率

一、货币时间价值的概念

货币时间价值是指货币随着时间的推移而发生的增值。

二、终值、现值和贴现

1. 终值

已知期初投入的现值为 PV，年利率为 i，求将来值，即第 n 期期末的终值 FV。复利计算的第 n 期期末终值的一般计算公式为

$$FV=PV \cdot (1+i)^n$$

2. 现值和贴现

一次性支付的现值计算公式为

$$PV = \frac{FV}{(1+i)^n}$$

在现值计算中，利率 i 也被称为贴现率。

【例 1.4·单选题】李先生拟在 5 年后用 200 000 元购买一辆车，银行年复利率为 12%，李先生现在应存入银行(　　)元。[2014 年 6 月证券真题]

　　A. 120 000　　　　B. 134 320　　　　C. 113 485　　　　D. 150 000

【答案】C

【解析】根据复利计算多期现值公式，可得 5 年后 200 000 元的现值为

$$PV = \frac{FV}{(1+i)^n} = \frac{200\,000}{(1+0.12)^5} = 113\,485\,(元)。$$

三、利息率、名义利率和实际利率

名义利率和实际利率的区别可以用下式(费雪方程式)进行表达：

$$i_r = i_n - p$$

式中，i_n 为名义利率；i_r 为实际利率；p 为通货膨胀率。

四、单利与复利

1. 单利

1) 含义

单利是计算利息的一种方法。按照这种方法，只要本金在计息周期中获得利息，无论

时间多长，所生利息均不加入本金重复计算利息。

2）计算公式

（1）单利利息的计算公式为

$$I = PV \cdot i \cdot t$$

（2）单利终值的计算公式为

$$FV = PV \cdot (1 + i \cdot t)$$

（3）单利现值的计算公式为

$$PV = FV/(1 + i \cdot t) \approx FV \cdot (1 - i \cdot t)$$

2．复利

（1）复利终值的计算公式为

$$FV = PV \cdot (1 + i)^n$$

其中，$(1 + i)^n$ 称为复利终值系数或 1 元的复利终值，用符号 (FV, i, n) 表示。

（2）复利现值的计算公式为

$$PV = FV/(1 + i)^n = FV \cdot (1 + i)^{-n}$$

式中，$(1 + i)^{-n}$ 称为复利现值系数或 1 元的复利现值，用符号 (PV, i, n) 表示。

【例 1.5·单选题】关于单利和复利的区别，下列说法正确的是（　　）。

A．单利的计息期总是一年，而复利则有可能为季度、月或日

B．用单利计算的货币收入没有现值和终值之分，而复利就有现值和终值之分

C．单利属于名义利率，而复利则为实际利率

D．单利仅在原有本金上计算利息，而复利是对本金及其产生的利息一并计算利息

【答案】D

【解析】按照单利计算利息，只要本金在计息周期获得利息，无论时间多长，所生利息均不加入本金重复计算利息；按照复利计算利息，每经过一个计息期，要将所生利息加入本金再计利息。

五、即期利率与远期利率

1．即期利率

即期利率是金融市场中的基本利率，常用 s_t 表示，是指已设定到期日的零息票债券的到期收益率，它表示的是从现在($t=0$)到时间 t 的收益。利率和本金都是在时间 t 支付的。

2．贴现因子

1）含义

即期利率确定之后，要在每一个时间点上，定义相应的贴现因子 $d_t(t=1,2,\cdots,k)$。未来现金流通过这些因子成倍折现，以得到相应的现值。

2）公式

已知任意现金流$(x_0, x_1, x_2, \cdots, x_k)$与相应的贴现因子，则现值是

$$PV = x_0 + d_1 x_1 + d_2 x_2 + \cdots + d_k x_k$$

3) 作用

贴现因子 d_t 的作用就好像时间 t 收到的现金的价格。通过该笔现金流的所有单笔现金用"价格乘以数量"的方法全部加总，确定一笔现金流的值。

3. 远期利率

1) 含义

远期利率指的是资金的远期价格，它是指隐含在给定的即期利率中从未来的某一时点到另一时点的利率水平。具体表示为未来两个日期间借入货币的利率，也可以表示投资者在未来特定日期购买的零息票债券的到期收益率。

2) 远期利率和即期利率的区别

区别在于计息日起点不同，即期利率的起点在当前时刻，而远期利率的起点在未来某一时刻。

3) 远期利率公式

$$(1+s_2)^2=(1+s_1)(1+f)$$

即

$$f = \frac{(1+s_2)^2}{1+s_1} - 1$$

第四节　常用描述性统计概念

一、随机变量与描述性统计量

1. 随机变量

1) 定义

将一个能取得多个可能值的数值变量 X 称为随机变量。

(1) 离散型随机变量：随机变量 X 最多只能取可数的不同值；

(2) 连续型随机变量：随机变量 X 的取值无法一一列出，可以遍取某个区间的任意数值。

2) 随机变量的分布

(1) 如果 X 是离散型的，X 最多可能取 n 个值 x_1, x_2, $\cdots$, x_n，并且记 $p_i=P\{X=x_i\}$ 是 X 取 x_i 的概率，所有概率的总和 $\sum\limits_{i=1}^{n} p_i = 1$。

(2) 如果 X 是一个连续型随机变量，则改用概率密度函数来刻画 X 的分布性质。

2. 随机变量的数字特征与描述性统计量

1) 期望(均值)

随机变量 X 的期望(或称均值，记作 $E(X)$)衡量了 X 取值的平均水平；它是对 X 所有可能取值按照其发生概率大小加权后得到的平均值。

$$E(X) = \sum_{i=1}^{n} p_i x_i = p_1 x_1 + p_2 x_2 + \cdots + p_n x_n$$

在 X 的分布未知时，我们用抽取样本 $X_1, \cdots, X_n$ 的算术平均数(也称样本均值) $\bar{X} = \frac{1}{n}\sum_{i=1}^{n} X_i$ 作为 $E(X)$ 的估计值。

【例1.6·单选题】表1-1列示了对某证券的未来收益率的估计。

表1-1 某证券的未来收益率

收益率(r)	−20%	30%
概率(p)	1/2	1/2

该证券的期望收益率等于(   )。[2014年11月证券真题]

    A. 15%   B. 5%   C. 0%   D. 10%

【答案】B

【解析】该证券的期望收益率为 $E(r) = \sum_{i=1}^{n} r_i p_i = (-0.2) \times 0.5 + 0.3 \times 0.5 = 5\%$。

2) 方差与标准差

(1) 含义。

对于投资收益率，用方差(σ^2)或者标准差(σ)来衡量它偏离期望值的程度。其中，$\sigma^2 = E[(r - Er)^2]$，它的数值越大，表示收益率 r 偏离期望收益率 $Er = \bar{r}$ 的程度越大，反之亦然。

(2) 方差和标准差的计算公式。

$$\sigma^2 = \sum_{i=1}^{n} p_i(r_i - \bar{r})^2 = p_1(r_1 - \bar{r})^2 + p_2(r_2 - \bar{r})^2 + \cdots + p_n(r_n - \bar{r})^2$$

$$\sigma = \sqrt{\sum_{i=1}^{n} p_i(r_i - \bar{r})^2} = \sqrt{p_1(r_1 - \bar{r})^2 + p_2(r_2 - \bar{r})^2 + \cdots + p_n(r_n - \bar{r})^2}$$

(3) σ^2 与 σ 的估计。

对于 r 分布未知的情况，我们可以抽取其样本 $r_1, r_2, \cdots, r_n$，然后分别用样本方差 $S^2 = \frac{1}{n-1}\sum_{i=1}^{n}(r_i - \bar{r})^2$ 与样本标准差 $S = \sqrt{\frac{1}{n-1}\sum_{i=1}^{n}(r_i - \bar{r})^2}$ 来估计 σ^2 与 σ。

3) 分位数

(1) 含义。

分位数通常被用来研究随机变量 X 以特定概率(或者一组数据以特定比例)取得大于等于(或小于等于)某个值的情况。

一般来说，设 $0 < \alpha < 1$，随机变量 X 的上 α 分位数是指满足概率值 $P\{X \geqslant x_\alpha\} = \alpha$ 的数 x_α；下 α 分位数是指满足概率值 $P\{X \leqslant x_\alpha\} = \alpha$ 的数 x_α。

(2) 分位数的统计意义。

分位数的统计意义如图1-1所示。

图1-1中左右两侧的阴影部分面积均为 α，于是变量 X 会以概率 α 取得不超过下 α 分位数的取值，也可以概率 α 取得不小于上 α 分位数的取值。

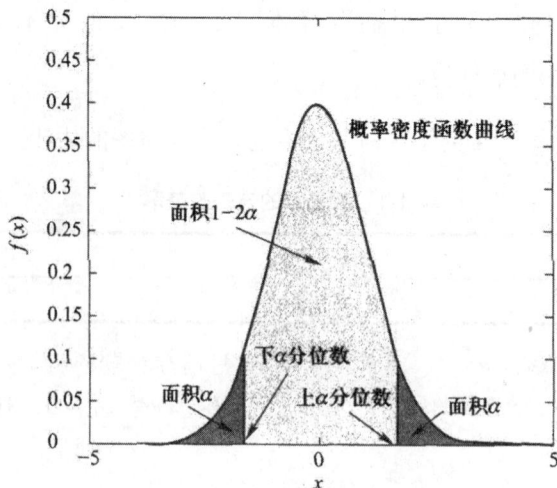

图 1-1　分位数的统计意义

(3) 分位数的计算。

直接计算 X 的分位数比较困难，尤其是 X 分布未知时，所以用样本 $X_1, \cdots, X_n$ 来估计分位数。

首先将样本按照数值从小到大排列成 $X_{(1)}, \cdots, X_{(n)}$，然后用样本中第 $n\alpha$ 大的数作为上 α 分位数 x_α，用样本中第 $n\alpha$ 小的数作为下 α 分位数 x_α^*。如果 $n\alpha$ 不是整数，我们就取与 $n\alpha$ 相邻的两个整数位置的样本值的平均数作为分位数。

4) 中位数

中位数是用来衡量数据取值的中等水平或一般水平的数值。对随机变量 X 来说，它的中位数就是上 50%分位数 $X_{50\%}$，这意味着 X 的取值大于其中位数和小于其中位数的概率各为 50%。对一组数据来说，中位数就是大小处于正中间位置的那个数值。

【例 1.7·单选题】在某企业中随机抽取 7 名员工来了解该企业 2013 年上半年职工请假情况，这 7 名员工 2013 年上半年请假天数分别为 1, 5, 3, 10, 0, 7, 2。这组数据的中位数是（　　）。

　　　　A. 3　　　　　　　B. 10　　　　　　　C. 4　　　　　　　D. 0

【答案】A

【解析】对一组数据来说，中位数就是处于正中间位置的那个数值。例如，对于 X 的一组容量为 5 的样本，从小到大排列为 $X_1, \cdots, X_5$，这组样本的中位数就是 X_3；如果换成容量为 10 的样本 $X_1, \cdots, X_{10}$，由于正中间是两个数 X_5, X_6，我们可用它们的平均数 $\frac{1}{2}(X_5 + X_6)$ 来作为这组样本的中位数。本题中，该组数据从小到大的顺序为：0，1，2，3，5，7，10，居于中间的数据是 3。

二、正态分布

1. 含义

如果连续型随机变量 X 的概率密度函数曲线如图 1-2 所示，则称 X 服从参数为(μ, σ^2)

的正态分布，记为 $X \sim N(\mu, \sigma^2)$，其中 μ 是 X 的期望，$\sigma > 0$ 为 X 的标准差。

特别的，当 $\mu = 0$，$\sigma = 1$，即 $X \sim N(0, 1)$ 时，称 X 服从标准正态分布。

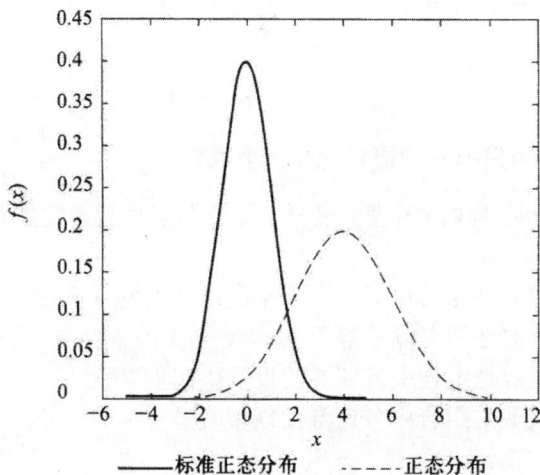

图 1-2　正态分布概率密度函数曲线

2．分布特点

正态分布距离均值越近的地方数值越集中，而在离均值较远的地方数值则很稀疏。这意味着正态分布出现极端值的概率很低，而出现均值附近的数值的概率非常大。同时图像越"瘦"，正态分布集中在均值附近的程度也越大。

三、随机变量的相关性——相关系数

1．含义

相关系数是从资产回报相关性的角度分析两种不同证券表现的联动性。通常用 ρ_{ij} 表示证券 i 和证券 j 的收益回报率之间的相关系数。

2．特征

(1) 相关系数的绝对值大小体现了两个证券收益率之间相关性的强弱。如果 a 证券与 b 证券之间的相关系数绝对值 $|\rho_{ab}|$ 比 a 证券与 c 证券之间的相关系数绝对值 $|\rho_{ac}|$ 大，则说明前者之间的相关性比后者之间的相关性强。

(2) 相关系数 ρ_{ij} 总处于 +1 和 -1 之间，亦即 $|\rho_{ij}| \leqslant 1$。

① 若 $\rho_{ij} = 1$，则表示 r_i 和 r_j 完全正相关。

② 若 $\rho_{ij} = -1$，则表示 r_i 和 r_j 完全负相关。

③ 若 $\rho_{ij} = 0$，则表示两个变量间完全独立，无任何关系，即零相关。

【例 1.8·单选题】证券间的联动关系由相关系数 ρ 来衡量，ρ 值为 1，表明(　　)。

A．两种证券间存在完全反向的联动关系

B．两种证券的收益有同向变动倾向

C．两种证券的收益有反向变动倾向

D．两种证券间存在完全正向的联动关系

【答案】D

【解析】ρ是两个证券的相关系数，在完全正相关下，$\rho=1$，表明两种证券存在完全正向的联动关系。

【过关练习】

单选题(以下备选项中只有一项最符合题目要求)

1．证券投资组合的期望收益率等于组合中证券期望收益率的加权平均值，其中对权数的表述正确的是(　　)。

　　A．所使用的权数是组合中各证券未来收益率的概率分布

　　B．所使用的权数之和可以不等于1

　　C．所使用的权数是组合中各证券的投资比例

　　D．所使用的权数是组合中各证券的期望收益率

【答案】C

【解析】由 n 项资产 A_1，$\cdots$，A_n 构成资产组合 $A=w_1A_1+\cdots+w_nA_n$，其中 w_i 是权数，为投资于资产 A_i 的资金所占总资金的比例，$\sum_{i=1}^{n}w_i=1$；若 A_i 的期望收益率为 r_i，则资产组合 A 的期望收益率 r 为 $r=w_1r_1+\cdots+w_nr_n$。

2．证券 X 的期望收益率为 12%，标准差为 20%，证券 Y 的期望收益率为 15%，标准差为 27%，如果这两个证券在组合中的比重相同，则组合的期望收益率为(　　)。

　　A．13.5%　　　B．15.5%　　　C．27.0%　　　D．12.0%

【答案】A

【解析】根据公式，可知该组合的期望收益率为

$E(r_p)=w_xE(r_x)+w_yE(r_y)=10\%\times50\%+15\%\times50\%=13.5\%$。

3．假如你有一笔资金收入，若目前领取可得 10 000 元，而 3 年后领取可得 15 000 元。如果当前你有一笔投资机会，年复利收益率为 20%，每年计算一次，则下列表述正确的是(　　)。

　　A．3 年后领取更有利

　　B．无法比较何时领取更有利

　　C．目前领取并进行投资更有利

　　D．目前领取并进行投资和 3 年后领取没有区别

【答案】C

【解析】若将 10 000 元领取后进行投资，年利率为 20%，每年计息一次，3 年后的终值为 $FV=10\,000\times(1+0.2)^3=17\,280$(元)。将 10 000 元领取后再投资 3 年，比 3 年后可领取的 15 000 元多 2280 元，因此选择目前领取并进行投资更有利。

4．顾先生希望在 5 年末取得 20 000 元，则在年利率为 2%，单利计息的方式下，顾先生现在应当存入银行(　　)元。

　　A．19 801　　　B．18 004　　　C．18 182　　　D．18 114

【答案】C

【解析】根据单利现值的计算公式，可得 $PV = \dfrac{FV}{1+i \cdot n} = \dfrac{20\,000}{1+2\% \times 5} = 18\,182$（元）。

5. 资产负债表的下列科目中，不属于所有者权益的是(　　)。

A．长期股权投资　　　　　　　B．资本公积

C．股本　　　　　　　　　　　D．未分配利润

【答案】A

【解析】资产负债表中，所有者权益包括四个部分：①股本，即按照面值计算的股本金；②资本公积，包括股票发行溢价、法定财产重估增值、接受捐赠资产、政府专项拨款转入等；③盈余公积，分为法定盈余公积和任意盈余公积；④未分配利润，指企业留待以后年度分配的利润或待分配利润。A 项属于企业的资产。

6. 下列关于财务报表中的各个项目的关系，描述不正确的是(　　)。

A．资产＝负债＋所有者权益

B．净现金流量＝经营活动产生的现金流量＋投资活动产生的现金流量＋筹资活动产生的现金流量

C．流动资产＝流动负债

D．净利润＝息税前利润-利息费用-税费

【答案】C

【解析】资产负债表中，"资产＝负债＋所有者权益"恒成立，但是"流动资产＝流动负债"一般情况下不成立；利润表中，企业的净利润等于息税前利润(EBIT)减去利息费用和税费；现金流量表中，其基本结构分为经营活动产生的现金流量、投资活动产生的现金流量、筹资活动产生的现金流量，三部分现金流加总则得到净现金流。

7. 某企业的年末财务报表中显示，该年度的销售收入为 30 万，净利润为 15 万，企业年末总资产为 120 万，所有者权益为 80 万。则该企业的净资产收益率为(　　)。

A．12.5%　　　B．18.75%　　　C．25%　　　D．37.5%

【答案】B

【解析】净资产收益率也称权益报酬率，强调每单位的所有者权益能够带来的利润，其计算公式为：净资产收益率＝净利润/所有者权益＝15÷80×100%＝18.75%。

8. 通常将一定数量的货币在两个时点之间的价值差异称为(　　)。

A．货币时间差异　　　　　　　B．货币时间价值

C．货币投资价值　　　　　　　D．货币投资差异

【答案】B

【解析】货币时间价值是指货币随着时间的推移而发生的增值。由于货币具有时间价值，即使两笔金额相等的资金，如果发生在不同的时期，其实际价值量也是不相等的。

9. 某人希望在 5 年后取得本利和 1 万元，用于支付一笔款项。若按单利计算，利率为 5%。那么，他现在应存入(　　)元。

A．8000　　　B．9000　　　C．9500　　　D．9800

【答案】A

【解析】根据单利现值计算公式，5 年后取得本利和 1 万元的现值为

$$PV = \frac{FV}{1+i \cdot t} = \frac{10\,000}{1+5\% \times 5} = 8000 \ (\text{元})。$$

10．分析两种不同证券表现的联动性的统计量是( )。

A．相关系数　　　B．方差　　　　C．标准差　　　　D．平均值

【答案】A

【解析】相关系数是从资产回报相关性的角度分析两种不同证券表现的联动性。相关系数的绝对值大小体现两个证券收益率之间相关性的强弱。如果 a 证券与 b 证券之间的相关系数绝对值$|\rho_{ab}|$比 a 证券与 c 证券之间的相关系数绝对值$|\rho_{ac}|$大，则说明前者之间的相关性比后者之间的相关性强。

第二章 权益投资

【考情分析】

本章主要从资本结构、权益类证券、股票分析方法和股票估值方法四个方面介绍权益投资的有关内容。其中,资本结构包括资本结构概述和最优资本结构两个部分;权益类证券包括权益证券和类权益证券,常见的有股票、存托凭证、可转换债券和认股权证;股票分析方法主要涉及基本面分析和技术分析两种分析方法;股票估值方法包括内在估值法和相对价值法。常见的考点主要有:权益证券的类型和特点、不同种类权益资产的风险收益特征、股票基本面分析和技术分析的区别、内在估值法和相对价值法的区别等。

【学习方法】

本章知识点以理解记忆为主,难度并不高。真题大多是对细节的考查。因此,考生在备考的过程中要深刻理解并熟记教材中的内容。比如,对于可转换债券,考生不仅要了解它的含义,还要知道它的特征和基本要素。对于本章知识的复习,建议考生反复练习、思考、记忆,做到熟能生巧。另外,本章的学习还应多将不同种类权益资产的特点、风险收益特征等进行对比记忆,有助于提高学习效率。

【知识结构】

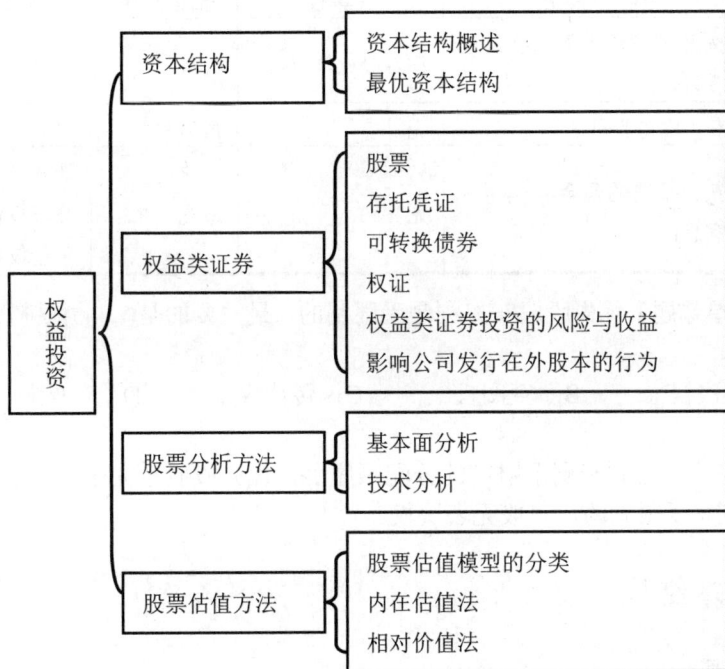

【核心讲义】

第一节 资 本 结 构

一、资本结构概述

1. 定义

资本结构是指企业资本总额中各种资本的构成比例。最基本的资本结构是债权资本和权益资本的比例,一个拥有100%权益资本的公司被称为无杠杆公司,因为它没有债权资本。

2. 资本的类型

1) 债权资本

债权资本是通过借债方式筹集的资本。

2) 权益资本

权益资本是通过发行股票或置换所有权筹集的资本,两种最主要的权益证券是普通股和优先股。

3. 各类资本的比较

各类资本的比较具体如表2-1所示。

表2-1　各类资本的比较

项　目	现金流量权	投票权	清偿顺序	风险和收益特征
普通股	按公司表现和董事会决议获得分红	按持股比例投票	其次	风险大、收益高
优先股	获得固定股息	无	最后	风险大、收益高
债权资本	获得承诺的现金流(本金+利息)	无	最先	债权投资的收益低于股权投资收益;风险小于股权投资

【例2.1·单选题】优先股股东权利是受限制的,最主要的是(　　)限制。[2014年6月证券真题]

　　A. 表决权　　　　B. 查阅权　　　　C. 转让权　　　　D. 分配权

【答案】A

【解析】在公司盈利和剩余财产的分配顺序上,优先股股东先于普通股股东,但是优先股股东的权利是受限制的,一般无表决权。

二、最优资本结构

1. MM定理

1958年,莫迪利亚尼和米勒提出关于资本结构与企业价值之间关系的著名理论,即莫迪利亚尼-米勒定理，简称 MM 定理。

MM 定理的假设前提为无摩擦环境的资本市场条件，结论为企业价值不会因为企业融资方式改变而改变。它标志着企业资本结构理论的开端。

2. 修正的 MM 定理

莫迪利亚尼和米勒放松了没有企业所得税的假设，对 MM 定理进行了修正，认为企业可以运用避税政策，通过改变企业的资本结构来改变企业的市场价值，即企业发行债券或获取贷款越多，企业市场价值越大。

3. 权衡理论

权衡理论认为最佳的资本结构应当是负债和所有者权益之间的一个均衡点，这一均衡点 D^* 就是最佳负债比率(见图 2-1)。在图 2-1 中，K 表示公司的负债水平，V 表示公司价值，V_e 表示在"税盾效应"下无破产成本的企业价值，V_u 表示无负债时的公司价值，V_s 表示存在"税盾效应"但同时存在破产成本的企业价值，F_A 表示公司的破产成本，T_B 表示"税盾效应"给企业带来的价值增值，D^* 表示公司的最佳负债水平。

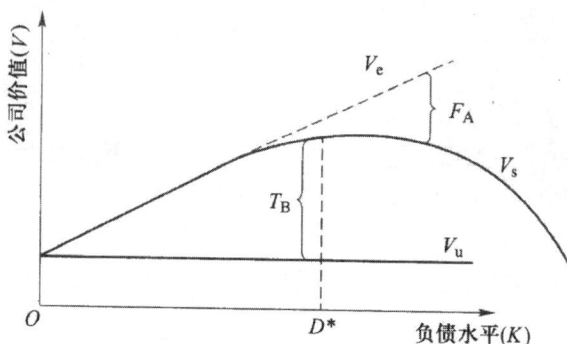

图 2-1 权衡理论中的公司最佳负债水平

【例 2.2·单选题】修正的 MM 定理认为( )。

    A. 企业价值不会因为企业融资方式的改变而改变

    B. 企业发行债券或获取贷款越多，企业市场价值越大

    C. 对负债带来的收益与风险进行适当平衡来确定企业价值

    D. 最佳的资本结构应当是负债和所有者权益之间的一个均衡点

【答案】B

【解析】A 项属于 MM 定理主张的观点；C、D 两项属于权衡理论的观点。

第二节　权益类证券

权益类证券包括权益证券和类权益证券，常见的有股票、存托凭证、可转换债券和权证。

一、股票

1. 股票的特征

(1) 收益性。

收益性是股票最基本的特征，股票的收益主要有两类：①股息和红利；②资本利得。

(2) 风险性。

风险性是指持有股票可能产生经济利益损失的特性。

(3) 流动性。

流动性是指股票可以依法自由地进行交易的特征。

(4) 永久性。

永久性是指股票所载有权利的有效性是始终不变的，因为它是一种无期限的法律凭证。

(5) 参与性。

参与性是指股票持有人有权参与公司重大决策的特性。

2. 股票的价值与价格

1) 股票的价值

(1) 股票的票面价值又称面值，即在股票票面上标明的金额。

(2) 股票的账面价值又称股票净值或每股净资产，是每股股票所代表的实际资产的价值。

(3) 股票的清算价值是公司清算时每一股份所代表的实际价值。大多数公司股票的清算价值低于其账面价值。

(4) 股票的内在价值即理论价值，是指股票未来收益的现值，决定股票的市场价格。

2) 股票的价格

(1) 理论价格。

股票及其他有价证券的理论价格就是以一定利率计算出来的未来收入的现值。

(2) 市场价格。

股票的市场价格一般是指股票在二级市场上买卖的价格。

【例 2.3·单选题】股票的清算价值是公司清算时每一股份所代表的(   )。[2012 年 3 月证券真题]

    A．清算资金　　　B．账面价值　　　C．资产价值　　　D．实际价值

【答案】D

【解析】股票的清算价值是公司清算时每一股份所代表的实际价值。从理论上说，股票的清算价值应与账面价值一致，实际上并非如此。只有当清算时公司资产实际出售价款与财务报表上的账面价值一致时，每一股份的清算价值才与账面价值一致。

3. 股票的类型

按照股东权利分类，股票可以分为普通股和优先股。

1) 普通股

普通股是最主要的权益类证券。普通股股东享有收益权和表决权。

2) 优先股

优先股是一种相对普通股而言有某种优先权利(优先分配股利和剩余资产)的特殊股票。优先股拥有股权和债权的双重属性：承诺付给持有人固定收入，但无表决权；属于一种股权投资。

3) 普通股和优先股的风险收益比较

优先股在分配股利和清算时剩余财产的索取权优先于普通股，普通股具有较高风险和较高收益的特征。

二、存托凭证

1．概述

1) 起源

存托凭证起源于 20 世纪 20 年代的美国证券市场，由 J.P.摩根首创。

2) 含义

存托凭证是指在一国证券市场上流通的代表外国公司有价证券的可转让凭证。

3) 作用

(1) 对发行人来说，发行存托凭证可以扩大市场容量，增强筹资能力。

(2) 对投资者来说，购买存托凭证可以规避跨国投资的风险。

2．分类

(1) 全球存托凭证(GDRs)：发行地既不在美国，也不在发行公司所在国家。大多数全球存托凭证在伦敦证交所和卢森堡证交所进行交易，通常以美元计价。

(2) 美国存托凭证(ADRs)：是以美元计价且在美国证券市场上交易的存托凭证。ADRs 是最主要的存托凭证，其流通量最大。

按基础证券发行人是否参与存托凭证的发行，美国存托凭证可分为：①无担保的存托凭证；②有担保的存托凭证。

有担保的 ADRs 可分为四种类型，分别为一级、二级、三级公募 ADRs 和 144A 规则下的私募 ADRs，具体如表 2-2 所示。

表 2-2 有担保的 ADRs 的类型

比较项目	一级公募 ADRs	二级公募 ADRs	三级公募 ADRs	144A 私募 ADRs
美国证券交易委员会登记的要求	有	有	有	有
美国会计准则	无须符合	部分符合	完全符合	无须符合
交易地点	场外交易市场	纽约证券交易所、纳斯达克交易所和美国证券交易所	纽约证券交易所、纳斯达克交易所和美国证券交易所	私下
在美国募集资金的能力	没有	没有	有	有
公司上市的费用	低	高	高	低

在一家美国交易所上市交易的外国公司可采用二级公募存托凭证，在美国市场上筹集资金，需采用三级公募存托凭证。2004 年以后，二级公募存托凭证成为中国网络股进入纳斯达克交易所(NASDAQ)的主要形式。

【例 2.4·单选题】 下列关于全球存托凭证说法错误的是(   )。

  A．大多数全球存托凭证在伦敦证交所和卢森堡证交所进行交易

  B．发行地在发行公司所在国家

  C．可以销售给美国的机构投资者

  D．通常以美元计价

【答案】 B

【解析】 全球存托凭证的发行地既不在美国，也不在发行公司所在国家。大多数全球存托凭证在伦敦证交所和卢森堡证交所进行交易。尽管不在美国的证券市场交易，但是它们通常以美元计价，也可以销售给美国的机构投资者。全球存托凭证不会受到部分国家对于资本流动的限制，因此可以给投资者提供更多投资外国公司的机会。

三、可转换债券

1．可转换债券的定义和特征

1) 定义

可转换债券简称可转债，是指在一段时期内，持有者有权按照约定的转换价格或转换比率将其转换成普通股股票的公司债券。可转换债券是一种混合债券，它既有普通债券的特征，也包含了权益特征。同时，它还具有相应于标的股票的衍生特征。

2) 特征

(1) 可转换债券是含有转股权的特殊债券。

(2) 可转换债券有双重选择权。

2．可转换债券的基本要素

(1) 标的股票。

(2) 票面利率。

可转换债券的票面利率一般低于相同条件的普通债券的票面利率。可转换债券应半年或 1 年付息 1 次，到期后 5 个工作日内应偿还未转股债券的本金及最后一期利息。

(3) 转换期限。

可转换债券的期限最短为 1 年，最长为 6 年，自发行结束之日起 6 个月后才能转换为公司股票。

(4) 转换价格。

$$转换价格 = \frac{可转换债券面值}{转换比例}$$

(5) 转换比例。

转换比例是指每张可转换债券能够转换成的普通股股数。用公式表示为

$$转换比例 = \frac{可转换债券面值}{转换价格}$$

(6) 赎回条款。

(7) 回售条款。

3．可转换债券的价值

与普通债券相比，可转换债券的价值包含纯粹债券价值和转换权利价值，用公式表示为

$$可转换债券价值=纯粹债券价值+转换权利价值$$

其中，纯粹债券价值来自债券利息收入。转换权利价值，即转换价值，是指立即转换成股票的债券价值。股价上升，转换价值也上升；反之则相反。

作为股价函数的可转换债券价值具体如图2-2所示。

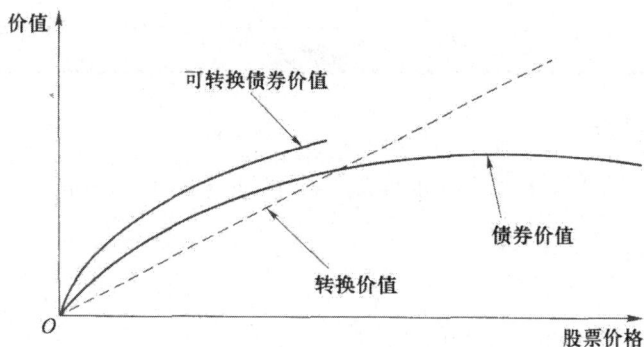

图2-2 作为股价函数的可转换债券价值

【例2.5·单选题】当可转换债券持有人行使转换权后，(   )。[2014年9月证券真题]

    A．公司实收资本不变，总股增加　　B．公司实收资本增加，总股份数不变

    C．公司实收资本和总股份数增加　　D．公司实收资本和总股份数不变

【答案】C

【解析】当转债持有人行使转换权时，公司收回并注销发行的转债，同时发行新股。此时，公司的实收资本和股份总数增加，由于稀释效应，有可能导致股价下跌。

四、权证

权证是指标的证券发行人或其以外的第三人发行的，约定在规定期间内或特定到期日，持有人有权按约定价格向发行人购买或出售标的证券，或以现金结算方式收取结算差价的有价证券。

1．权证的分类

权证的分类具体如表2-3所示。

表2-3 权证的类型

分类标准	类 型
按照标的资产分类	股权类权证
	债权类权证
	其他权证
按基础资产的来源分类	认股权证
	备兑权证
按照持有人权利的性质分类	认购权证
	认沽权证
按行权时间分类	美式权证
	欧式权证
	百慕大式权证

2．权证的基本要素

权证的基本要素包括权证类别、标的资产、存续时间、行权价格、行权结算方式、行权比例等。

3．权证的价值

(1) 一份认股权证的价值等于其内在价值与时间价值之和。

(2) 认股权证的内在价值等于认购差价乘以行权比例，用公式表示为

认股权证的内在价值=Max{(普通股市价−行权价格)×行权比例，0}

(3) 认股权证的时间价值是指在权证有效期内标的资产价格波动为权证持有者带来收益的可能性隐含的价值。

五、权益类证券投资的风险和收益

1．权益类证券投资的风险

(1) 系统性风险(市场风险)：主要包括经济增长、利率、汇率与物价波动，以及政治因素的干扰等。

(2) 非系统性风险：主要包括财务风险(违约风险)、经营风险和流动性风险。

2．权益类证券投资的收益

风险溢价是为风险厌恶的投资者购买风险资产而向他们提供的一种额外的期望收益率，即风险资产的期望收益率由两个部分构成，用公式表示为

风险资产期望收益率=无风险资产收益率(无风险利率)+风险溢价

六、影响公司发行在外股本的行为

影响公司发行在外普通股股数的公司行为包括首次公开发行、再融资、股票回购、股

票拆分和分配股票股利、权证的行权、兼并收购、剥离等。

1．首次公开发行

首次公开发行(IPO)，是指拟上市公司首次面向不特定的社会公众投资者公开发行股票筹集资金并上市的行为。

2．再融资

上市公司再融资的方式有：向原有股东配售股份、向不特定对象公开募集、发行可转换债券以及非公开发行股票。

3．股票回购

股票回购的方式主要三种：场内公开市场回购、场外协议回购和要约回购。《中华人民共和国公司法》规定，公司除减少注册资本、与持有本公司股份的其他公司合并、将股份奖励给本公司职工外，不得回购本公司股票。

4．股票拆分和分配股票股利

(1) 股票拆分又称为股票拆细，即将一股面值较大的股票拆分成几股面值较小的股票。

(2) 分配股票股利是股票分红方式的一种，是指上市公司将留存收益以股票形式支付给股东，又称送股。分红的另一种形式是现金股利。

5．权证的行权

当市场价格高于行权价格时，认购权证持有者行权，公司发行在外的股份增加；相反，当市场价格低于行权价格时，认沽权证持有者行权，公司发行在外的股份减少；公司其他股东的持股比例会因此而下降或上升。

6．兼并收购

公司可以通过现金支付、股票支付或两者混合的方式完成并购的支付。股票支付是指通过换股方式获得目标公司的控制权。

7．剥离

剥离是指上市公司将其部分资产或附属公司(子公司或分公司)分离出去，成立新公司的行为。剥离后，母公司的资产因为剥离给新公司而减少，母公司的总价值下降；但母公司原有股东持有的新公司的股票份额会弥补他们在母公司损失的价值。

【例 2.6·单选题】以下说法错误的是(　　)。[2014 年 9 月证券真题]

　　A．上市公司股份回购，只能使用自有资金

　　B．上市公司增发新股，不可以面向少数特定机构或个人

　　C．上市公司配股，原股东可以放弃配股权

　　D．上市公司股票拆分对公司的资本结构和股东权益不会产生任何影响

【答案】B

【解析】增发是指公司因业务发展需要增加资本额而发行新股。上市公司可以向公众公开增发，也可以非公开发行股票(也称为定向增发)，是上市公司向特定对象发行股票的增

资方式。特定对象包括公司控股股东、实际控制人及其控制的企业、战略投资者等。

第三节　股票分析方法

一、基本面分析

把诸如分析预期收益等价值决定因素的分析方法称为基本面分析，而公司未来的经营业绩和盈利水平正是基本面分析的核心所在。"自上而下"分析法涵盖了宏观经济因素、行业因素和公司因素。

1．宏观经济分析

对宏观经济的分析，主要是分析宏观经济指标，预测经济周期和宏观经济政策的变化。

1) 宏观经济指标

这些指标(变量)包括国内生产总值、通货膨胀、利率、汇率、预算赤字、失业率、采购经理指数(PMI)等。

2) 经济周期

经济周期包括经济扩张期和经济收缩期。

3) 宏观经济政策

财政政策是指政府的支出和税收行为，通常采用的宏观财政政策包括扩大或缩减财政支出、减税或增税等。

中央银行的货币政策采用的三项政策工具有：①公开市场操作；②利率水平的调节；③存款准备金率的调节。

2．行业分析

行业因素，又称产业因素，影响某一特定行业或产业中所有上市公司的股票价格。这些因素包括行业生命周期、行业景气度、行业法令措施以及其他影响行业价值面的因素。

1) 行业生命周期

任何一个行业都要经历一个生命周期：初创期、成长期、成熟期(平台期)和衰退期。

(1) 初创期。在初创期，有两点需要注意：一是关注行业的动态分析；二是关注不同区域或不同国家的分析。

(2) 成长期。整个成长期，可以进一步再细分成高速成长期、稳健成长期和缓慢成长期。有四个指标有助于投资者判断：第一，看市场容量，寻求细分市场中数一数二的企业；第二，看核心产品的市场份额；第三，看公司的新产品储备，是否具备市场潜力；第四，看公司的并购策略，是否具备扩张潜力。

(3) 成熟期。这个阶段的公司称为"现金牛"，即拥有稳定的现金流。

(4) 衰退期。在这个阶段，行业的增长速度低于经济增速，或者萎缩。原因是产品过时、新产品的竞争或低成本的供应商竞争所导致。

2) 行业景气度

景气度又称景气指数，是对企业景气调查中的定性指标通过定量方法加工汇总，综合反映某一特定调查群体或某行业的动态变动特性。景气度最大的特点是具有信息超前性和预测功能，可靠性很高。政策扶持与行业景气度的关系非常密切。

3. 公司内在价值与市场价格

1) 内在价值

股票的内在价值即理论价值，是指股票未来收益的现值，由公司资产、收益、股息等因素所决定。

2) 市场价格

证券的市场价格是由市场供求关系所决定的，市场价格不仅受到资产内在价值与未来价值因素的影响，还可能受到市场情绪、技术、投机等因素的影响。

二、技术分析

1. 技术分析概述

1) 含义

技术分析是指通过研究金融市场的历史信息来预测股票价格的趋势。技术分析通过股价、成交量、涨跌幅、图形走势等研究市场行为，以推测未来价格的变动趋势。技术分析只关心证券市场本身的变化，而不考虑基本面因素。

2) 技术分析的三项假定

(1) 市场行为涵盖一切信息。

(2) 股价具有趋势性运动规律，股票价格沿趋势运动。

(3) 历史会重演。

2. 常用技术分析方法

1) 道氏理论

按照道氏理论，股票的变化表现为三种趋势：长期趋势、中期趋势及短期趋势。长期趋势最为重要，也最容易被辨认，它是投资者主要的观察对象；中期趋势对于投资者较为次要，但却是投机者的主要考虑因素，它与长期趋势的方向可能相同，也可能相反；短期趋势最难预测，唯有投机交易者才会重点考虑。

2) 过滤法则与止损指令

过滤法则又称百分比穿越法则，是指当某个股票的价格变化突破实现设置的百分比时，投资者就交易这种股票。

与过滤法则密切相关的投资技术是"止损指令"。运用过滤法则和"止损指令"所基于的假设是：股票价格是序列正相关的。

3)"相对强度"理论体系

根据"相对强度"理论，投资者应购买并持有近期走势明显强于大盘指数的股票，也就是说要购买强势股。相反，对于走势弱于大盘的股票，则应尽可能地采取回避的态度。

4)"量价"理论体系

"量价"理论最早见于美国股市分析家葛兰碧所著的《股票市场指标》，该理论认为成交量是股市的元气与动力。

【例 2.7·单选题】常用的技术分析方法不包括(　　)。

  A．道氏理论 B．过滤法则 C．止损指令 D．行业分析

【答案】D

【解析】常用的技术分析方法有：道氏理论、过滤法则与止损指令、"相对强度"理论体系、"量价"理论体系。D 项属于基本面分析方法。

第四节 股票估值方法

一、股票估值模型的分类

股票估值可以分为内在价值法和相对价值法两种基本方法。

二、内在价值法

内在价值法又称绝对价值法或收益贴现模型，是按照未来现金流的贴现对公司的内在价值进行评估。具体又分为股利贴现模型(DDM)、自由现金流贴现模型(DCF)、超额收益贴现模型等。

1．内在价值法的现金流贴现原理

分配给普通股股东的红利往往是再投资和留存收益之后的现金流。这样，与现金流的分配次序相匹配，不同的现金流决定了不同的现金流贴现模型。其中，股利贴现模型(DDM)采用的是现金股利，权益现金流贴现模型(FCFE)采用的是权益自由现金流，企业贴现现金流模型(FCFF)采用的是企业自由现金流。

2．股利贴现模型(DDM)

股利贴现模型最早由威廉姆斯和戈登提出，实质是将收入资本化法运用到权益证券的价值分析之中。

该模型股票现值表达为未来所有股利的贴现值：

$$D = \frac{D_1}{(1+r)} + \frac{D_2}{(1+r)^2} + \cdots + \frac{D_t}{(1+r)^t} = \sum_{t=1}^{\infty} \frac{D_t}{(1+r)^t}$$

式中，D 表示普通股的内在价值；D_t 表示普通股第 t 期支付的股息或红利；r 表示贴现率，又称资本化率。贴现率是预期现金流量风险的函数。风险越大，现金流的贴现率越大；风险越小，则资产贴现率越小。

根据对股利增长率的不同假定，股利贴现模型可以分为零增长模型、不变增长模型、三阶段增长模型和多元增长模型。

3．自由现金流(FCFF)贴现模型

按照自由现金流贴现模型，公司价值等于公司预期现金流量按公司资本成本进行折现，将预期的未来自由现金流用加权平均资本成本(WACC)折现到当前价值来计算公司价值，然后减去债券的价值进而得到股票的价值。其公式可表达为

$$V = \sum_{t=1}^{n} \frac{\text{FCFF}_t}{(1 + \text{WACC})^t}$$

式中，FCFF_t 表示公司 t 期的自由现金流；WACC 表示加权平均资本成本，即债务资本价值与股本价值之和。

FCFF 指标体现了公司所有权利要求者的现金流总和，其计算公式为

FCFF=EBIT×(1-税率)+折旧-资本性支出-追加营运资本

式中，EBIT 为税息前利润。

4. 股权资本自由现金流(FCFE)贴现模型

1) 含义

股权自由现金流量是指在公司用于投资、营运资金和债务融资成本之后可以被股东利用的现金流，它是公司支付所有营运费用、再投资支出，以及所得税和净债务(即利息、本金支付减发行新债券的净额)后可分配给公司股东的剩余现金流量。

2) FCFE 的计算公式

FCFE=净收益+折旧-资本性支出-营运资本追加额-债务本金偿还+新发行债券

3) FCFE 贴现模型的基本原理

基本原理是将预期的未来股权活动现金流用相应的股权要求回报率折现到当前价值来计算公司股票价值。其计算公式为

$$V = \sum_{t=1}^{n} \frac{\text{FCFF}_t}{(1 + K_e)^t}$$

式中，V 表示公司价值；FCFE_t 表示 t 期的现金流；K_e 表示根据 CAPM 模型计算的股权成本。

5. 超额收益贴现模型：经济附加值(EVA)模型

经济附加值(EVA)指标源于企业经营绩效考核的目的，最早是由斯特恩-斯图尔特管理咨询公司提出并推广的。

经济附加值等于公司税后净营业利润减去全部资本成本(股本成本与债务成本)后的净值。计算公式为

EVA=NOPAT-资本成本

式中，EVA 表示经济附加值；NOPAT 表示税后经营利润，或称息前税后利润，是指息税前利润 EBIT 扣除经营所得税；资本成本等于 WACC 乘以实际投入资本总额；WACC 表示加权平均资本成本。

也可表示为

EVA=(ROIC-WACC)×实际资本投入

式中，ROIC 表示资本收益率，即投资资本回报率，为息前税后利润除以实际投入资本。如果计算出的 EVA 为正，说明企业在经营过程中创造了财富；否则就是在毁灭财富。

三、相对价值法

相对价值法是使用一家上市公司的市盈率、市净率、市现率等指标与其竞争者进行对比，以决定该公司价值的方法。

1. 市盈率模型

对盈余进行估值的重要指标是市盈率。用公式表示为

$$市盈率(P/E) = \frac{每股市价}{每股收益(年化)}$$

市盈率是投资回报的一种度量标准，即股票投资者根据当前或预测的收益水平收回其投资所需要的年数；而市盈率的倒数就是收益率，即 E/P。

【例 2.8·单选题】市盈率等于每股价格与( )的比值。[2014 年 6 月证券真题]

A．每股净值   B．每股收益

C．每股现金流   D．每股股息

【答案】B

【解析】市盈率指标表示每股价格与每股收益之间的比率，该指标揭示了盈余和股价之间的关系，其计算公式为：市盈率(P/E)=每股价格/每股收益(年化)。

2. 市净率模型

1) 市净率

账面价值是公司净资产的会计指标。法玛和弗伦奇及其以后学者的研究表明，市价/账面价值比率(P/B)是衡量公司价值的重要指标，这就是市净率的表达公式，即：

$$市净率=每股市价/每股净资产$$

$$P/B = \frac{P_t}{BV_{t+1}}$$

式中，BV_{t-1} 表示公司每股账面价值的年末估计值；P_t 表示每股市价。

2) 市净率的优点

(1) 每股净资产通常是一个累积的正值，因此市净率也适用于经营暂时陷入困难的以及有破产风险的公司。

(2) 统计学证明每股净资产数值普遍比每股收益稳定得多。

(3) 对于资产包含大量现金的公司，市净率是更为理想的比较估值指标。

这样，P/B 尤其适用于公司股本的市场价值完全取决于有形账面价值的行业，如银行、房地产公司。而对于没有明显固定成本的服务性公司，其账面价值意义不大。

3) 市净率的局限性

(1) 由于会计计量的局限，一些对企业非常重要的资产并没有确认入账，如商誉、人力资源等。

(2) 当公司在资产负债表上存在显著差异时，作为一个相对值，P/B 可能对信息使用者有误导作用。

3. 市现率模型

公司盈利水平容易被操纵而现金流价值通常不易操纵。市现率(P/CF)的计算公式为

$$P/CF = \frac{P_t}{CF_{t+1}}$$

4. 市销率模型

市销率也称价格营收比,是股票市价与销售收入的比率,该指标反映的是单位销售收入反映的股价水平。其计算公式为

$$P/S = \frac{P_t}{S_{t+1}}$$

式中,P_t为第t期股票的价格;S_{t+1}为公司在第$t+1$期的每股销售额。

一般而言,价值导向型的基金经理选择的范围都是"每股价格/每股销售收入<1"的股票。

5. 企业价值倍数

1) 含义

企业价值倍数反映了投资资本的市场价值和未来一年企业收益间的比例关系。

2) 计算公式

(1) 企业价值(EV)的计算公式为

公司市值+净负债

(2) 扣除利息、税款、折旧及摊销前的收益(EBITDA)用以计算公司经营业绩。其计算公式为

EBITDA=净利润+所得税+利息+折旧+摊销

EBITDA=EBIT+折旧+摊销

净销售量−营业费用=EBIT

EV/EBITDA 和市盈率等相对估值指标的用法一样,EV/EBITDA 使用 EV,即投入企业的所有资本的市场价值代替市盈率模型中的股价,使用 EBITDA 代替市盈率模型中的每股净利润。其倍数相对于行业平均水平或历史水平较高则通常说明高估,较低则说明低估,不同行业或板块有不同的估值(倍数)水平。

3) EV/EBITDA 较 P/E 的优势

(1) 由于不受所得税率不同的影响,使得不同国家和市场的上市公司估值更具可比性。

(2) 不受资本结构不同的影响,公司对资本结构的改变不会影响估值,同样有利于比较不同公司的估值水平。

(3) 排除了折旧、摊销这些非现金成本的影响(现金比账面利润重要),可以更准确地反映公司价值。

EV/EBITDA 更适用于单一业务或子公司较少的公司估值,如果业务或合并子公司数量众多,需要做复杂调整,有可能会降低其准确性。

【例 2.9·单选题】以下关于市盈率和市净率的表述不正确的是( )。

    A. 市盈率=每股市价/每股收益

    B. 市净率=每股市价/每股净资产

    C. 统计学证明每股净资产数值普遍比每股收益稳定得多

    D. 对于资产包含大量现金的公司,市盈率是更为理想的比较估值指标

【答案】D

【解析】相对于市盈率，市净率在使用中有其特有的优点：①每股净资产通常是一个累积的正值，因此市净率也适用于经营暂时陷入困难的以及有破产风险的公司；②统计学证明每股净资产数值普遍比每股收益稳定得多；③对于资产包含大量现金的公司，市净率是更为理想的比较估值指标。

四、总结

普通股估值的基本模型总结如表 2-4 所示。

表 2-4　普通股估值的基本模型

内在价值法(收益贴现模型)	现金流贴现模型	股利贴现模型(DDM)	零增长模型
			不变增长模型
			三阶段红利贴现模型
			多元增长模型
		自由现金流贴现模型(DCF)	公司自由现金流(FCFF)贴现模型
			股权资本自由现金流(FCFE)贴现模型
	超额收益贴现模型	经济附加值(EVA)模型	
相对价值法(乘数估值模型)	市盈率模型(P/E)		
	市净率模型(P/B)		
	企业价值倍数(EV/EBITDA)		
	市现率模型(P/CF)		
	市销率模型(P/S)		

【过关练习】

单选题(以下备选项中只有一项最符合题目要求)

1. 以技术分析为基础的投资策略与以基本分析为基础的投资策略的区别不包括(　　)。

  A．使用的分析工具不同   B．对市场有效性的判定不同

  C．分析基础不同   D．使用者不同

【答案】D

【解析】A 项，技术分析通常以市场历史交易数据的统计结果为基础，通过曲线图的方式描述股票价格运动的规律；基本分析则主要以宏观经济指标、行业基本数据和公司财务指标等数据为基础进行综合分析。B 项，以技术分析为基础的投资策略是以否定弱式有效市场为前提的；以基本分析为基础的投资策略是以否定半强式有效市场为前提的。C 项，技术分析是以市场上历史的交易数据(股价和成交量)为研究基础；基本分析是以宏观经济、行业和公司的基本经济数据为研究基础。

2. 股票风险的内涵是指(　　)。

  A．投资收益的确定性   B．预期收益的不确定性

  C．股票容易变现   D．投资损失

【答案】B

【解析】股票风险的内涵是预期收益的不确定性。股票可能给股票持有者带来收益，

但这种收益是不确定的，股东能否获得预期的股息红利收益，完全取决于公司的盈利情况。

3. 股份有限公司因破产或解散进行清算时，公司剩余资产清偿的先后顺序是(   )。

A. 优先股东、普通股东、债权人　　B. 普通股东、优先股东、债权人

C. 债权人、普通股东、优先股东　　D. 债权人、优先股东、普通股东

【答案】D

【解析】债权资本是一种借入资本，代表了公司的合约义务，因此债券持有者/债权人拥有公司资产的最高索取权。接着是优先股股东，在公司解散或破产清算时，优先股股东优先于普通股股东分配公司剩余财产。普通股股东是最后一个被偿还的，剩余资产在普通股股东中按比例分配。故在公司解散或破产清算时，公司的资产在不同证券持有者中的清偿顺序如下：债券持有者先于优先股股东，优先股股东先于普通股股东。

4. 下列关于权益类证券的系统性风险的论述，正确的是(   )。

A. 系统性风险包括基金管理公司的经营风险

B. 系统性风险不包括汇率风险

C. 系统性风险即市场风险

D. 系统性风险是可分散风险

【答案】C

【解析】系统性风险也可称为市场风险，是由经济环境因素的变化引起的整个金融市场的不确定性的加强，其冲击是属于全面性的，主要包括经济增长、利率、汇率与物价波动，以及政治因素的干扰等。当系统性风险发生时，所有资产均受到影响，只是受影响的程度因资产性质的不同而有所不同。

5. 一般情况下，优先股票的股息率是(   )的，其持有者的股东权利受到一定限制。

A. 随公司盈利变化而变化　　　　B. 浮动

C. 不确定　　　　　　　　　　　D. 固定

【答案】D

【解析】优先股的股息率是固定的，在优先股发行时就约定了固定的股息率，无论公司的盈利水平如何变化，该股息率不变。在公司盈利和剩余财产的分配顺序上，优先股股东先于普通股股东，但是优先股股东的权利是受限制的，一般无表决权。

6. 以下关于股票分割的说法错误的是(   )。

A. 股票分割又称拆股、拆细

B. 股票分割通常适用于高价股

C. 股票分割是将一股股票均等地拆成若干股

D. 股票分割后，每股股票的市价不变

【答案】D

【解析】股票分割，又称为拆股、拆细，即将一股面值较大的股票拆分成几股面值较小的股票。股票分割对公司的资本结构和股东权益不会产生任何影响，一般只会使发行在外的股票总数增加，每股面值降低，并由此引起每股收益和每股市价下降，而股东的持股比例和权益总额及其各项权益余额都保持不变。

7. 一个公司的总资本是 1000 万元，其中有 300 万元的债权资本和 700 万元的权益资本，下列关于该公司说法错误的是(   )。

    A．该公司的资产负债率是 30%

    B．该公司为杠杆公司

    C．资本结构包含 30% 的债务和 70% 的权益

    D．该公司的资产负债率是 43%

【答案】 D

【解析】 资产负债率=(负债总额/资产总额)×100%=(300/1000)×100%=30%。有负债的公司被称为杠杆公司，一个拥有 100% 权益资本的公司被称为无杠杆公司。

8．股票可以通过依法转让而变现的特性是指股票的(　　)。

    A．期限性　　　　B．风险性　　　　C．流动性　　　　D．永久性

【答案】 C

【解析】 流动性是指股票可以依法自由地进行交易的特征。股票持有人虽然不能直接从股份公司退股，但可以在股票市场上很方便地卖出股票来变现，在收回投资(可能大于或小于原出资额)的同时，将股票所代表的股东身份及其各种权益让渡给受让者。

9．下列不属于行业因素对股价影响的表现的是(　　)。

    A．某些重要领域可能会因政府保护，而在外部冲击下股价没有大幅下降

    B．某产业的工会拥有传统势力，产品的劳动力成本持续上升，致使利润水平下降，进而使股价下跌

    C．零售业非常依赖短期流动性，低成本流通技术的发明使股价上升

    D．由于金融危机，大多数投资者对股市前景过于悲观，致使股价下跌

【答案】 D

【解析】 行业因素，又称产业因素，影响某一特定行业或产业中所有上市公司的股票价格。这些因素包括行业生命周期、行业景气度、行业法令措施以及其他影响行业价值面的因素。D 项属于宏观经济因素对公司股价的影响。

10．下列关于无担保的存托凭证和有担保的存托凭证的说法不正确的是(　　)。

    A．无担保的存托凭证的发行与基础证券发行公司无关

    B．有担保的存托凭证是由发行公司委托存券银行发行的

    C．无担保的存托凭证所受约束小，在市场上较常见

    D．存托凭证的级别越高，对证券公司的要求就越高

【答案】 C

【解析】 C 项，无担保的存托凭证目前已经很少应用。

第三章 固定收益投资

【考情分析】

本章主要介绍债券与债券市场、债券价值分析和货币市场工具。其中，债券与债券市场主要介绍债券的种类、债券违约时的受偿顺序、投资债券的风险和中国债券交易市场体系；债券价值分析主要介绍债券的估值方法，当期收益率、到期收益率与债券价格之间的关系，利率期限结构和信用利差，债券的久期和凸度等；货币市场工具主要介绍银行定期存款、短期回购协议、中央银行票据、短期政府债券、短期融资券、中期票据等几种常见的货币市场工具的定义及特点。

本章知识点的考查比较灵活，有时两个考点或者更多的考点会在同一题目中出现，旨在考查其联系和区别。

【学习方法】

本章理解性的内容比较多，部分考点比较难记，也涉及部分计算性的考点，考生必须熟练掌握，且记忆准确。有的知识点看似简单，实际涉及的小考点多，考生必须牢记，才能在短时间内选出正确答案。在复习过程中，考生应理解债券市场各参与方的责任及发行人类型，掌握债券的种类及特点，理解债券违约时的受偿顺序、固定利率债券、浮动利率债券和零息债券，熟练掌握债券价格和到期收益率的关系、债券久期的计算和应用以及货币市场工具的特点等知识点。

考试中出现的基本概念、理论都出自教材，考生应该反复记忆教材中重要的知识点，对例题要做到彻底理解并能独立进行解答分析。

【知识结构】

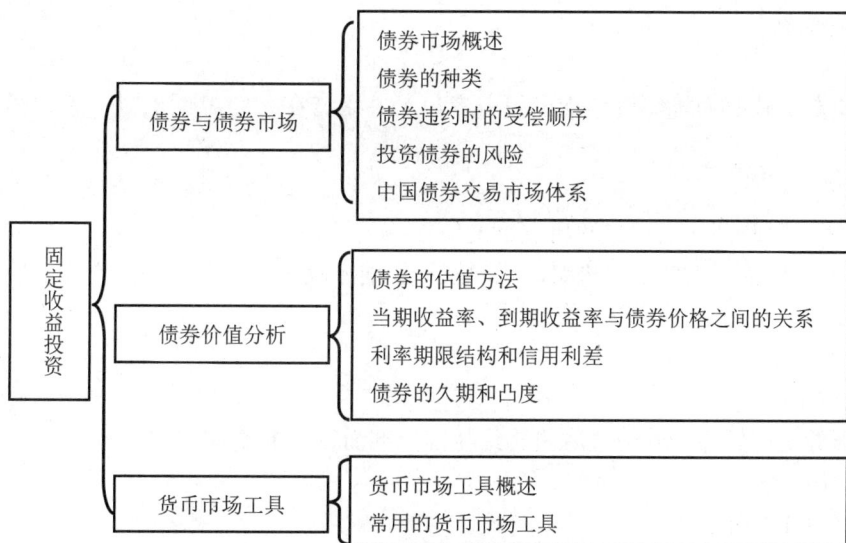

【核心讲义】

第一节　债券与债券市场

一、债券市场概述

1. 定义

债券市场是债券发行和买卖交易的场所。

2. 参与人

1) 债券承销商
负责债券的发行与承销,在债券发行人和债券投资人之间起着金融中介的作用。
2) 债券的发行人
债券的发行人包括中央政府、地方政府、金融机构、公司和企业。

3. 利益关系

债券是债权凭证,债券持有人与债券发行人之间是债权债务关系。

4. 概述

(1) 交易对象是债券。
(2) 债券有固定的票面利率和期限,其市场价格相对股票价格而言比较稳定。

二、债券的种类

1. 按发行主体分类

1) 政府债券
(1) 定义。
政府债券是政府为筹集资金而向投资者出具并承诺在一定时期支付利息和偿还本金的债务凭证。
(2) 分类。
① 国债,财政部代表中央政府发行的债券。
② 地方政府债,包括由中央财政代理发行和地方政府自主发行的由地方政府负责偿还的债券。
2) 金融债券
(1) 定义。
金融债券是由银行和其他金融机构经特别批准而发行的债券。
(2) 分类。
分类如表 3-1 所示。

表 3-1 金融债券的类别及发行主体

类　别	发行主体
政策性金融债	政策性金融机构
商业银行债券	商业银行
特种金融债券	部分金融机构
非银行金融机构债券	非银行金融机构
证券公司债和证券公司短期融资券	证券公司

3) 公司债券

(1) 定义。

公司债券是公司依照法定程序发行、约定在一定期限还本付息的有价证券。

(2) 发行主体。

发行主体是股份公司，但有的国家也允许非股份制企业发行债券。

【例 3.1·单选题】以下不能发行金融债券的主体是(　　)。[2014 年 6 月证券真题]

    A．国有商业银行   B．政策性银行

    C．中国人民银行   D．证券公司

【答案】C

【解析】金融债券是由银行和其他金融机构经特别批准而发行的债券。金融债券包括政策性金融债、商业银行债券、特种金融债券、非银行金融机构债券、证券公司债、证券公司短期融资券等。政策性金融债的发行人是政策性金融机构，即国家开发银行、中国农业发展银行、中国进出口银行。商业银行债券的发行人是商业银行。特种金融债券是指经中国人民银行批准，由部分金融机构发行的，所筹集的资金专门用于偿还不规范证券回购债务的有价证券。非银行金融机构债券由非银行金融机构发行。证券公司债和证券公司短期融资券由证券公司发行。

【例 3.2·单选题】财政部代表中央政府发行的债券，被称为(　　)。[2014 年 3 月证券真题]

    A．国债   B．地方政府债券

    C．公司债券   D．金融债券

【答案】A

【解析】政府债券是政府为筹集资金而向投资者出具并承诺在一定时期支付利息和偿还本金的债务凭证。我国政府债券包括国债和地方政府债。其中，国债是财政部代表中央政府发行的债券。

2. 按偿还期限分类

(1) 短期债券，偿还期在 1 年以下。

(2) 中期债券，偿还期一般为 1～10 年。

(3) 长期债券，偿还期一般为 10 年以上。

3．按债券持有人的收益方式分类

1) 固定利率债券

由政府和企业发行，有固定的到期日，并在偿还期内有固定的票面利率和不变的面值。

2) 浮动利率债券

(1) 浮动利率的计算。

浮动利率可以表达为：浮动利率=基准利率+利差。

① 基准利率常选用市场上信誉良好、金融实力强大、违约可能性低的债券发行人提供的利率。

② 利差在债券的偿还期内是固定的百分点。国际惯例将利差用基点表示，1 个基点等于 0.01%。

(2) 浮动利率债券的利息在每个支付期都会根据基准利率的变化而重新设置。

3) 零息债券

零息债券是有一定的偿还期限，但在期间不支付利息，而在到期日一次性支付利息和本金的债券。

4．按计息与付息方式分类

(1) 息票债券，是指债券发行时规定，在债券存续期内，在约定的时间以约定的利率按期向债券持有人支付利息的中、长期债券。

(2) 贴现债券，在发行时不规定利率，券面也不附息票，发行人以低于债券面额的价格出售债券，即折价发行，债券到期时发行人按债券面额兑付。

【例 3.3·单选题】发行时不规定利率，券面也不附息票的债券是(   )。

A．浮动利率债券　　　　　　B．附息债券

C．贴现债券　　　　　　　　D．息票累积债券

【答案】C

【解析】贴现债券是无息票债券或零息债券，这种债券在发行时不规定利率，券面也不附息票，发行人以低于债券面额的价格出售债券，即折价发行，债券到期时发行人按债券面额兑付。

5．按嵌入的条款分类

1) 可赎回债券

(1) 定义。

为发行人提供在债券到期前的特定时段以事先约定价格买回债券的权力。约定的价格称为赎回价格，包括面值和赎回溢价。

(2) 特点。

① 大部分可赎回债券约定在发行一段时间后才可执行赎回权。

② 赎回价格可以是固定的，也可以是浮动的。

③ 赎回条款是保护债务人而非债权人的条款，对债权人不利。

2) 可回售债券

(1) 定义。

为债券持有者提供在债券到期前的特定时段以事先约定价格将债券回售给发行人的权利，约定的价格称为回售价格。

(2) 特点。

① 大部分可回售债券约定在发行一段时间后才可执行回售权。

② 可回售债券的受益人是持有者。

3) 可转换债券

(1) 定义。

可转换债券是指在一段时间后，持有者有权按约定的转换价格或转换比率将公司债券转换为普通股股票。

(2) 特点。

① 可转换债券是一种混合债券。

② 可转换债券赋予了投资人看涨期权的价值。

4) 通货膨胀联结债券

大多数的通货膨胀联结债券的面值在每个支付日会根据某一消费价格指数调整来反映通货膨胀的变化。债券的利息通过面值的调整也得到相应调整。

5) 结构化债券

(1) 住房抵押贷款支持证券(MBS)。

以居民住房抵押贷款或商用住房抵押贷款组成的资产池为支持，资金流来自住房抵押贷款人定期还款，由金融中介机构打包建立资产池。

(2) 资产支持证券(ABS)。

贷款的种类是其他债务贷款，如汽车消费贷款、学生贷款、信用卡应收款等。

【例3.4·单选题】可转换公司债券享受转换特权，转换前与转换后的形式分别是(　　)。

　　A．股票、公司债券　　　　　　　　B．公司债券、股票

　　C．都属于股票　　　　　　　　　　D．都属于债券

【答案】B

【解析】可转换债券是指在一段时间后，持有者有权按约定的转换价格或转换比率将公司债券转换为普通股股票。

三、债券违约时的受偿顺序

1. 按债券有无保证分类

1) 有保证债券

投资者对相关资产及其产生的现金流有直接受偿权。

(1) 最高受偿等级的是第一抵押权债券或有限留置权债券。

(2) 根据保证的形式不同分类。

① 抵押债券，保证物是土地、房屋、设备等不动产。

② 质押债券，保证物是债券发行者持有的债权或股权，而非真实资产。

③ 担保债券，是由另一实体提供保证发行的债券。

2) 无保证债券(信用债券)

对债务人的资产有普遍的受偿权，在破产清偿时在有保证债券之后获得清偿。

2．不同种类债券受偿等级顺序(见图 3-1)

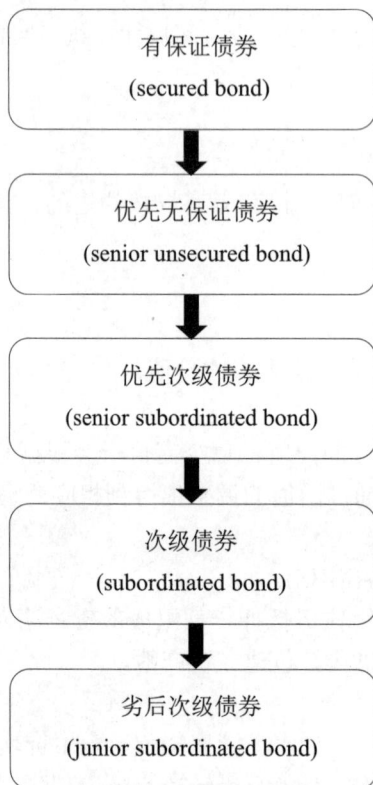

图 3-1　债券违约时的受偿顺序

四、投资债券的风险

1．信用风险债券的信用风险(违约风险)

1) 定义

信用风险是指债券发行人未按照契约的规定支付债券的本金和利息，给债券投资者带来损失的可能性。

2) 评估

国际上知名的独立信用评级机构有三家：穆迪投资者服务公司、标准普尔评级服务公司、惠誉国际信用评级有限公司。三大国际信用评级机构的债券信用等级分类如表 3-2 所示。

国内债券评级机构包括大公国际资信评估有限公司、中诚信国际信用评级有限公司、联合资信评估有限公司、上海新世纪资信评估投资服务有限公司、中债资信评估有限责任公司等。

表 3-2 国际信用评级机构的债券信用等级

类 别	标准普尔 (Standard&Poor's)	穆迪 (Moody's)	惠誉 (Fitch)	等 级
投资级债券	AAA	Aaa	AAA	最高级别
	AA+	Aa1	AA+	
	AA	Aa2	AA	
	AA−	Aa3	AA−	
	A+	A1	A+	中高级别
	A	A2	A	
	A−	A3	A−	
	BBB+	Baa1	BBB+	中下级别
	BBB	Baa2	BBB	
	BBB−	Baa3	BBB−	
投机级债券	BB+	Ba1	BB+	低级别或投机级别
	BB	Ba2	BB	
	BB−	Ba3	BB−	
	B+	B1	B+	
	B	B2	B	
	B−	B3	B−	
	CCC+	Caa1	CCC	
	CCC	Caa2		
	CCC−	Caa3		
		Ca		
		C		已违约
		C	DDD	
			DD	
	D		D	

【例 3.5·单选题】通常采用( )来确定不同债券的违约风险大小。

A．收益率差 B．风险溢价 C．信用评级 D．信用利差

【答案】C

【解析】为评估违约风险，许多投资者会参考独立信用评级机构发布的信用评级，债券评级是反映债券违约风险的重要指标。

2．利率风险

利率风险是指利率变动引起债券价格波动的风险。

3．通胀风险

随着通胀使得物价上涨，债券持有者获得的利息和本金的购买力下降。

4．流动性风险

流动性风险是指未到期债券的持有者无法以市值，而只能以明显低于市值的价格变现债券形成的投资风险。

5．再投资风险

再投资风险是指在市场利率下行的环境中，附息债券收回的利息或者提前于到期日收回的本金只能以低于原债券到期收益率的利率水平再投资于相同属性的债券，而产生的风险。

6．提前赎回风险(回购风险)

提前赎回风险是指债券发行者在债券到期日前赎回有提前赎回条款的债券所带来的风险。

【例3.6·单选题】关于投资债券的风险，下列说法不正确的是(　　)。

A．即使债券发行人未真正地违约，债券持有人仍可能因为信用风险而遭受损失

B．标准普尔和惠誉的Aaa级与穆迪的AAA级为各自评级的最高信用等级

C．通胀使得物价上涨时，债券持有者获得的利息和本金的购买力下降

D．交易不活跃的债券通常有较大的流动性风险

【答案】B

【解析】B项，信用评级机构一般按照从低信用风险到高信用风险进行债券评级，最高的信用等级(如标准普尔和惠誉的AAA级，穆迪的Aaa级)表明债券几乎没有违约风险，如国债；而最低的信用等级(如标准普尔和惠誉的D级，穆迪的C级)表明债券违约的可能性很大，或债务人已经产生违约。

五、中国债券交易市场体系

中国债券市场发展阶段的特点如表3-3所示。

表3-3　中国债券市场的发展阶段

时　间	发展阶段	特　点
1988—1991年	以柜台市场为主	①国债和企业债交易市场刚刚起步，还处于初级阶段；②债券投资者以个人投资者为主体
1992—2000年	以交易所市场为主	形成了场内交易所市场和场外银行间市场并存的格局
2001年至今	以银行间市场为主	①形成了银行间债券市场、交易所市场和商业银行柜台市场；②三个基本子市场为主的统一分层的市场体系

第二节　债券价值分析

一、债券的估值方法

1. 零息债券估值法

贴现债务的内在价值由下列公式决定：

$$V = M \frac{1}{(1+r)^t}$$

式中，V 表示贴现债券的内在价值；M 表示面值；r 表示市场利率；t 表示债券到期时间。

2. 固定利率债券估值法

投资者未来的现金流包括两个部分：本金和利息。其内在价值公式为

$$V = \frac{C}{1+r} + \frac{C}{(1+r)^2} + \cdots + \frac{C}{(1+r)^n} + \frac{M}{(1+r)^n}$$

式中，C 表示每期支付的利息；V 表示贴现债券的内在价值；M 表示面值；r 表示市场利率；n 表示债券到期时间。

3. 统一公债估值法

统一公债是一种没有到期日的特殊债券。其内在价值的计算公式为

$$V = \frac{C}{1+r} + \frac{C}{(1+r)^2} + \cdots + \frac{C}{(1+r)^n} = \frac{C}{r}$$

二、当前收益率、到期收益率与债券价格之间的关系

1. 当期收益率(当前收益率)

当期收益率是债券的年利息收入与当前的债券市场价格的比率。其计算公式为

$$I = \frac{C}{P}$$

式中，I 表示当期收益率；C 表示年息票利息；P 表示债券市场价格。

【例 3.7·单选题】以下关于当期收益率的说法，不正确的是(　　)。

　　A. 其计算公式为 $I = \dfrac{C}{P}$

　　B. 它度量的是债券年利息收入占当前的债券市场价格的比率

　　C. 它能反映债券投资能够获得的债券年利息收入

　　D. 它能反映债券投资的资本损益

【答案】D

【解析】当期收益率，又称当前收益率，是债券的年利息收入与当前的债券市场价格的比率。D 项，当期收益率没有考虑债券投资所获得的资本利得或损失，只是债券某一期

间所获得的现金收入相较于债券价格的比率。

2．到期收益率(内部收益率)

1) 定义

到期收益率是可以使投资购买债券获得的未来现金流的现值等于债券当前市价的贴现率。

2) 计算

到期收益率一般用 y 表示，债券市场价格和到期收益率的关系式为

$$P = \sum_{t=1}^{n} \frac{C}{(1+t)^t} + M\left(\frac{1}{1+y}\right)^n$$

式中，P 表示债券市场价格；C 表示每期支付的利息；n 表示时期数；M 表示债券面值。

3) 影响因素

(1) 票面利率。在其他因素相同的情况下，与债券到期收益率呈同方向增减。

(2) 债券市场价格。在其他因素相同的情况下，与到期收益率呈反方向增减。

(3) 计息方式。在其他因素相同的情况下，固定利率债券比零息债券的到期收益率要高。

(4) 再投资收益率。

3．债券当期收益率与到期收益率之间的关系

(1) 债券市场价格越接近债券面值，期限越长，则其当期收益率就越接近到期收益率。

(2) 债券市场价格越偏离债券面值，期限越短，则当期收益率就越偏离到期收益率。

【例3.8·单选题】下列关于到期收益率影响因素，说法错误的是(   )。

    A．票面利率与债券到期收益率呈同方向增减

    B．债券市场价格与到期收益率呈反方向增减

    C．债券市场价格与到期收益率呈同方向增减

    D．在其他因素相同的情况下，固定利率债券比零息债券的到期收益率要高

【答案】C

【解析】到期收益率一般用 y 表示，债券市场价格和到期收益率的关系式为

$$P = \sum_{t=1}^{n} \frac{C}{(1+t)^t} + M\left(\frac{1}{1+y}\right)^n$$

式中，P 表示债券市场价格；C 表示每期支付的利息；n 表示时期数；M 表示债券面值。

由公式得出，债券市场价格与到期收益率呈反方向增减。

【例3.9·单选题】某债券的面值为 1000 元，票面利率为 5%，期限为 4 年，每年付息一次。现以 950 元的发行价向全社会公开发行，则该债券的到期收益率为(   )。

    A．5%   B．6%   C．6.46%   D．7.42%

【答案】C

【解析】根据固定利率债券估值法到期收益率的计算公式，得

$$950 = \frac{50}{1+y} + \frac{50}{(1+y)^2} + \frac{50}{(1+y)^3} + \frac{50}{(1+y)^4} + \frac{1000}{(1+y)^4}$$

解得，到期收益率 $y=6.46\%$。

三、利率期限结构和信用利差

1. 利率期限结构与债券收益率曲线

1) 收益率曲线的定义

收益率曲线是描述债券到期收益率和到期期限之间关系的曲线，用来描述利率期限结构。

2) 收益率曲线概述

(1) 在以期限为横坐标，以收益率为纵坐标的直角坐标系上显示出来。

(2) 收益率曲线的类型如表 3-4 所示。

表 3-4　收益率曲线的类型

类　型	期限结构特征	形　态
正收益曲线 (上升收益曲线)	短期债券收益率较低， 长期债券收益率较高	正常
反转收益曲线 (下降收益曲线)	短期债券收益率较高， 长期债券收益率较低	非正常
水平收益曲线	长短期债券收益率基本相等	非正常

3) 收益率曲线的特点

(1) 短期收益率一般比长期收益率更富有变化性。

(2) 收益率曲线一般向上倾斜。

(3) 当利率整体水平较高时，收益率曲线会呈现向下倾斜(甚至倒转)的形状。

【例 3.10·单选题】反转收益曲线意味着(　　)。

　　A. 短期债券收益率较低，而长期债券收益率较高

　　B. 长短期债券收益率基本相等

　　C. 短期债券收益率较高，长期债券收益率较高

　　D. 短期债券收益率较高，而长期债券收益率较低

【答案】D

【解析】收益率曲线在以期限为横坐标，以收益率为纵坐标的直角坐标系上显示出来。主要有三种类型：①正收益曲线(或称上升收益曲线)，其显示的期限结构特征是短期债券收益率较低，而长期债券收益率较高；②反转收益曲线(或称下降收益曲线)，其显示的期限结构特征是短期债券收益率较高，而长期债券收益率较低；③水平收益曲线，其特征是长短期债券收益率基本相等。

2. 信用利差

1) 信用利差概述

信用利差是指除了信用评级不同外，其余条件全部相同的两种债券收益率的差额。违约风险越高，投资收益率越高。

2) 特点

(1) 对于给定的非政府部门的债券、给定的信用评级，信用利差随着期限增加而扩大。

(2) 信用利差随着经济周期的扩张而缩小，随着经济周期的收缩而扩张。

(3) 信用利差的变化本质上是市场风险偏好的变化，受经济预期影响。

【例 3.11·单选题】下列关于信用利差特点的表述，不正确的是(   )。

    A．给定非政府部门的债券和信用评级，信用利差随着期限增加而扩大

    B．信用利差随着经济周期的扩张而扩张

    C．信用利差的变化本质上是市场风险偏好的变化，受经济预期的影响

    D．信用利差可以作为预测经济周期活动的指标

【答案】B

【解析】B 项，信用利差随着经济周期的收缩而扩张。当经济处于收缩或下滑期时，公司的盈利能力下降，现金流恶化，这会影响债务人履行债务合同的能力。投资者面对收缩的经济环境，会增加在现金流更安全的政府部门债券的配置，从而抛售偿付风险更高的非政府部门债券，购买风险更低的政府部门债券，引起低风险的政府部门债券价格上升、到期收益率下降，非政府部门债券价格下降、到期收益率上升，最终造成信用利差扩大。

四、债券的久期和凸度

1. 久期

1) 麦考利久期(存续期)

(1) 定义。

麦考利久期是债券的平均到期时间，它是从现值角度度量了债券现金流的加权平均年限，即债券投资者收回其全部本金和利息的平均时间。零息债券的麦考利久期等于期限。

(2) 计算。

具体计算公式如下：

$$D_{mac} = \frac{\sum\limits_{t=1}^{T} \dfrac{c_t}{(1+y)^t} \times t}{P} = \sum_{t=1}^{T}\left[\frac{c_t/(1+y)^t}{P} \times t\right] = \sum_{t=1}^{T}\left[\frac{PV(c_t)}{P} \times t\right]$$

式中，D_{mac} 表示麦考利久期；$PV(c_t)$ 表示在时间 t 可收到现金流的现值；P 表示当前债券的市场价格；T 表示债券到期所剩余的付息次数(包括偿付本金)；y 为未来所有现金流的贴现率，即收益率。

(3) 债券价格变化与收益率的关系。

$$\frac{\Delta P}{P} = -D_{mac}\frac{\Delta y}{1+y}$$

2) 修正久期(D_{mac})

$$D_{mod} = \frac{D_{mac}}{1+y}$$

修正久期衡量的是市场利率变动时，债券价格变动的百分比。

$$\frac{\Delta P}{P} = -D_{\mathrm{mod}}\Delta y$$

2．凸性

凸性是债券价格与到期收益率之间的关系用弯曲程度的表达方式。曲线上任意一点的斜率表示久期，斜率变化的速率就是凸度。凸度是衡量价格收益率曲线弯曲程度的指标。价格收益率曲线越弯曲，凸度越大。

3．久期和凸性的应用

免疫策略是指如果债券基金经理能够较好地确定持有期，那么就能够找到所有的久期等于持有期的债券，并选择凸性最高的那种债券的策略。具体免疫策略有以下几种。

1) 所得免疫

所得免疫策略保证投资者有充足的资金可以满足预期现金支付的需要。

(1) 现金配比策略。

这种策略限制性强，弹性很小，可能会排斥许多缺乏良好现金流量特性的债券。

(2) 久期配比策略。

这种策略只要求负债流量的久期和债券投资组合的久期相同即可，因而有更多债券可供选择。

(3) 水平配比策略。

在短期内运用现金配比策略，在较长的时期内运用久期配比策略。这样，既具有了现金配比策略中的流动性强的优点，又具有了久期配比策略中的弹性较大的优点。

2) 价格免疫

由那些保证特定数量资产的市场价值高于特定数量负债的市场价值的策略组成。价格免疫使用凸性作为衡量标准，实现资产凸性与负债凸性相匹配。

【例3.12·单选题】衡量价格收益率曲线弯曲程度的指标是(　　　　)。

　　A．久期　　　　　　B．凸度　　　　　　C．风险　　　　　　D．凹凸性

【答案】B

【解析】凸度是衡量价格收益率曲线弯曲程度的指标。价格收益率曲线越弯曲，凸度越大。

第三节　货币市场工具

一、货币市场工具概述

1．定义

货币市场工具是指短期的(1年之内)、具有高流动性的低风险证券。

2．功能

(1) 为商业银行管理流动性以及企业融通短期资金提供了有效手段。

(2) 因货币市场工具交易而形成的短期利率在整个市场的利率体系中充当了基准利率。

3．特点

(1) 均是债务契约。

(2) 期限在 1 年以内(含 1 年)。

(3) 流动性高。

(4) 大宗交易，主要由机构投资者参与。

(5) 本金安全性高，风险较低。

【例 3.13·单选题】货币市场工具的特征不包括(　　)。

  A．均是债务契约　 B．期限在 1 年以内(含 1 年)

  C．流动性高　 D．交易额较小

【答案】D

【解析】货币市场工具的特点有：①均是债务契约；②期限在 1 年以内(含 1 年)；③流动性高；④大宗交易，主要由机构投资者参与，个人投资者很少有机会参与买卖；⑤本金安全性高，风险较低。

二、常用的货币市场工具

1．银行定期存款

1) 定义

定期存款是指银行与存款人双方在存款时事先约定期限、利率，到期后支取本息的存款，是银行资金的主要来源。

2) 概述

(1) 定期存款具有较低的存款准备金率，且方便商业银行管理。

(2) 一般情况下，期限越长，利率越高。

(3) 特点：期限、金额选择余地大，流动性好，利息收益较稳定。

2．短期回购协议

1) 回购协议的概念

(1) 定义。

回购协议是指资金需求方在出售证券的同时与证券的购买方约定在一定期限后按约定价格购回所卖证券的交易行为。

(2) 参与方。

正回购方：证券的出售方为资金借入方。

逆回购方：证券的购买方为资金贷出方。

(3) 本质。

回购协议是一种证券抵押贷款，抵押品以国债为主。

2) 回购协议的功能

(1) 中国人民银行以此进行公开市场操作，投放(收回)基础货币，形成合理的短期利率。

(2) 为商业银行的流动性和资产结构的管理提供了必要的工具。

(3) 各类非银行金融机构以此协议实现套期保值、头寸管理、资产管理、增值等目的。

3) 回购协议市场

我国金融市场上的回购协议以国债回购协议为主。

(1) 场内交易市场。

在我国指上海证券交易所和深圳证券交易所。参与者包括个人投资者和企业。

(2) 场外交易市场。

指银行间国债回购市场，参与者包括中国人民银行、商业银行(包括非国有商业银行)、证券公司、基金管理公司等金融机构。

4) 回购协议的主要类型

(1) 按回购期限划分。

我国在交易所挂牌的国债回购可以分为 1 天(隔夜回购)、2 天、3 天、4 天、7 天、14 天、28 天、91 天以及 182 天。其在各国市场最长期限均不超过 1 年。

(2) 按逆回购方是否有权处置回购协议的标的国债划分。

① 质押式回购。

质押的国债的所有权仍属于国债的出让方(正回购方)，受让方(逆回购方)无权处置，国债被证券交易中心冻结。

② 买断式回购。

出售的国债的所有权转移给国债的受让方(逆回购方)，受让方有权处置该国债，只需在到期日按约定价格回售先前的国债。

5) 影响回购协议利率的因素

(1) 抵押证券的质量。

抵押证券的流动性越好、信用程度越高，回购利率越低。

(2) 回购期限的长短。

一般来说，回购期限越短，抵押品的价格风险越低，回购利率越低。

(3) 交割的条件。

若采用实物交割，回购利率较低。

(4) 货币市场其他子市场的利率。

货币市场的各个子市场的利率主要反映市场短期的流动性情况，并且具有很强的联动性，其他子市场利率的高低会对回购市场利率的高低产生正向影响。

6) 回购协议的定价

$$回购价格 = 本金 \times \left(1 + \frac{回购时应付的利率 \times 回购协议的期限}{360}\right)$$

7) 回购协议的风险

(1) 回购协议中的信用风险。

① 到期时，证券的出让方无法按约定价格赎回，证券的受让方只能保留作为抵押品的证券。此时，若利率上升，则抵押品价格下降，其价值便低于出借资金的价值，客户蒙受损失。

② 到期时，证券的受让方不愿意按约定价格将抵押的证券回售给证券的出让方。

(2) 减少上述信用风险的方法。

① 对抵押品进行限定，且倾向于对流动性高、容易变现抵押物的要求。

② 提高抵押率的要求。

【例 3.14·单选题】下列关于回购协议的表述，不正确的是( )。

A. 抵押证券的流动性越好、信用程度越高，回购利率越低

B. 回购期限越短，抵押品的价格风险越低，回购利率越低

C. 若采用实物交割，回购利率较高

D. 国债回购作为一种短期融资工具，在各国市场中最长期限均不超过 1 年

【答案】C

【解析】C 项，若采用实物交割，回购利率较低。目前的大部分回购协议尤其是期限较短的回购协议一般不采用实物交付，而是将抵押的证券交付至贷款人的清算银行的保管账户或借款人专用的证券保管账户中。

3. 中央银行票据

1) 中央银行票据的概念

中央银行票据是由中央银行发行的用于调节商业银行超额准备金的短期债务凭证，简称央行票据或央票。

2) 中央银行票据的特征

(1) 参与主体：只有中国人民银行及经过特许的商业银行和金融机构。

(2) 中央银行的操作：与商业银行进行票据的交易改变商业银行超额准备金的数量，影响货币供给水平。

3) 中央银行票据的分类

(1) 普通央行票据，即中国人民银行在公开市场操作中使用的票据。

(2) 专项央行票据，主要用于置换商业银行和金融机构的不良资产。

【例 3.15·单选题】关于中央银行票据的说法，下列叙述不正确的是( )。

A. 中央银行票据简称央票，一般将央票放在金融债券之列

B. 是由中央银行发行的用于调节商业银行超额准本金的短期债务凭证

C. 采用利率招标和数量招标的方式确定价格

D. 流通在市场上的中央银行票据以 1 年期以下的央票为主

【答案】A

【解析】金融债券是由银行和其他金融机构经特别批准而发行的债券。金融债券包括政策性金融债、商业银行债券、特种金融债券、非银行金融机构债券、证券公司债、证券公司短期融资券等。

4. 短期政府债券

1) 概述

短期政府债券是由一国的政府部门发行并承担到期偿付本息责任的，期限在 1 年及 1 年以内的债务凭证。

(1) 广义的短期政府债券：包括国家财政部发行的债券，还包括地方政府及政府代理机构发行的债券。

(2) 狭义的短期政府债券：由财政部发行的政府债券。

(3) 发行方式：以贴现的形式发行。

(4) 投资收益根据拍卖竞价决定。

2) 特点

(1) 违约风险小，由国家信用和财政收入作保证，在经济衰退阶段尤其受投资者喜爱。

(2) 流动性强，交易成本和价格风险极低，十分容易变现。

(3) 利息免税，根据我国相关法律规定，国库券的利息收益免征所得税。

5．短期融资券

1) 短期融资券的概念

中国的短期融资券是境内具有法人资格的非金融企业发行的，仅在银行间债券市场上流通的短期债务工具。短期融资券的期限不超过 1 年，交易品种有 3 个月、6 个月、9 个月、1 年。其特征与商业票据十分相似。

2) 短期融资券的发行

(1) 发行方式：商业银行承销并采用无担保的方式发行(信用发行)，通过市场招标确定发行利率。

(2) 发行主体：具有法人资格的非金融企业。

(3) 投资者：银行间债券市场的机构投资者。

(4) 发行目的：为了获得短期流动性。

【例 3.16·单选题】下列关于短期融资券的说法，错误的是( )。

　　A．由商业银行承销并采用无担保的方式发行

　　B．对资金用途有明确限制

　　C．发行者必须为具有法人资格的非金融企业

　　D．主要目的是获得短期流动性

【答案】B

【解析】短期融资券由商业银行承销并采用无担保的方式发行(信用发行)，通过市场招标确定发行利率。发行者必须为具有法人资格的非金融企业，投资者则为银行间债券市场的机构投资者。企业发行短期融资券的主要目的是获得短期流动性，由于对资金用途并无明确限制，深受企业喜爱。

6．中期票据

1) 概述

(1) 定义：中期票据是企业依照法律法规，由具有法人资格的非金融企业在银行间债券市场按照计划分期发行的，约定在一定期限还本付息的有价证券。

(2) 期限：一般为 1～10 年；我国的中期票据的期限通常为 3 年或者 5 年。

2) 中期票据的发行

(1) 发行方式：注册发行，最大注册额度不超过企业净资产的 40%。额度一经注册，两年内有效。

(2) 发行市场：银行间市场。

3) 优点

(1) 弥补企业直接融资中等期限(1～10 年)产品的空缺。

(2) 中期票据帮助企业更加灵活地管理资产负债表。

(3) 节约融资成本，提高融资效率。

7. 证监会、中国人民银行认可的其他具有良好流动性的货币市场工具

1) 同业拆借

(1) 定义。同业拆借是指金融机构之间以货币借贷方式进行短期资金融通的行为。

(2) 期限。最短的是隔夜拆借，最长的接近 1 年。

(3) 交易主体。商业银行、保险公司、证券公司、基金公司等大型金融机构。

(4) 意义。

① 对金融市场，拆借的资金一般用于缓解金融机构短期流动性紧张，弥补票据清算的差额等。

② 对资金拆入方，降低了金融机构的流动性风险。

③ 对资金拆出方，提高了金融机构的获利能力。

④ 对中央银行，通过存款准备金率来影响同业拆借利率，从而实现货币政策的传导。

⑤ 对整个市场，同业拆借利率作为市场的基准利率，为其他利率的确定提供了重要的参考依据。

(5) 同业拆借对象。

除了商业银行的超额准备金，还包括商业银行的同业存款、证券交易商及政府拥有的活期存款。

(6) 目的。

除了满足准备金的需求外，还拓展到解决临时性、季节性资金需求，轧平票据的差额等。

2) 银行承兑汇票

(1) 定义。银行承兑汇票是由在承兑银行开立存款账户的存款人出票，向开户银行申请并经银行审查同意承兑的，保证在指定日期无条件支付确定的金额给收款人或持票人的票据。

(2) 功能。方便商业交易活动，减少因售货方对购货方信用不了解而产生的不信任。

(3) 转贴现和再贴现。

① 银行 A 在持有贴现获得的银行承兑汇票的期间，因短期资金需要将该汇票向银行 B(不包括中央银行及其分支机构)贴现的行为便是转贴现。

② 若银行 B 是中央银行或其分支机构，则称为再贴现。

3) 商业票据

(1) 定义。我国商业票据是指发行主体为满足流动资金的需求所发行的期限为 2 天至 270 天的、可流通转让的债务工具。

(2) 特点。

① 面额较大。

② 利率较低，通常比银行优惠利率低，比同期国债利率高。

③ 只有一级市场，没有明确的二级市场。

(3) 发行方式——贴现发行。

① 直接发行，指发行主体直接将票据销售给投资人。

② 间接发行，指发行主体通过票据承销商将票据间接出售给投资者。

【例3.17·单选题】商业票据的特点不包括(　　)。

    A．面额较大

    B．利率较低

    C．只有一级市场，没有明确的二级市场

    D．利率常比银行优惠利率高

【答案】D

【解析】商业票据是指发行主体为满足流动资金的需求所发行的期限为2天至270天的、可流通转让的债务工具。商业票据的特点主要有三点：①面额较大；②利率较低，通常比银行优惠利率低，比同期国债利率高；③只有一级市场，没有明确的二级市场。

4) 大额可转让定期存单

(1) 定义。

大额可转让定期存单是银行发行的具有固定期限和一定利率的，且可以在二级市场上转让的金融工具。其产生与美国20世纪60年代的"Q条例"中禁止活期存款支付利息的规定有关。

(2) 特征。

与定期存款相比，大额可转让定期存单的特征如表3-5所示。

表3-5　定期存款与大额可转让定期存单的特征比较

比较项目	定期存款	大额可转让定期存单
记名方式	记名且不可转让	不记名，可以在二级市场转让
金额	由存款者自身决定，有零有整	面额较大，且为整数
投资者	个人投资者、机构投资者、企业	一般为机构投资者和资金雄厚的企业
利率	固定	利率固定或浮动，一般比同期的定期存款利率、同期国债利率高
可否提前支取	可以提前支取，但需要罚息	不能提前支取，只能在二级市场上转让
期限	较长，一般都在1年以上	期限较短，一般在1年以内，最短的是14天，以3个月、6个月为主

(3) 风险。

① 信用风险。指发行存单的银行在期满时无法偿付本金和利息。

② 市场风险。指投资者无法在二级市场上立即变现或不能以合理的价格变现。

5) 同业存单

(1) 定义。同业存单是存款类金融机构在全国银行间市场上发行的记账式定期存款凭证。

(2) 投资和交易主体。全国银行间同业拆借市场成员、基金管理公司及基金类产品。

(3) 发行期限。不超过 1 年，主要包括 1 个月、3 个月、6 个月、9 个月和 1 年；浮动利率的同业存单则以 SHIBOR 为基准，发行期限原则上在 1 年以上，包括 1 年、2 年和 3 年。

【例 3.18·单选题】一般来说，大额可转让定期存单的发行人是(　　)。

　　A．企业　　　　　　　　　　　B．银行
　　C．非银行金融机构　　　　　　D．政府

【答案】B

【解析】大额可转让定期存单是银行发行的具有固定期限和一定利率的，且可以在二级市场上转让的金融工具。

【过关练习】

单选题(以下备选项中只有一项最符合题目要求)

1．下列各类金融资产中，货币市场工具不包括(　　)。

　　A．银行承兑汇票　　　　　　　B．中央银行票据
　　C．3 年期国债　　　　　　　　D．回购协议

【答案】C

【解析】货币市场工具一般指短期的(1 年之内)、具有高流动性的低风险证券，具体包括银行回购协议、定期存款、商业票据、银行承兑汇票、短期国债、中央银行票据等。

2．债券投资管理中的免疫法，主要运用了(　　)。

　　A．流动性偏好理论　　　　　　B．久期的特性
　　C．理论期限结构的特性　　　　D．套利原理

【答案】B

【解析】在免疫策略中，为使债券组合最大限度地避免市场利率变化的影响，组合应首先满足以下两个条件：①债券投资组合的久期等于负债的久期；②投资组合的现金流量现值与未来负债的现值相等。在以上两个条件与其他方面的需求确定的情况下，求得规避风险最小化的债券组合。该策略主要利用了久期的特性。

3．一般而言，下列债券按其信用风险依次从低到高排列的是(　　)。

　　A．政府债券、公司债券、金融债券
　　B．金融债券、公司债券、政府债券
　　C．政府债券、金融债券、公司债券
　　D．金融债券、政府债券、公司债券

【答案】C

【解析】政府债券是政府为筹集资金而向投资者出具并承诺在一定时期支付利息和偿还本金的债务凭证；金融债券是由银行和其他金融机构经特别批准而发行的债券；公司债券是公司依照法定程序发行、约定在一定期限还本付息的有价证券。发行人财务状况越差，债券违约风险越大，意味着不会按计划支付利息和本金的可能性越大。

4．在债券到期前的特定时段有权以事先约定的价格将债券回售给发行人的是(　　)。

　　A．可交换债券　　　　　　　　B．可转换公司债券
　　C．可回售债券　　　　　　　　D．可赎回债券

【答案】C

【解析】可回售债券为债券持有者提供在债券到期前的特定时段以事先约定价格将债券回售给发行人的权力，约定的价格称为回售价格。

5．关于可回售债券和可赎回债券，下列说法错误的是(　　)。

A．和一个其他属性相同但没有赎回条款的债券相比，可赎回债券的利息更低

B．赎回条款是发行人的权利而非持有者

C．和一个其他属性相同但没有回售条款的债券相比，可回售债券的利息更低

D．与可赎回债券的受益人是发行人不同，可回售债券的受益人是持有者

【答案】A

【解析】A 项，赎回条款是发行人的权利而非持有者，即保护债务人而非债权人的条款，对债权人不利。因此，和一个其他属性相同但没有赎回条款的债券相比，可赎回债券的利息更高，以补偿债券持有者面临的债券提早被赎回的风险。

6．国内债券评级机构不包括(　　)。

A．大公国际资信评估有限公司　　　B．中诚信国际信用评级有限公司

C．联合资信评估有限公司　　　　　D．惠誉国际信用评级有限公司

【答案】D

【解析】国内主要债券评级机构包括大公国际资信评估有限公司、中诚信国际信用评级有限公司、联合资信评估有限公司、上海新世纪资信评估投资服务有限公司、中债资信评估有限责任公司等。

7．假定某投资者按 940 元的价格购买了面额为 1000 元、票面利率为 10%、剩余期限为 6 年的债券，那么该投资者的当期收益率为(　　)。

A．9.87%　　　　B．10.35%　　　　C．10.64%　　　　D．17.21%

【答案】C

【解析】该投资者的当期收益率 $I = \dfrac{1000 \times 10\%}{940} \times 100\% = 10.64\%$。

8．假设市场上存在一种期限为 6 个月的零息债券，面值为 100 元，市场价格为 99.2556元，那么市场 6 个月的市场利率为(　　)。

A．0.7444%　　　B．1.5%　　　　C．0.75%　　　　D．1.01%

【答案】A

【解析】设 6 个月的市场利率为 r，根据即期利率的计算公式，可以得到

$$99.2556 = \frac{100}{(1+r)^{0.5}}，\quad 即\ r = 0.7444\%。$$

9．收益率曲线的类型不包括(　　)。

A．正收益曲线　　　　　　　　　　B．反转收益曲线

C．水平收益曲线　　　　　　　　　D．垂直收益曲线

【答案】D

【解析】收益率曲线在以期限为横坐标、以收益率为纵坐标的直角坐标系上显示出来。主要有三种类型：①正收益曲线(或称上升收益曲线)，其显示的期限结构特征是短期债券收益率较低，而长期债券收益率较高；②反转收益曲线(或称下降收益曲线)，其显示的期限结

构特征是短期债券收益率较高，而长期债券收益率较低；③水平收益曲线，其特征是长短期债券收益率基本相等。

10．本质上，回购协议是一种(　　)。

A．证券抵押贷款　　　　　　B．融资租赁

C．信用贷款　　　　　　　　D．金融衍生品

【答案】A

【解析】回购协议是指资金需求方在出售证券的同时与证券的购买方约定在一定期限后按约定价格购回所卖证券的交易行为。本质上，回购协议是一种证券抵押贷款，抵押品以国债为主。

第四章　衍　生　工　具

【考情分析】

本章将全面阐述衍生工具，首先简单介绍衍生工具的定义、特点及分类；其次具体介绍衍生工具的几种主要类别，即远期合约、期货合约、期权合约和互换合约的有关内容；最后将四种类型的衍生工具进行联系对比。本章的主要考点包括衍生品合约的概念和特点，期货合约和远期合约的定义、区别以及市场作用，互换合约的概念，远期合约、期货合约、期权合约和互换合约的区别等。

【学习方法】

本章以理解性的知识点为主，真题大多是对知识细节的考查，要求考生能够对知识点准确记忆，难度不大。考生在学习过程中，需要理解衍生品合约的概念及特点，了解衍生品合约中的买入和卖出，对常见的几种衍生工具的概念和特点进行理解记忆，了解期权合约、期权定价和互换合约的定价因子；对于远期合约、期货合约、期权合约和互换合约的区别，建议考生在大量做题的基础上，采用对比记忆法。本书对于比较重要的知识点归纳了一些表格，考生可参考记忆。

【知识结构】

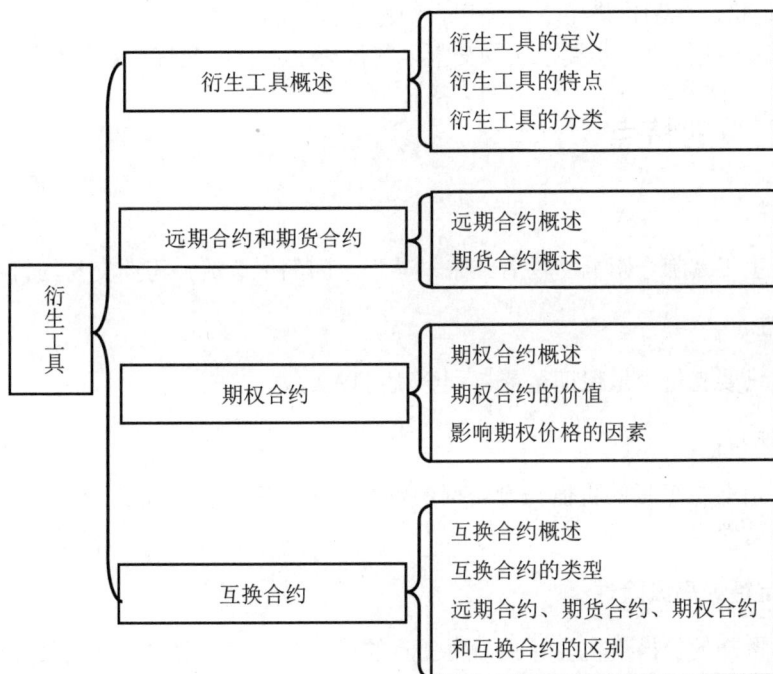

【核心讲义】

第一节 衍生工具概述

一、衍生工具的定义

1．相关概念

(1) 衍生工具，是指一种衍生类合约，其价值取决于一种或多种基础资产。

(2) 多头，是指在未来买入合约标的资产(或者有买入合约标的资产权利)的一方。

(3) 空头，是指在未来卖出合约标的资产(或者有卖出合约标的资产权利)的一方。

(4) 交易对手风险，是指在衍生工具的交易中，交易双方中某一方违约的风险。

(5) 履约保函，是指第三方(通常是保险公司)开具的当某一方违约时保证偿付的保单。

2．衍生工具的要素

(1) 合约标的资产。包括：市场利率，股票，股票市场指数和债券市场指数，小麦、大豆等农产品。

(2) 到期日。

(3) 交易单位(合约规模)。

交易单位是指在交易时每一份衍生工具所规定的交易数量。在交易时，只能以交易单位的整数倍进行买卖。

(4) 交割价格。交割价格是未来买卖合约标的资产的价格。

(5) 结算。一些衍生工具要求实物交割；其他衍生工具则允许用现金结算。

二、衍生工具的特点

1．跨期性

每一种衍生工具都会影响交易者在未来某一时间的现金流，跨期交易的特点非常明显。

2．杠杆性

衍生工具只要支付少量保证金或权利金就可以买入。

3．联动性

联动性是指衍生工具的价值与合约标的资产价值紧密相关，衍生资产价格与标的资产的价格具有联动性。

4．不确定性或高风险性

合约标的资产的价格变化会导致衍生工具的价格变动，且衍生工具通常存在较大杠杆，所以风险较大。此外，衍生工具还可能面临的风险有：信用风险、市场风险、流动性风险、结算风险、运作风险和法律风险。

【例 4.1·单选题】下列关于金融衍生工具的特点，表述错误的是(   )。

A. 只要支付少量保证金或权利金就可以买入

B. 一般在当期结算

C. 合约标的资产的价格变化会导致衍生工具的价格变动

D. 在未来某一日期结算

【答案】B

【解析】与股票、债券等金融工具有所不同，衍生工具具有跨期性、杠杆性、联动性、不确定性或高风险性四个显著的特点。每一种衍生工具都会影响交易者在未来某一时间的现金流，跨期交易的特点非常明显。

三、衍生工具的分类

衍生工具的分类如表 4-1 所示。

表 4-1　衍生工具的分类

分类标准	类型	含义
按合约特点分类	远期合约	①定义：远期合约是指交易双方约定在未来的某一确定的时间，按约定的价格买入或卖出一定数量的某种合约标的资产的合约。②特点：非标准化的合约，即它不在交易所交易，而是交易双方通过谈判后签署的
	期货合约	①定义：期货合约是指交易双方签署的在未来某个确定的时间按确定的价格买入或卖出某项合约标的资产的合约。②特点：期货合约是标准化合约
	期权合约(选择权约)	是指赋予期权买方在规定期限内按双方约定的价格买入或卖出一定数量的某种金融资产的权利的合同。约定的价格被称作执行价格或协议价格
	互换合约	是指交易双方约定在未来某一时期相互交换某种合约标的资产的合约
	结构化金融衍生工具	是指利用基础金融衍生工具的结构化特性,通过相互结合或者与基础金融工具相结合,开发和设计出的具有更多复杂特性的金融衍生工具
按产品形态分类	独立衍生工具	指本身即为独立存在的金融合约,例如期权合约、期货合约或者互换合约等
	嵌入式衍生工具	指嵌入非衍生合约(简称主合约)中的衍生工具
按合约标的资产的种类分类	货币衍生工具	是指以各种货币作为合约标的资产的金融衍生工具
	利率衍生工具	是指以利率或利率的载体为合约标的资产的金融衍生工具
	股权类产品的衍生工具	是指以股票或股票指数为合约标的资产的金融衍生工具

续表

分类标准	类　型	含　义
按合约标的资产的种类分类	信用衍生工具	是指以基础产品所蕴含的信用风险或违约风险为合约标的资产的金融衍生工具
	商品衍生工具	是指以商品为合约标的资产的金融衍生工具
	其他衍生工具	是指在非金融变量的基础上开发的金融衍生工具
按交易场所分类	交易所交易的衍生工具	是指在有组织的交易所上市交易的衍生工具
	场外交易市场(简称 OTC)交易的衍生工具	是指通过各种通信方式,不通过集中的交易所,实行分散的、一对一交易的衍生工具

【例 4.2·单选题】(　　)合约是指交易双方在未来的某一确定的时间,按约定的价格买入或卖出一定数量的某种合约标的资产的合约。

　　A．期权　　　　　　B．远期　　　　　　C．互换　　　　　　D．期货

【答案】B

【解析】远期合约是指交易双方约定在未来的某一确定的时间,按约定的价格买入或卖出一定数量的某种合约标的资产的合约。远期合约是非标准化的合约,即它不在交易所交易,而是交易双方通过谈判后签署的。

第二节　远期合约和期货合约

一、远期合约概述

1. 远期合约的概念

(1) 定义。远期合约是指交易双方约定在未来的某一确定的时间,按约定的价格买入或卖出一定数量的某种合约标的资产的合约。它是一种非标准化的合约。

(2) 标的资产。通常为大宗商品和农产品以及外汇和利率等金融工具。

(3) 交割方式:常用实物交割。

(4) 优点。远期合约相比期货合约而言更灵活。

(5) 缺点。

① 市场的效率偏低。

② 流动性比较差。

③ 违约风险比较高。

2. 远期合约的定价

(1) 在期初,$F = F_0$。

(2) $t=0$ 时,签署时间 T 时交割一种资产的远期合约的远期价格 F 的定价:

$$F = Se^{rT}$$

式中,r 为无风险利率;F_0 为交割价格;F 为远期价格;S 为标的资产当前的现货价格(时间

$t=0$)；T 为交割时间。

【例 4.3·单选题】下列关于远期合约的表述，不正确的是(　　)。

A．是为了满足规避未来风险的需要而产生的

B．远期合约相对期货合约而言比较灵活

C．合约标的资产通常为大宗商品和农产品以及外汇和利率等金融工具

D．远期合约是一种标准化的合约

【答案】D

【解析】远期合约是一种非标准化的合约，即远期合约一般不在交易所进行交易，而是在金融机构之间或金融机构与客户之间通过谈判后签署的。

二、期货合约概述

1．期货合约的概念

(1) 定义。期货合约是指交易双方签署的在未来某个确定的时间按确定的价格买入或卖出某项合约标的资产的合约。

(2) 交易场所：在交易所中交易。

(3) 结算方式：一般用现金进行结算。

2．期货合约的要素

1) 期货品种

期货品种是指具有期货商品性能，并经过批准允许进入交易所进行期货买卖的标的资产品种。通常分为商品期货和金融期货两种。

2) 交易单位(合约规模)

交易单位是指在期货交易所交易的每一份期货合约上所规定的交易数量。在交易期货合约时，只能以交易单位的整数倍进行买卖。

3) 最小变动单位

最小变动单位是指在期货交易所公开竞价过程中，某一商品报价单位在每一次报价时所允许的最小价格变动量。在期货交易中，每次报价必须是其合约规定的最小变动单位的整数倍。

4) 每日价格最大波动限制(每日涨跌停板制度)

(1) 每日价格最大波动限制的定义：每日价格最大波动限制是指期货合约在一个交易日中的交易价格波动不得高于规定的涨跌幅度或者低于规定的涨跌幅度，超过该涨跌幅度的报价将被视为无效，不能成交。

(2) 目的：防止价格波动幅度过大造成交易者重大损失。

5) 合约月份

(1) 定义：合约月份是指期货合约到期交收实物的月份。

(2) 一般的合约月份：绝大多数合约的交割月份都定为每年的 3 月、6 月、9 月和 12 月。

6) 交易时间

期货合约的交易时间是固定的。

7) 最后交易日

(1) 最后交易日的定义：是指期货合约在合约月份中可以进行交易的最后一个交易日。

(2) 特点：在期货交易中，绝大多数成交的合约都是通过对冲交易结清的，如果过了最后交易日仍未做对冲，就必须进行实物交割或现金结算。

8) 交割等级

交割等级是指由交易所统一规定的、准许上市交易的标的资产的质量等级。

9) 其他交割条款

其他交割条款是指由交易所规定的各种期货合约因到期未做对冲平仓而进行实际交割的各项条款，包括交割日、交割方式、交割地点等。

【例 4.4·单选题】(　　)是指交易双方签署的在未来某个确定的时间按确定的价格买入或卖出某项合约标的资产的合约。

　　A．远期合约　　　B．期货合约　　　C．期权合约　　　D．互换合约

【答案】B

【解析】相对远期合约而言，期货合约是标准化合约。期货合约在交易所中交易，一般用现金进行结算。商品期货是最早产生的期货合约，其标的资产为实物商品。按照实物商品的种类不同，商品期货可分为农产品期货、金属期货和能源期货三种。

3. 沪深 300 指数期货合约条款

沪深 300 指数期货合约条款如表 4-2 所示。

表 4-2　沪深 300 指数期货合约条款

交易品种	沪深 300 指数	最后交易日交易时间	9:15～11:30 13:00～15:00
交易单位	每点 300 元	最后交易日	合约到期月份的第三个周五，遇法定假日顺延(非完整周)
报价单位	指数点	交割日期	同最后交易日
最小变动价位	0.2 指数点	最低交易保证金	合约价值的 8%
涨跌停板幅度	上一交易日结算价的±10%	交割方式	现金交割
合约月份	当月、下月及随后两个季月	交易代码	IF
交易时间	9:15～11:30 13:00～15:15	上市交易所	中国金融期货交易所

【例 4.5·单选题】若沪深 300 指数期货报价为 1000 点，则每张合约名义金额为(　　)元人民币。

　　A．5 万　　　　B．10 万　　　　C．30 万　　　　D．40 万

【答案】C

【解析】沪深 300 指数合约乘数定为每点价值 300 元人民币，则期货报价为 1000 点时，每张合约名义金额为 1000×300＝300 000(元)=30(万元)。

4．期货市场的交易制度

1）保证金制度

(1) 定义。保证金制度是指在期货交易中，任何交易者必须按其所买入或者卖出期货合约价值的一定比例交纳资金，这个比例通常为 5%～10%，作为履行期货合约的保证。

(2) 目的：维护交易的安全性，防止期货交易者因期货价格波动不能履行支付义务而给期货经纪商或结算公司造成损失。

(3) 保证金分类。

① 初始保证金，是初次合约成交时应交纳的保证金，相当于我国的交易保证金。

② 维持保证金，是在价格朝买入合约不利方向变动时，初始保证金除去用于弥补亏损外，剩下的余额须达到的最低水平。

③ 追加保证金，一旦保证金账户中的余额低于维持保证金水平，交易所应通知客户追加一笔资金。

2）盯市制度

(1) 定义。盯市制度是期货交易最大的特征，又称"逐日结算"，即在每个营业日的交易停止以后，成交的经纪人之间不直接进行现金结算，而是将所有清算事务都交由清算机构办理。

(2) 作用：使期货合约每天得到结算。

【例 4.6·单选题】( )是期货交易最大的特征。

    A．保证金制度   B．盯市制度

    C．对冲平仓制度   D．交割制度

【答案】B

【解析】盯市是期货交易最大的特征，又称为"逐日结算"，即在每个营业日的交易停止以后，成交的经纪人之间不直接进行现金结算，而是将所有清算事务都交由清算机构办理。

3）对冲平仓制度

期货交易中最后进行实物交割的比例很小，一般只有 1%～3%，绝大多数的期货交易者都以对冲平仓的方式了结交易。

4）交割制度

交割分为实物交割和现金结算两种形式。如果合约在到期日没有对冲，则一般交割实物商品。标的资产不方便或不可能进行有形交割时，以现金结算。

5．期货市场的基本功能

1）风险管理

具体表现为利用商品期货管理价格风险，利用外汇期货管理汇率风险，利用利率期货管理利率风险，以及利用股指期货管理股票市场系统性风险。

2）价格发现

期货市场上存在大量的供求信息，标准化合约的转让又增加了市场流动性，期货市场中形成的价格能真实地反映供求状况，同时又为现货市场提供参考价格。

3) 投机

投机者的参与使套期保值能够顺利进行,从而使期货市场具有经济功能。

【例 4.7·单选题】期货市场的基本功能不包括( )。

    A．风险管理   B．价格发现   C．投机   D．增加收益

【答案】D

【解析】根据期货合约的定义和要素,一般而言,期货市场的基本功能有:①风险管理;②价格发现;③投机。

第三节 期权合约

一、期权合约概述

1．定义

期权合约又称选择权合约,是指赋予期权买方在规定期限内按双方约定的价格买入或卖出一定数量的某种金融资产的权利的合同。约定的价格被称作执行价格或协议价格。

【例 4.8·单选题】( )是指赋予买方在规定期限内按双方约定的价格买入或卖出一定数量的某种金融资产的权利的合同。

    A．期货合约   B．远期合约   C．期权合约   D．互换合约

【答案】C

【解析】期权合约又称选择权合约,是指赋予买方在规定期限内按双方约定的价格买入或卖出一定数量的某种金融资产的权利的合同。约定的价格被称作执行价格或协议价格。

2．期权合约的要素

1) 标的资产

标的资产即期权合约中约定交易的资产。

2) 期权的买方

期权的买方为买入期权的一方,即支付费用从而获得权利的一方,也称期权的多头。

3) 期权的卖方

期权的卖方为卖出期权的一方,即获得费用因而承担着在规定的时间内履行该期权合约义务的一方,也称期权的空头。

4) 执行价格

执行价格又称协议价格,是指期权合约所规定的,期权买方在行使权利时所实际执行的价格。

5) 期权费

期权费是指期权买方为获取期权合约所赋予的权利而向期权卖方支付的费用。

6) 通知日

当期权买方要求履行标的物的交付时,它必须在预先确定的交货和提运日之前的某一天先通知卖方,以便让卖方做好准备,这一天就是通知日。

7) 到期日

到期日是指期权合约必须履行的时间。

3．期权合约的常见类型

1) 按期权买方执行期权的时限分类

(1) 欧式期权。

欧式期权是指期权的买方只有在期权到期日才能执行期权，既不能提前也不能推迟。如果买方要提前执行权利，期权卖出者可以拒绝履约；如果推迟，则期权将被作废。

(2) 美式期权。

美式期权允许期权买方在期权到期前的任何时间执行期权。超过到期日，美式期权同样也失效。美式期权的期权费通常要比欧式期权的期权费高一些。

【例 4.9·单选题】根据(   )不同，金融期权可以分为欧式期权和美式期权。

    A．选择权的性质   B．买方执行期权的时限

    C．基础资产性质   D．协定价格与基础资产市场价格的关系

【答案】B

【解析】按期权买方执行期权的时限分类，期权可分为欧式期权和美式期权两种。欧式期权是指期权的买方只有在期权到期日才能执行期权(即行使买入或卖出标的资产的权利)，既不能提前也不能推迟；美式期权则允许期权买方在期权到期前的任何时间执行期权。

2) 按期权买方的权利分类

(1) 看涨期权。

看涨期权是指赋予期权的买方在事先约定的时间以执行价格从期权卖方手中买入一定数量的标的资产的权利的合约，又称买入期权。

(2) 看跌期权。

看跌期权是指期权买方拥有一种权利，在预先规定的时间以执行价格向期权卖出者卖出规定的标的资产，又称卖出期权。

3) 按执行价格与标的资产市场价格的关系分类

(1) 实值期权，是指如果期权立即被执行，买方具有正的现金流的期权。

(2) 平价期权，是指如果期权立即被执行，买方的现金流为零的期权。

(3) 虚值期权，是指如果期权立即被执行，买方具有负的现金流的期权。

【例 4.10·单选题】下列关于实值期权、平价期权和虚值期权，表述不正确的是(   )。

    A．实值期权是指如果期权立即被执行，买方具有正的现金流的期权

    B．三者的分类依据是执行价格与标的资产市场价格的关系

    C．买方执行虚值期权时会有负的现金流

    D．同一期权的状态不会变化

【答案】D

【解析】实值期权、平价期权和虚值期权描述的是期权在有效期内的某个具体的时间点上的状态，随着时间的变化，同一期权的状态也会不断变化。有时是实值期权，有时是平价期权，而有时又变成虚值期权。

二、期权合约的价值

1. 期权合约的价值

(1) 期权合约的价值，等于其内在价值与时间价值之和。

(2) 内在价值，是指多头行使期权时可以获得的收益的现值，即资产的市场价格与执行价格之间的差额。

(3) 时间价值，是指在期权有效期内标的资产价格波动为期权持有者带来收益的可能性所隐含的价值。

2. 看涨期权与看跌期权的盈亏分布

看涨期权与看跌期权的盈亏分布如表 4-3 所示。

表 4-3　看涨期权与看跌期权的盈亏状况

参与方	盈利情况	亏损情况	图 示
看涨期权买方	盈利可能是无限大的	亏损是有限的，其最大亏损额为期权价格	见图 4-1(a)
看涨期权卖方	盈利是有限的，其最大盈利为期权价格	亏损可能是无限大的	见图 4-1(b)
看跌期权买方	最大盈利是执行价格减去期权费后再乘以每份期权合约所包含的合约标的资产的数量	最大亏损是期权费总额	见图 4-2(a)
看跌期权卖方	盈利是有限的期权费	亏损是有限的，其最大限度为协议价格减去期权价格后再乘以每份期权合约所包括的标的资产的数量	见图 4-2(b)

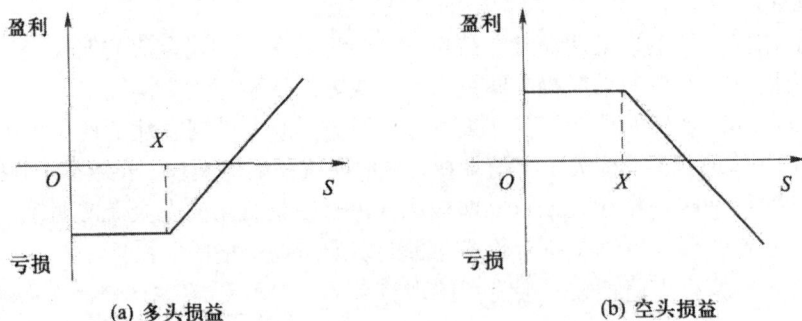

(a) 多头损益　　　　　　　　(b) 空头损益

图 4-1　看涨期权的盈亏分布

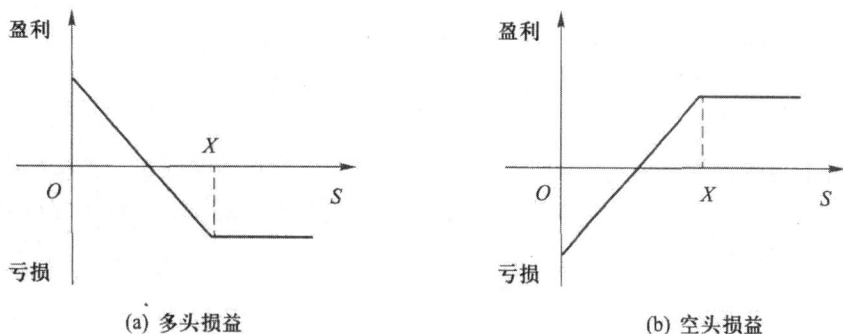

(a) 多头损益　　　　　　　　　　(b) 空头损益

图 4-2　看跌期权的盈亏分布

【例 4.11·单选题】关于看跌期权交易双方的潜在盈亏，下列说法正确的是(　　)。

A. 卖方的盈利和买方的亏损是无限的

B. 双方的潜在盈利和亏损都是无限的

C. 买方的潜在亏损是无限的，卖方的潜在亏损是有限的

D. 买方的潜在盈利是有限的，卖方的潜在盈利是有限的

【答案】D

【解析】当标的资产的价格跌至盈亏平衡点以下时，看跌期权买方的最大盈利是执行价格减去期权费后再乘以每份期权合约所包含的合约标的资产的数量，此时合约标的资产的价格为零。如果合约标的资产价格高于执行价格，看跌期权买方就会亏损，其最大亏损是期权费总额。看跌期权卖方的盈亏状况则与买方刚好相反，即看跌期权卖方的盈利是有限的期权费。亏损也是有限的，其最大限度为协议价格减去期权价格后再乘以每份期权合约所包括的标的资产的数量。

三、影响期权价格的因素

影响期权价格的因素及其影响方向如表 4-4 所示。

表 4-4　影响期权价格的因素及其影响方向

影响因素	影响方向	
	看涨期权	看跌期权
合约标的资产的市场价格↑	↑	↓
期权的执行价格↑	↓	↑
期权的有效期↑	↑	↑
标的资产价格的波动率↑	↑	↑
无风险利率水平↑	↑	↓
合约标的资产的分红↑	↓	↑

【例 4.12·单选题】下列关于影响期权价格的因素，表述不正确的是(　　)。

A. 执行时标的资产的价格越高、执行价格越低，看涨期权的价格就越高

B．对于美式期权，有效期越长，期权价格越低

C．当无风险利率上升时，看涨期权的价格随之升高

D．波动率越大，对期权多头越有利，期权价格越高

【答案】B

【解析】对美式期权而言，由于它可以在有效期内的任何时间执行，有效期越长，买方获利机会就越大，而且有效期长的期权包含了有效期短的期权的所有执行机会，所以有效期越长，期权价格越高。

第四节　互换合约

一、互换合约概述

互换合约是指交易双方约定在未来某一时期相互交换某种合约标的资产的合约。在现实生活中较为常见的两种合约是利率互换合约和货币互换合约，此外还有股权互换、信用违约互换等互换合约。

【例 4.13·单选题】互换合约是指交易双方之间约定的在未来某一期间内交换各自认为具有相等经济价值的(　　)的合约。

A．证券　　　　B．负债　　　　C．现金流　　　　D．资产

【答案】C

【解析】互换合约是指交易双方约定在未来某一时期相互交换某种合约标的资产的合约。更为准确地说，互换合约是指交易双方之间约定的在未来某一期间内交换各自认为具有相等经济价值的现金流的合约。

二、互换合约的类型

1. 利率互换

(1) 定义。利率互换是指互换合约双方同意在约定期限内按不同的利息计算方式分期向对方支付由币种相同的名义本金额所确定的利息。

(2) 支付方式：净额支付。

(3) 形式。

① 息票互换，即固定利率对浮动利率的互换。

② 基础互换，即双方以不同参照利率互换利息支付。

(4) 进行利率互换的原因：双方在固定利率和浮动利率市场上分别具有比较优势。

2. 货币互换

(1) 定义。货币互换是指互换合约双方同意在约定期限内按相同或不同的利息计算方式分期向对方支付由不同币种的等值本金额确定的利息，并在期初和期末交换本金。

(2) 支付方式：双方以不同货币支付利息及本金。

(3) 根据利息支付方式的不同，货币互换可以分为三种形式：①固定对固定；②固定对

浮动；③浮动对浮动。

(4) 进行货币互换的原因：双方在各自国家中的金融市场上具有比较优势。

【例 4.14·单选题】利率衍生工具不包含(　　)。

    A．远期利率协议   B．利率期权

    C．信用联结票据   D．利率互换

【答案】C

【解析】利率衍生工具是指以利率或利率的载体为合约标的资产的金融衍生工具，主要包括远期利率协议、利率期货合约、利率期权合约、利率互换合约以及上述合约的混合交易合约。C 项，信用联结票据属于信用衍生工具。

三、远期合约、期货合约、期权合约和互换合约的区别

远期合约、期货合约、期权合约和互换合约的区别如表 4-5 所示。

表 4-5　远期合约、期货合约、期权合约和互换合约的区别

比较项目	远期合约	期货合约	期权合约	互换合约
交易场所	通常在场外交易	只在交易所交易	大部分在交易所交易	通常在场外交易
损益特性	损益对称	损益对称	损益不对称	损益不对称
信用风险	双方都存在对方违约的信用风险	双方都存在对方违约的信用风险	买方存在信用风险	买方存在信用风险
执行方式	实物进行交割	绝大多数对冲相抵消，通常用现金结算，极少实物交割	买方根据当时的情况判断行权对自己是否有利来决定行权与否	实物进行交割
杠杆	通常没有杠杆效应	有明显的杠杆	有杠杆效应	通常没有杠杆效应

【过关练习】

单选题(以下备选项中只有一项最符合题目要求)

1．金融期权交易实际上是一种权利的(　　)让渡。

    A．双方面有偿   B．单方面有偿

    C．双方面无偿   D．单方面无偿

【答案】B

【解析】期权的买方支付费用从而获得权利。期权允许买方从市场的一种变动中受益，但市场朝相反方向变动时也不会遭受损失。这意味着期权的买方和卖方获利和损失的机会不是均等的。期权的买方获得了好处而没有任何坏处，获得了一种权利而没有义务。

2．股权类产品的衍生工具不包括(　　)。

    A．股票指数期货   B．股票期货

    C．货币期货   D．股票期权

【答案】C

【解析】股权类产品的衍生工具是指以股票或股票指数为合约标的资产的金融衍生工具，主要包括股票期货合约、股票期权合约、股票指数期货合约、股票指数期权合约以及上述合约的混合交易合约。C项属于货币衍生工具。

3. 在金融期货交易过程中，期货交易的(   )需要向交易所缴纳保证金。

    A. 卖方单方   B. 买卖双方   C. 中介机构   D. 买方单方

【答案】B

【解析】保证金制度是指在期货交易中，任何交易者必须按其所买入或者卖出期货合约价值的一定比例交纳资金的制度。

4. 沪深300股指期货合约的最低交易保证金是合约价值的(   )。

    A. 5%   B. 8%   C. 10%   D. 12%

【答案】B

【解析】保证金制度是指在期货交易中，任何交易者必须按其所买入或者卖出期货合约价值的一定比例交纳资金的制度。沪深300指数期货合约条款中规定最低交易保证金为合约价值的8%。

5. 金融衍生工具的价值与合约标的资产紧密相关，这体现了金融衍生工具的(   )。

    A. 跨期性   B. 期限性   C. 联动性   D. 高风险性

【答案】C

【解析】联动性是指衍生工具的价值与合约标的资产价值紧密相关，衍生资产价格与标的资产的价格具有联动性。

6. 按照衍生工具的产品形态分类，衍生工具可分为(   )。

    A. 独立衍生工具和嵌入式衍生工具
    B. 货币衍生工具和利率衍生工具
    C. 股权类衍生工具和债券类衍生工具
    D. 信用类衍生工具和担保类衍生工具

【答案】A

【解析】按照衍生工具的产品形态分类，衍生工具可以分为独立衍生工具和嵌入式衍生工具。独立衍生工具是指本身即为独立存在的金融合约，如期权合约、期货合约或互换合约等。嵌入式衍生工具是指嵌入非衍生合约(简称主合约)中的衍生工具，该衍生工具使主合约的部分或全部现金流量将按照特定变量的变动而发生调整。BCD三项为按衍生工具合约标的资产分类。

7. (   )是指通过各种通信方式，不通过集中的交易所，实行分散的、一对一交易的衍生工具。

    A. 内置型衍生工具   B. 交易所交易的衍生工具
    C. 信用创造型的衍生工具   D. OTC交易的衍生工具

【答案】D

【解析】场外交易市场(简称OTC)通过各种通信方式，不通过集中的交易所，实行分散的、一对一交易。所交易的衍生工具有金融机构之间、金融机构与大规模交易者之间进行的各类互换交易和信用衍生工具。

8. 每日价格最大波动限制的目的是(   )。

A．寻找交易对手

B．防止价格波动幅度过大造成交易者重大损失

C．维持期货价格稳定

D．防范期货市场风险

【答案】B

【解析】每日价格最大波动限制，也称为每日涨跌停板制度，即期货合约在一个交易日中的交易价格波动不得高于规定的涨跌幅度或者低于规定的涨跌幅度，超过该涨跌幅度的报价将被视为无效，不能成交。涨跌停板一般是以合约上一交易日的结算价为基准确定的。该条款的规定在于防止价格波动幅度过大造成交易者重大损失。

9．下列各项不属于金融期货交易制度的是(　　)。

A．盯市制度　　　　　　　　B．连续交易制度

C．对冲平仓制度　　　　　　D．保证金制度

【答案】B

【解析】期货交易涉及的交易制度有清算制度、价格报告制度、保证金制度、盯市制度、对冲平仓制度、交割制度等若干项。

10．设某股票报价为 3 元，该股票在 2 年内不发放任何股利。若 2 年期期货报价为 3.5元，按 5%年利率借入 3000 元资金，并购买 1000 股该股票，同时卖出 1000 股 2 年期期货，2 年后盈利为(　　)元。

A．157.5　　　　B．192.5　　　　C．307.5　　　　D．500.0

【答案】B

【解析】2 年后，期货合约交割获得现金 3500 元，偿还贷款本息＝$3000\times(1+5\%)^2$＝3307.5(元)，盈利为 3500-3307.5＝192.5(元)。

第五章　另类投资

【考情分析】

　　本章简要介绍另类投资的内涵与发展、优点与局限性以及几种主要的另类投资，其中具体介绍私募股权投资、不动产投资和大宗商品投资。本章的考点不多，考生需要理解另类投资的优点和局限、另类投资的投资对象。对于私募股权投资、不动产投资以及各类大宗商品投资的有关内容，历年考试涉及的题量并不多，考生大致了解即可。

【学习方法】

　　本章了解性的内容比较多，难度系数不高。考生要对几种典型的另类投资有大致的了解，重点理解另类投资的优点和局限性，对另类投资的投资对象也应理解记忆。对于本章的知识点，重点考查细节，考生可联系实际理解记忆。本章的复习不建议考生采用题海战术，过多的练习有时并不会起到强化记忆的目的，反而会扰乱整个知识体系。因此，我们强调在学习教材的同时，进行适当的章节练习以巩固知识点，总结高频考点。

【知识结构】

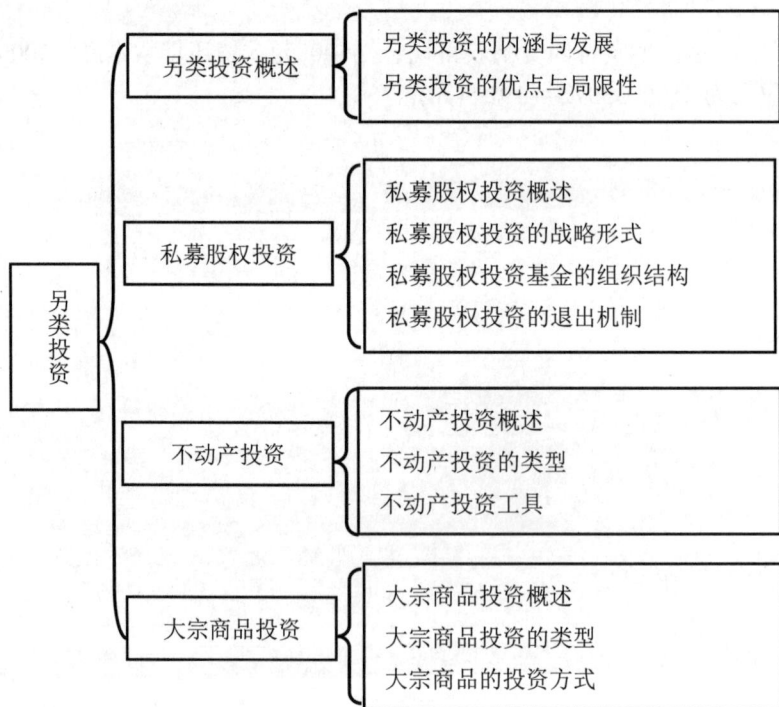

【核心讲义】

第一节 另类投资概述

一、另类投资的内涵与发展

1. 内涵

另类投资是指传统公开市场交易的权益资产、固定收益类资产和货币类资产之外的投资类型。通常包括私募股权、房产与商铺、矿业与能源、大宗商品、基础设施、对冲基金、收藏市场等领域。另类投资还包括黄金投资、碳排放权交易、艺术品和收藏品投资等方式，其各自特点如表 5-1 所示。

表 5-1 其他另类投资的方式及特点

另类投资	特 点
黄金投资	①本质为大宗商品投资，体现货币金融产品的特性； ②具备价值储存功能，与货币相挂钩，具有风险厌恶特征； ③适合具有长远目光的投资者与投机者，证券资产组合中纳入黄金的目的是规避风险； ④上海黄金交易所从事现货黄金交易，上海期货交易所从事期货黄金交易
碳排放权交易	①属于商品类投资； ②主要类型包括配额型交易和项目型交易； ③2014 年 5 月"新国九条"提出我国将推出"碳排放权"
艺术品和收藏品投资	①以拍卖为主； ②投资价值建立在艺术家的声望、销售纪录等条件上； ③对其投资价值的评估较为困难

随着经济全球化的发展，另类投资呈现出了国际化的趋势。私募股权投资最早在欧美地区产生并得到发展。但最近几年，包括美国大型私募股权基金在内的绝大部分私募股权投资者将其眼光转向了东亚市场。中国成为这些私募股权投资者的首选投资地。

2. 发展

2011 年，国内陆续开始有相关产品出现，首先是黄金 QDII 的产品，然后是 REITs 产品和商品基金以 QDII 形式出现。

我国目前形成了四类公募另类投资基金的门类，分别为黄金 ETF 及黄金 ETF 联结基金、黄金 QDII、PEITs 产品和商品 QDII，后三类基金产品都属于 QDII。

黄金 QDII 是投资海外上市交易的黄金 ETF 产品，不能直接投资于海外的黄金期货或现货产品，也有部分黄金 QDII 配置一些黄金类的股票进行投资；REITs 产品都投资于海外，其中美国的 PEITs 市场最为发达，目前在国内只有少量 REITs 产品，绝大多数都是投资于美国房地产市场；商品 QDII 投资涉及黄金、石油、农产品等多类商品。

【例 5.1·单选题】下列关于黄金 QDII 的说法正确的是(　　)。

  A．都配置了黄金类的股票进行投资

  B．能直接投资于海外的黄金现货产品

  C．能直接投资于海外的黄金期货产品

  D．是投资海外上市交易的黄金 ETF 产品

【答案】D

【解析】黄金 QDII 是投资海外上市交易的黄金 ETF 产品，不能直接投资于海外的黄金期货或现货产品，也有部分黄金 QDII 配置一些黄金类的股票进行投资。

二、另类投资的优点与局限性

1．另类投资的优点

(1) 提高收益。

(2) 分散风险。

2．另类投资的局限性

(1) 缺乏监管和信息透明度。

(2) 流动性较差，杠杆率偏高。

(3) 估值难度大，难以对资产价值进行准确评估。

第二节　私募股权投资

一、私募股权投资概述

1．定义

私募股权投资(PE)是指对未上市公司的投资，起源和盛行于美国。私募股权投资通常采用非公开募集的形式筹集资金，不能在公开市场上进行交易，流动性较差。

2．类型

国内外的私募股权投资机构类型包括：专业化的私募投资基金；大型多元化金融机构下设的直接投资部门；在国内，由中方机构发起、外资进行入股的机构；大型企业的投资基金部门；具有政府背景的投资基金等。

【例 5.2·单选题】下列关于私募股权投资的表述错误的是(　　)。

  A．通常采用非公开募集的形式筹集资金

  B．流动性好

  C．起源于美国

  D．是对未上市公司的投资

【答案】B

【解析】D 项，私募股权投资是指对未上市公司的投资；C 项，私募股权投资起源和盛行于美国，已经有 100 多年的历史；AB 两项，私募股权投资通常采用非公开募集的形式筹集资金，不能在公开市场上进行交易，流动性较差。

二、私募股权投资的战略形式

私募股权投资包含多种不同形式，最为广泛使用的战略包括风险投资、成长权益、并购投资、危机投资和私募股权二级市场投资。这些广泛使用的战略及特点如表 5-2 所示。

表 5-2　私募股权投资广泛使用的战略及其特点

战略形式	概　述	特　点
风险投资	风险投资一般采用股权形式将资金投入提供具有创新性的专门产品或服务的初创型企业	①从事风险投资的人员或机构被称为"天使"投资者； ②投资者集资本和能力于一身； ③投资于创新性技术和产品； ④收益来自企业成熟壮大之后的股权转让
成长权益	成长权益战略投资于已经具备成型的商业模型和较好的顾客群，同时具备正现金流的企业	①协助企业扩大规模、发展业务和巩固市场地位； ②帮助企业上市
并购投资	并购投资是指专门进行企业并购的基金	①投资对象是成熟、具有稳定现金流、呈现出稳定增长趋势的企业； ②包含杠杆收购(应用最广泛)、管理层收购等形式，杠杆收购的关键在于举债
危机投资	危机投资者购买面临违约风险的企业的债务	①投资的企业具有得以生存的核心能力； ②是具有高风险的战略； ③危机投资者通过债券价值升值获得利润
私募股权二级市场投资	私募股权二级市场投资通常以合伙人的形式进行组织，其流程通常包含筹资、购买资产、资产出售后将资金回报给投资者等整个投资过程	①涉及一对多、多对多等不同的交易形式； ②其内容主要有：a. 转让提供资金的有限合伙人权益份额，成为新的合伙人；b. 投资组合交易； ③生命周期：最典型的需要 10 年左右，包含 3～4 年的投资和 5～7 年的收回投资的过程

【例 5.3·单选题】私募股权投资包含多种不同形式，最为广泛使用的战略不包括(　　)。

A．私募股权一级市场投资　　　　B．危机投资

C．成长权益　　　　　　　　　　D．风险投资

【答案】A

【解析】私募股权投资包含多种不同形式，最为广泛使用的战略包括风险投资、成长权益、并购投资、危机投资和私募股权二级市场投资。

三、私募股权投资基金的组织结构

私募股权投资基金通常分为有限合伙制、公司制和信托制三种组织结构,具体如表5-3所示。

表5-3 有限合伙制、公司制和信托制三种组织结构及其特点

组织结构	定　义	特　点
有限合伙制	私募股权投资基金以有限合伙的形式设立	①最早产生于美国硅谷; ②是私募股权投资基金最主要的运作方式; ③由有限合伙人(监督普通合伙人,不直接参与干涉项目经营管理)和普通合伙人(具备独立的经营管理权力)构成
公司制	私募股权投资基金以股份公司或有限责任公司的形式设立	①运作方式规范和正式; ②基金管理人或者作为董事,或者作为独立的外部管理人员参与私募股权投资项目的运营; ③基金管理人受到股东的严格监督管理
信托制	由基金管理机构与信托公司合作设立,通过发起设立信托收益份额募集资金,进行投资运作的私募股权投资基金	①信托公司和决策委员会共同进行决策; ②基金通常分为单一信托基金和结构化的信托模式

四、私募股权投资的退出机制

私募股权投资基金在完成投资项目之后,主要采取的退出机制是:首次公开发行,买壳上市或借壳上市,管理层回购,二次出售,破产清算。

1．首次公开发行

首次公开发行(IPO)是指在证券市场上首次发行对象企业普通股票的行为。这被认为是退出的最佳渠道。

2．买壳上市或借壳上市

这属于间接上市方法,为不能直接进行 IPO 的私募股权投资项目提供退出途径。

3．管理层回购

优点在于将外部股权全部内部化,使得对象企业保持充分的独立性。

4．二次出售

二次出售是指私募股权投资基金将其持有的项目在私募股权二级市场出售的行为。

5．破产清算

私募股权投资企业进行清算，主要在以下三种情况下出现。

(1) 由于企业所属的行业前景不好等原因，私募股权投资基金决定放弃该投资企业。

(2) 所投资企业有大量债务无力偿还，又无法得到新的融资，债权人起诉该企业要求其破产。

(3) 达不到 IPO 的条件，且没有买家愿意接受私募股权投资基金持有的企业的权益，继续经营只能使企业的价值变小。

【例 5.4·单选题】私募股权投资基金在完成投资项目之后，退出的最佳渠道是( )。

    A．首次公开发行   B．买壳上市或借壳上市

    C．管理层回购   D．二次出售，破产清算

【答案】A

【解析】首次公开发行(IPO)是指在证券市场上首次发行对象企业普通股票的行为。对象企业将变为上市公司，股票在证券市场上进行公开交易，私募股权投资基金可以通过出售其持有的股票收回现金。一般来说，首次公开发行伴随着巨大的资本利得，被认为是退出的最佳渠道。

第三节　不动产投资

一、不动产投资概述

1．不动产投资的定义

不动产是指土地以及建筑物等土地定着物，相对动产而言，强调财产和权利载体在地理位置上的相对固定性。

住宅型建筑物、公寓和其他住宅型房地产都是许多个体投资者的财务计划当中最基础的部分。商业不动产投资已经成为全球投资的重要组成部分。

2．不动产投资的特点

不动产投资具有异质性、不可分性、低流动性的特点。

二、不动产投资的类型

不动产有多种类型，下面将对主要的不动产投资类型进行介绍。

1．地产投资

地产是指未被开发的、可作为未来开发房地产基础的商业地产之一。土地投资可能具有较高的投机性。土地投资由于其投资价值受到宏观环境和法律法规因素影响较大而极具风险性。

2．商业房地产投资

商业房地产投资以出租而赚取收益为目的，其投资对象主要包括写字楼、零售房地产等设施。

3．工业用地投资

工业用地是指包括生产用设备、研究和开发用空地和仓库等各种工业用资产的所在地。中国目前的工业用地主要集中于经济开发区进行建设，剩余工业用地一般是随着工业投资而进行。

4．酒店投资

酒店主要是指包含品牌的短期性居住设施，以及给职工提供的长期居住设施等房地产。

5．养老地产等其他形式的投资

【例5.5·单选题】下列关于地产投资的表述，错误的是(   )。

A．不确定性非常高　　　　　　B．投资价值受法律法规影响较小

C．具有较高的投机性　　　　　D．投资价值受宏观环境影响较大

【答案】B

【解析】基于未被开发这一特征，土地本身的不确定性非常高，因此土地投资可能具有较高的投机性；土地投资大部分通过利用可预测的未来现金流获取的买卖价差或者开发后进行出售或出租经营来获取投资收益，同时，土地投资由于其投资价值受到宏观环境和法律法规因素影响较大而极具风险性。因此B项错误。

三、不动产投资工具

由于不动产具有异质性、不可分性、流动性差等特点，许多投资者通过间接方式投资于不动产，主要形式包括房地产有限合伙、房地产权益基金、房地产投资信托等，具体如表5-4所示。

表5-4　不动产投资的形式及其特点

形　式	特　点
房地产有限合伙	①偏好资金的非流动性；②有限合伙人以出资份额为限对投资项目承担有限责任，不直接参与管理和经营项目；③普通合伙人通常是房地产开发公司
房地产权益基金	①通常以开放式基金形式发行，定期开放申购和赎回；②可以通过在非公开市场上出售其所持有的资产退出，也可通过打包上市后退出；③比房地产有限合伙流动性好
房地产投资信托	①是一种资产证券化产品；②主要收益来自稳定的股息和证券价格增值；③具有流动性强、抵补通货膨胀效应、风险较低、信息不对称程度较低等特征；④给予个体投资者和中小型投资者新的房地产投资渠道；⑤给房地产公司提供新的融资渠道

【例5.6·单选题】投资者投资不动产的主要形式不包括(   )。

A．房地产有限合伙　　　　　　B．房地产权益基金

　　　　C．房地产直接投资　　　　　　　D．房地产投资信托

【答案】C

【解析】由于不动产具有异质性、不可分性、流动性差等特点，许多投资者通过间接方式投资于不动产，主要形式包括房地产有限合伙、房地产权益基金、房地产投资信托等。

第四节　大宗商品投资

一、大宗商品投资概述

　　大宗商品是指具有实体，可进入流通领域，但并非在零售环节进行销售，具有商品属性，用于工农业生产与消费使用的大批量买卖的物资商品；具有同质化、可交易等特征，供需和交易量都非常大；具有天然的通胀保护功能和较低的投资分散化作用。

二、大宗商品的投资类型

　　大宗商品基本上可以分为四类：能源类、基础原材料类、贵金属类和农产品类，具体介绍如表 5-5 所示。

表 5-5　大宗商品的分类及内容

类　型	内　容
能源类	①主要包括原油、汽油、天然气、动力煤、甲醇等； ②受到国际能源价格以及世界经济形势和国家宏观经济政策的影响； ③国际商品期货市场价格成为国际贸易的基准价格
基础原材料类	①主要包括钢铁、铜、铝、铅、锌、镍、钨、橡胶、铁矿石等； ②进行大批量交易
贵金属类	①主要包括黄金、白银、铂金等； ②黄金是贵金属类大宗商品的典型代表
农产品类	①主要包括玉米、大豆、小麦、稻谷、咖啡、棉花、鸡蛋、棕榈油、菜油、白砂糖等； ②大豆、玉米、小麦的期货被称为三大农产品期货

三、大宗商品的投资方式

　　大宗商品的投资方式有购买大宗商品实物、购买资源或者大宗商品相关股票、投资大宗商品衍生工具和投资大宗商品的结构化产品，具体介绍如表 5-6 所示。

表 5-6　大宗商品的投资方式及特点

投资方式	特　点
购买大宗商品实物	①最直接、最简明； ②具有很大的运输成本和储存成本，投资者很少使用

续表

投资方式	特　点
购买资源或者大宗商品相关股票	①投资自然资源可以选择购买矿产勘探公司的股票； ②投资农产品可以购买相关农业概念股； ③无法获得对相关商品的风险敞口
投资大宗商品衍生工具	①投资者常用的投资方式； ②包括远期合约、期货合约、期权合约、互换合约等； ③中国国内有三家商品期货交易所，分别位于上海、大连、郑州
投资大宗商品的结构化产品	适用于投资范围受到限制，无法直接投资于大宗商品及其衍生工具的投资者

【例5.7·单选题】大多数大宗商品投资者常用的投资方式是(　　)。

A．购买资源或者购买大宗商品相关股票

B．购买大宗商品实物

C．投资大宗商品衍生工具

D．投资大宗商品的结构化产品

【答案】C

【解析】对单一商品或商品价格指数采用衍生产品合约形式进行投资，是大多数大宗商品投资者常用的投资方式，大宗商品衍生工具包括远期合约、期货合约、期权合约、互换合约等。

【过关练习】

单选题(以下备选项中只有一项最符合题目要求)

1．下列不属于另类投资的是(　　)。

　　A．私募股权投资　　　　　　　　B．房产与商铺投资

　　C．固定收益类资产投资　　　　　D．矿业与能源投资

【答案】C

【解析】另类投资是指传统公开市场交易的权益资产、固定收益类资产和货币类资产之外的投资类型。目前，另类投资没有统一的定义，通常包括私募股权、房产与商铺、矿业与能源、大宗商品、基础设施、对冲基金、收藏市场等领域。除了私募股权、不动产、大宗商品等主流形式外，另类投资还包括黄金投资、碳排放权交易、艺术品和收藏品投资等方式。

2．一般的投资者在他们的证券资产组合当中纳入黄金，主要是为了达到(　　)的目的。

　　A．赚取利差　　　　　　　　　　B．规避风险

　　C．提高收益率　　　　　　　　　D．投机

【答案】B

【解析】黄金具备价值储存功能，同时大多数情况下与货币相挂钩，一般具有风险厌恶特征，具有长远目光的投资者适合进行黄金投资，一些投机者为了赚取利差也对黄金进行短期投资。一般的投资者在他们的证券资产组合当中纳入黄金，主要是为了达到规避风

3．关于艺术品与收藏品投资，下列说法错误的是(　　)。

　　A．是另类投资的一种形式

　　B．投资价值建立在艺术家的声望、销售纪录等条件之上

　　C．艺术品与收藏品市场主要以拍卖为主

　　D．投资价值的评估较为容易

【答案】D

【解析】D 项，对于各类艺术品和收藏品，存在特征和质量方面难以描绘的差别，因此，对其投资价值的评估较为困难。

4．下列四类公募另类投资基金门类，(　　)不属于 QDII。

　　A．黄金 ETF 及黄金 ETF 联结基金

　　B．黄金 QDII

　　C．PEITs 产品

　　D．商品 QDII

【答案】A

【解析】经过近年的发展，目前已经形成了四类公募另类投资基金门类，分别为黄金 ETF 及黄金 ETF 联结基金、黄金 QDII、PEITs 产品和商品 QDII，后三类基金产品都属于 QDII。

5．下列关于 REITs 产品的说法正确的是(　　)。

　　A．都是投资于国内 PEITs

　　B．目前在国内还有大量 REITs 产品

　　C．绝大多数都是投资于美国房地产市场

　　D．英国的 PEITs 市场最为发达

【答案】C

【解析】REITs 产品都是投资于海外 PEITs，其中美国的 PEITs 市场最为发达，目前在国内只有少量 REITs 产品，绝大多数都是投资于美国房地产市场。

6．下列关于另类投资产品与其他投资产品的关系的表述，正确的是(　　)。

　　A．另类投资产品与股票具有较低的相关性

　　B．大宗商品投资和传统证券投资产品呈现出正相关关系

　　C．投资者能够利用另类投资产品达到提高流动性的目的

　　D．另类投资产品与固定收益证券具有较高的相关性

【答案】A

【解析】由于另类投资产品与包括股票和固定收益证券在内的传统证券投资产品具有较低的相关性，包括大宗商品投资在内的一部分另类投资产品甚至和传统证券投资产品呈现出负相关关系，所以投资者能够通过在他们的证券投资组合当中加入包括私募股权投资、房地产和商品等另类投资产品，达到分散投资风险的作用。

7．下列关于 J 曲线的表述，错误的是(　　)。

　　A．以时间为横轴、以收益率为纵轴

　　B．能够衡量私募股权基金总成本和总潜在回报

C. 在投资项目的前段时期，能够给投资者带来正收益

D. 对私募股权基金管理者而言，意味着需要尽量缩短 J 曲线

【答案】C

【解析】私募股权基金在其投资项目的前段时期，主要是以投入资金为主，再加上需要支付各种管理费用，在这一阶段，现金净流出，并不能立即给投资者带来正的收益和回报。经过一段时间的运营之后，对项目所投入的资金逐步降低乃至停止，现金流入增加，能够给投资者带来正收益，整个私募股权基金的收益率会快速攀升。

8. 风险投资一般采用(　　)形式将资金投入企业。

A. 债权　　　　B. 杠杆融资　　　　C. 股权　　　　D. 杠杆筹资

【答案】C

【解析】风险投资一般采用股权形式将资金投入提供具有创新性的专门产品或服务的初创型企业。

9. 成长权益战略投资于(　　)的企业。

A. 初创型　　　　　　　　　B. 具备成型的商业模型

C. 具有负现金流　　　　　　D. 面临并购

【答案】B

【解析】成长权益战略投资于已经具备成型的商业模型和较好的顾客群，同时具备正现金流的企业。这些企业通常通过增加新的生产设备或者采取兼并收购方式来扩大规模，但自身的经营无法提供足够的资金来支持。成长权益投资者通过提供资金，帮助对象企业发展业务和巩固市场地位。

10. 关于危机投资，下列说法错误的是(　　)。

A. 危机投资者擅长于购买那些面临违约风险的企业的债务

B. 投资往往以债券票面价值的较低折扣购买

C. 危机投资形式固定

D. 危机投资往往被认定为是具有高风险的战略

【答案】C

【解析】C 项，危机投资形式多样，没有固定的模式，但通常投资企业具有得以生存的核心能力，投资者本身经验也非常丰富。若投资企业顺利生存下来，然后得以持续运营，危机投资者持有的债券价值会上升，从而获得很大利润。

第六章 投资者需求

【考情分析】

本章主要从投资者类型和特征、投资者需求和投资政策两个方面全面阐述投资者需求的有关内容。其中,投资者主要有个人与机构两种类型;投资者需求的影响因素有投资期限、收益要求、风险容忍度和流动性等;投资政策的制定主要涉及投资政策说明书的内容和作用。知识点较为集中,投资者的主要类型、区分方法和特征常常是考试的重要内容,考生须熟练掌握。

【学习方法】

本章内容不多,知识点也比较集中,难度不大。题目大多是对细节的考查。因此,考生在备考的过程中要深刻理解并熟记教材中的内容,要掌握投资者的主要类型、区分方法及特征,理解不同类型投资者在资产配置上的需求和差异,理解投资政策说明书包含的主要内容。本章既有记忆性的知识点也有理解性的知识点,考生须善于总结归纳相似知识点,在理解的基础上进行强化记忆。

【知识结构】

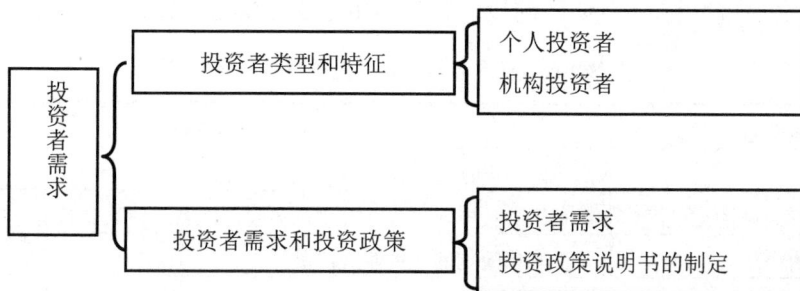

【核心讲义】

第一节 投资者类型和特征

资产管理公司对客户利益担负信托责任。投资者主要有个人与机构两种类型。个人投资者的财务状况可以从小康到非常富有。机构投资者则有保险公司、银行、养老金和捐赠基金等多种不同的类型。

一、个人投资者

1. 个人投资者差异

个人投资者是基金投资群体的重要组成部分。个人投资者在以下两个方面存在差异。

1) 财富水平(可投资款)

基金销售机构常常根据财富水平对个人投资者加以区分，并对不同类型的投资者提供不同类型的投资服务。

2) 投资经验和能力

个人投资者的投资经验和能力不如机构投资者，投资能力的差异也会对投资者的投资需求产生重大影响，经验丰富的投资者的投资范围更广泛，更愿意投资风险较大的产品。

2. 影响个人投资者投资需求的因素

1) 个人投资者的个人状况

影响投资需求的个人状况包括：①个人投资者的就业状况；②个人投资者的年龄。

2) 个人投资者的家庭状况

个人投资者的家庭状况(如婚姻状况、子女的数量和年龄、需赡养老人的数量和健康状况)也会影响其投资需求。

3) 个人投资者的预期投资期限、对风险和收益的要求、对流动性的要求等因素

在实践中，一般根据个人投资者所处生命周期的不同阶段确定其应该选择的基金产品类型。处于不同生命周期不同阶段的投资者与其相适应的投资产品如表 6-1 所示。

表 6-1　投资者与其相适应的投资产品

投资者	投资产品特点
单身时期的年轻人	高风险、高预期收益的基金产品
成家但未生育的年轻人	进行组合投资，可以选择中高风险、中高预期收益的基金产品
三口之家中的中年人	收益与风险均衡化的基金产品
老年人	投资的产品稳健、安全、保值，以低风险为核心

【例 6.1·单选题】个人状况会影响个人投资者的投资需求，个人状况不包括(　　)。

    A. 个人投资者是否就业　　　　B. 个人投资者的年龄

    C. 个人投资者的工作稳定性　　D. 婚姻状况

【答案】D

【解析】D 项属于影响个人投资者的投资需求的家庭状况。

二、机构投资者

相比于个人投资者，基金的机构投资者资本实力更为雄厚且投资能力更为专业。主要的基金机构投资者如下。

1. 基金公司

基金公司将众多客户的资金集合起来进行投资。基金公司通常会有不同的基金产品，每一个基金产品都具有特定的投资目标。

2. 传统商业银行

目前对外销售理财产品是银行的一类重要业务。

3. 保险公司

保险公司通过销售保单募集大量保费。保险公司分为两种类型：财险公司与寿险公司。财险公司通常将保费投资于低风险资产；寿险公司通常投资于风险较高的资产。

4. 中国的社会保障基金

社会保障资金中包含基本养老保险资金，投资期较长。社会保障资金投资运作受到严格的制度约束，其基本原则为：在保证基金安全性、流动性的前提下实现基金资产的增值。

5. 企业年金基金

企业年金基金财产的投资范围，限于银行存款、国债和其他具有良好流动性的金融产品，包括短期债券回购、信用等级在投资级以上的金融债和企业债、可转换债、投资性保险产品、证券投资基金、股票等。

6. 财务公司

一些大型企业设有财务公司，主要负责资产投资。企业在运营过程中产生的、在短期内不需要运营或做实业投资的大量现金，可用于短期投资，通常情况下，会投资于银行存款或货币市场基金，或投资于其他流动性较好的短期资产。

7. 合格境外机构投资者(QFII)

QFII 在中国境内的投资受到包括主体资格、资金流动、投资范围和投资额度等方面的限制。

8. 私募基金

私募基金是一类特殊的机构投资者，投资产品面向不超过 200 人的特定投资者发行。

基金公司、证券公司、私募投资公司等金融机构均可接受投资者的资金，同时这些机构也可能以一个机构投资者的身份成为基金公司的客户。

上述机构投资者有的是购买基金公司发行的公募基金产品或专户理财产品进行投资；有的则是专项委托基金公司进行投资管理(如社保基金、企业年金基金)，基金管理公司如需接受此类委托需要获得特定的资格(如社保基金境内委托投资管理人资格、企业年金基金投资管理人资格)。

【例 6.2·单选题】下列关于机构投资者保险公司说法错误的是(　　)。

　　A. 保险公司通过销售保单募集大量保费

　　B. 财险公司通常将保费投资于低风险资产

    C．寿险公司通常将保费投资于低风险资产

    D．保险公司可分为财险公司与寿险公司

【答案】C

【解析】保险公司可区分为财险公司与寿险公司。其中，财险公司针对因火灾、盗窃等意外事件导致的损失提供保险赔偿服务，财险公司吸纳的保费投资期限较短，并且赔偿额度具有很大风险，因此财险公司通常将保费投资于低风险资产；寿险公司开展人寿保险、人身意外险、健康险等险种业务，通过人寿保险业务吸纳的保费具有较长的投资期，通常可以投资于风险较高的资产。

第二节　投资者需求和投资政策

一、投资者需求

投资者的投资境况和需求会随着时间而变，有必要至少每年对投资者的需求作一次重新的评估。对一般的投资者而言，影响投资需求的关键因素主要包括投资期限、收益要求和风险容忍度。除此以外，投资者还可能因为流动性、税收、监管要求等因素而产生一些特别的投资需求。

1．投资期限

投资期限是指投资者从购买金融资产到兑现日之间的时间长度。投资期限的长短影响投资者的风险态度以及对流动性的要求。投资期限越长，则投资者越能够承担更大的风险。投资期限较长的投资者更可能获得良好的投资业绩，因为他们在短期内遭受投资损失的情况下，有更多时间等待市场恢复。

2．收益要求

投资者对于收益的要求存在差异。

收益率存在名义收益率与实际收益率之别。实际收益率在名义收益率的基础上扣除了通货膨胀率的影响。对长期投资者而言，应该关注的是实际收益率。

投资收益目标可以是绝对收益，如年化 8%，或基准利率+5%；也可以是相对收益，如沪深 300 指数收益+3%。

3．风险容忍度

投资者的风险容忍度取决于其风险承受能力和意愿。风险承受能力取决于投资者的境况，包括其资产负债状况、现金流入情况和投资期限；风险承担意愿取决于投资者的风险厌恶程度。通常认为风险承担意愿对个人投资者更为重要。

4．流动性

流动性是指投资者在短期内以一个合理的价格将投资资产变现的容易程度。除了应付各种预期的支出外，个人投资者也可能因为各种非预期的因素而变现。变现需求会影响投资机会的选择。投资期限越长，则投资者对流动性的要求越低。

5. 其他情况

有的投资者的投资范围可能会受到社会、伦理等各种独特因素的影响。

【例6.3·单选题】影响投资需求的关键因素不包括(　　)。

A. 投资期限　　　　　　　　B. 收益要求

C. 风险容忍度　　　　　　　D. 经济周期

【答案】D

【解析】对一般的投资者而言，影响投资需求的关键因素主要包括投资期限、收益要求和风险容忍度。除此以外，投资者还可能因为流动性、税收、监管要求等因素而产生一些特别的投资需求。

二、投资政策说明书的制定

1. 制定投资政策说明书的依据

投资管理人基于投资者的需求、财务状况、投资限制、偏好等为投资者制定投资政策说明书。分析投资者需求是制定投资政策说明书的关键环节。

2. 制定投资政策说明书的好处

制定投资政策说明书的好处体现在多个方面。

(1) 能够帮助投资者制定切合实际的投资目标。

(2) 能够帮助投资者将其需求真实、准确、完整地传递给投资管理人，有助于投资管理人更加有效地执行满足投资者需求的投资策略，避免双方之间的误解。

(3) 有助于合理评估投资管理人的投资业绩。

3. 投资政策说明书的内容

投资政策说明书的内容一般包括投资回报率目标、投资范围、投资限制(包括期限、流动性、合规等)、业绩比较基准。有些机构还将投资决策流程、投资策略与交易机制等内容纳入投资政策说明书。

【例6.4·单选题】制定投资政策说明书的好处不包括(　　)。

A. 能够帮助投资者实现预定的投资目标

B. 能够帮助投资者将其需求真实、准确、完整地传递给投资管理人

C. 有助于投资管理人更加有效地执行满足投资者需求的投资策略

D. 有助于合理评估投资管理人的投资业绩

【答案】A

【解析】制定投资政策说明书的好处体现在多个方面：①能够帮助投资者制定切合实际的投资目标；②能够帮助投资者将其需求真实、准确、完整地传递给投资管理人，有助于投资管理人更加有效地执行满足投资者需求的投资策略，避免双方之间的误解；③有助于合理评估投资管理人的投资业绩。

【过关练习】

单选题(以下备选项中只有一项最符合题目要求)

1. 在证券组合的管理过程中,确定具体证券品种的决策一般在( )步骤进行。

    A. 确定投资品种   B. 确定投资政策

    C. 进行证券分析   D. 构建证券投资组合

【答案】D

【解析】投资组合管理的一般流程包括:了解投资者需求、制定投资政策、进行类属资产配置、投资组合构建、投资组合管理、风险管理、业绩评估等。

2. 对大多数投资者而言,风险承受力( )。

    A. 不可估计   B. 随年龄增大而降低

    C. 在生命周期内保持不变   D. 随年龄增大而提高

【答案】B

【解析】个人投资者的年龄也会影响其投资需求和投资决策。随着年龄的增长,个人投资者的风险承受能力和风险承受意愿递减。中青年人往往是"初生牛犊不怕虎",对证券市场暴跌带来的投资亏损尚未体会或体会不深,因而更具有冒险的精神,而且其有较长的时间来积累财富,更能承担不利的投资后果。而老年人往往经历了证券市场多轮牛熊更替,对风险控制有更深切的体会,而且其一般因退休而失去了工资收入,增量资金有限,所以更偏向于保守的投资。

3. 资产管理公司对客户利益担负( )责任。

    A. 保险   B. 信托

    C. 为客户创造盈利   D. 保管

【答案】B

【解析】资产管理公司对客户利益担负信托责任。信托责任本质上是两方或多方之间基于信任的一种法律关系,通常存在于受托人与委托人或受益人之间,后者合理地信任并依赖受托人,受托人为委托人的利益服务,并且忠实于委托人的利益。

4. 根据基金销售机构对个人投资者的财富水平的区分,下列个人投资者财富水平最高的是( )。

    A. 私募基金   B. 富裕投资者

    C. 高净值投资者   D. 零售投资者

【答案】C

【解析】基金销售机构常常根据财富水平对个人投资者加以区分,如将个人投资者划分为零售投资者、富裕投资者、高净值投资者和超高净值投资者。A项不属于个人投资者。

5. 下列关于个人投资者的投资需求,说法错误的是( )。

    A. 拥有稳定工作的年轻个人投资者,其风险承受能力较强

    B. 随着年龄的增长,个人投资者的风险承受能力和风险承受意愿递增

    C. 家庭负担越重,则可投资的资源越少,投资者越偏向于稳健的投资策略

    D. 个人投资者应根据所处生命周期的不同阶段确定其应该选择的基金产品类型

【答案】B

【解析】随着年龄的增长，个人投资者的风险承受能力和风险承受意愿递减。中青年人更具有冒险的精神，而且其有较长的时间来积累财富，更能承担不利的投资后果；而老年人对风险控制有更深切的体会，而且其一般因退休而失去了工资收入，增量资金有限，所以更偏向于保守的投资。

6. 机构投资者不可以采用的资产管理方式是(　　)。

A. 内部管理　　　　　　　　　B. 外部管理

C. 混合管理　　　　　　　　　D. 将机构资产存放于银行活期账户

【答案】D

【解析】机构投资者资产管理的方式有：①聘请专业投资人员对投资进行内部管理；②将资金委托投资于一个或多个外部基金公司；③采用混合的模式，有能力管理的一部分资产交由内部管理，而超出自身管理能力的一部分资产则交由外部管理。

7. 中国的社会保障基金资金来源不包括(　　)。

A. 商业人寿保险　　　　　　　B. 工伤保险

C. 基本养老保险资金　　　　　D. 生育保险资金

【答案】A

【解析】中国的社会保障基金是重要的机构投资者，它由全国社会保障基金理事会负责统筹管理，用于为社会提供基本养老保险、基本医疗保险、工伤保险、失业保险和生育保险服务。社会保障资金中包含基本养老保险资金，投资期较长。

8. 下列关于企业年金说法有误的是(　　)。

A. 企业年金基金财产在投资过程中需要严格遵循有关法规确定的投资比例限制

B. 企业年金基金可投资于信用等级为投机级的金融债和企业债

C. 企业年金基金财产的投资范围，限于银行存款、国债和其他具有良好流动性的金融产品

D. 企业年金是指企业年金计划筹集的资金及其投资运营收益形成的企业补充养老保险基金

【答案】B

【解析】B项，企业年金基金财产的投资范围，限于银行存款、国债和其他具有良好流动性的金融产品，包括短期债券回购、信用等级在投资级以上的金融债和企业债、可转换债、投资性保险产品、证券投资基金、股票等。

9. 下列关于投资期限的说法，正确的是(　　)。

A. 投资期限是指投资者从购买金融资产到兑现日之间的时间长度

B. 在几年内有购房、购车等支出需求的投资者倾向于长期投资

C. 投资期限较短的投资者更可能获得良好的投资业绩

D. 投资期限越短，则投资者越能够承担更大的风险

【答案】A

【解析】B项，某些个人投资者在几年内有购房、购车等支出需求，这使得投资者的投资款项中至少有一部分只能作短期的投资；C项，在较长的时间内，市场行情总体向好的概率要大于走低的概率，投资期限较长的投资者更可能获得良好的投资业绩；D项，投资期限越长，投资者有足够的时间来适应新的投资境况，越能够承担更大的风险。

10. (   )是进行投资组合管理的基础。

    A. 制定投资政策说明书   B. 选择资产组合

    C. 进行资产配置   D. 控制风险

【答案】A

【解析】制定投资政策说明书是进行投资组合管理的基础,能够有效地指导投资策略的实施,有助于更好地实现投资组合管理。一旦为投资者制定了投资政策说明书,投资管理人就可以根据投资政策说明书为投资者选择合适的资产组合,进行资产配置。

第七章　投资组合管理

【考情分析】

　　本章的主要内容包括系统性风险、非系统性风险和风险分散化，资产配置，被动投资和主动投资，投资组合构建以及投资管理部门五部分。知识点较多且分散，在考试中，有的考点会从不同角度对知识点进行考查，考生须对这样的考点进行全面掌握。关于系统性风险、非系统性风险和风险分散化，以及被动投资和主动投资的知识点考查较多，尤其是风险分散的原理和方法常常是考试的重要内容，关于主动投资和被动投资的区别考生应记忆准确，考题中常有涉及。

【学习方法】

　　本章内容多，考生一定要在理解的基础上记忆，否则容易记混。考生需要掌握系统性风险和非系统性风险的概念和来源，理解风险和收益的对应关系，要熟练掌握分散风险的原理和方法，理解均值方差法、最小方差法及其条件。对资本市场线、CAPM 模型、三种跟踪指数方法的具体应用环境也应有基本的理解，要掌握主动投资和被动投资的概念、方法、区别等，投资组合构建以及投资管理部门的相关内容也应在整体上进行理解，涉及的内容多而杂，考生需要多练习，重点记忆题目中反复出现的考点，注意相似的知识点不要记混。

【知识结构】

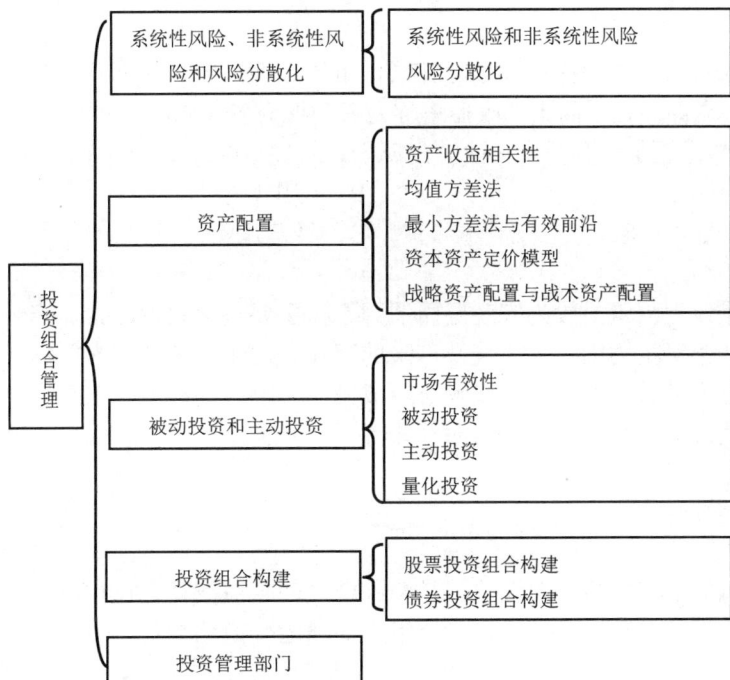

【核心讲义】

第一节　系统性风险、非系统性风险和风险分散化

一、系统性风险和非系统性风险

1．系统性风险和非系统性风险的概念

1) 系统性风险

(1) 定义：是指在一定程度上无法通过一定范围内的分散化投资来降低的风险。

(2) 系统性因素：政治因素、宏观经济因素、法律因素以及某些不可抗力因素。

(3) 特征：由同一个因素导致大部分资产的价格变动，大多数资产价格变动方向往往是相同的，无法通过分散化投资来回避。

2) 非系统性风险

(1) 定义：是可以通过分散化投资来降低的风险。

(2) 影响因素：往往是由与某个或少数的某些资产有关的一些特别因素。

2．风险与收益的关系

1) 风险报酬

预期收益率高出无风险收益率的部分。

2) 信用风险溢价

投资者要求对承担信用风险进行补偿，信用风险较高债券价格更低，收益率更高，高出的收益率称为信用风险溢价。

3) 流动性溢价

投资者要求对承担流动性风险进行补偿，市场上期限较长的债券收益率通常比期限较短的债券收益率更高，这个高出的收益率称为流动性溢价。

【例7.1·单选题】下列投资风险中，属于系统性风险的是(　　)。

　　A．财务风险　　　　　　　　B．信用风险

　　C．购买力风险　　　　　　　D．经营风险

【答案】C

【解析】系统性因素一般为宏观层面的因素，主要包含政治因素、宏观经济因素、法律因素以及某些不可抗力因素。系统性风险的存在是由于系统性因素能够通过多种作用机制同时对市场上大多数资产的价格或收益造成同向影响。购买力是宏观经济因素，购买力风险属于系统性风险。A、B、D三项属于非系统性风险。

二、风险分散化

投资者可以分散化风险，关键原因是两种资产的收益波动存在相反趋势。通过分散化投资，非系统性风险是可以降低的。投资组合的风险分散化与资产数量之间的关系具体如图7-1所示。

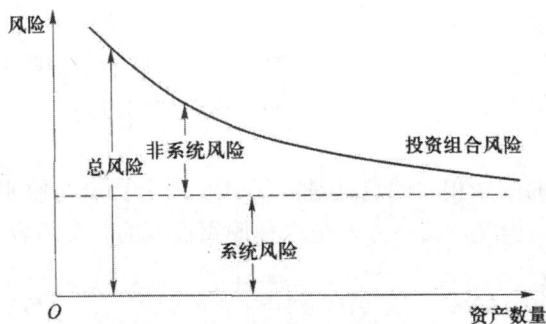

图 7-1 投资组合的风险分散化

【例 7.2·单选题】关于风险，下列说法不正确的是(　　)。

　　A．高风险意味着高预期收益

　　B．风险包括系统性风险与非系统性风险

　　C．系统性风险是可以通过投资组合而避免的

　　D．非系统风险是可以通过投资组合来避免的

【答案】 C

【解析】 C 项，系统性风险是指在一定程度上无法通过一定范围内的分散化投资来降低的风险。与之相对，非系统性风险则是可以通过分散化投资来降低的风险。

第二节　资 产 配 置

一、资产收益相关性

资产收益之间的相关性会影响投资组合的风险，不会影响投资组合的预期收益率。

二、均值方差法

马可维茨于 1952 年开创了以均值方差法为基础的投资组合理论。这一理论的基本假设是投资者是厌恶风险的。

1．马可维茨投资组合分析模型

(1) 投资组合的两个相关的特征：①具有一个特定的预期收益率；②可能的收益率围绕其预期值的偏离程度，其中方差是这种偏离程度的一个最容易处理的度量方式。

(2) 投资者将选择并持有有效的投资组合。

(3) 通过对每种证券的期望收益率、收益率的方差和每一种证券与其他证券之间的相互关系这三类信息的适当分析，识别出有效投资组合。

(4) 计算，得出有效投资组合的集合。并根据投资者的偏好，从有效投资组合中选择出最适合的投资组合。

【例 7.3·单选题】马可维茨用来衡量投资者所面临的可能收益与预期收益偏离程度的

指标是( )。

    A．收益率的高低   B．收益率低于期望收益率的频率

    C．收益率为负的频率   D．收益率的方差

【答案】D

【解析】投资组合的两个相关的特征是：①具有一个特定的预期收益率；②可能的收益率围绕其预期值的偏离程度，其中方差是这种偏离程度的一个最容易处理的度量方式。

    2．两个简单的情形

    1) 两个风险资产的投资组合

可行投资组合集：投资比例在允许的范围内变动，代表投资组合的点在方差-预期收益率平面图中滑动，形成一条曲线。两个风险资产的投资组合情况如图 7-2 所示。

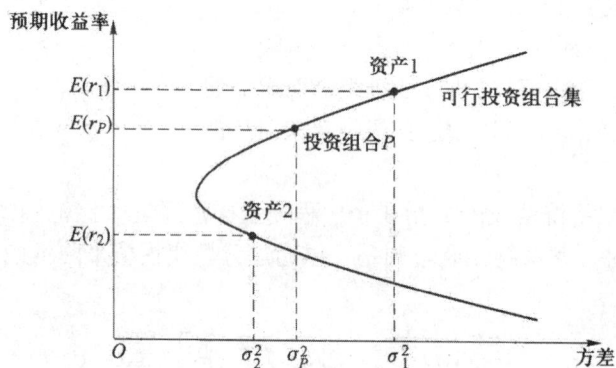

图 7-2　两个风险资产的投资组合

    2) 加入无风险资产的投资组合

构建投资组合的过程分解为两个步骤：①构建风险资产投资组合。与图 7-2 不同的是图 7-3 中的横轴为标准差，而图 7-2 中为方差，这一变换使得可行投资组合集的形状由抛物线变为双曲线的一支。②无风险资产与风险资产投资组合的再组合。无风险资产在图 7-3 中表现为纵轴上的一点 r_f，扇形区域即为存在无风险资产时的可行投资组合集。

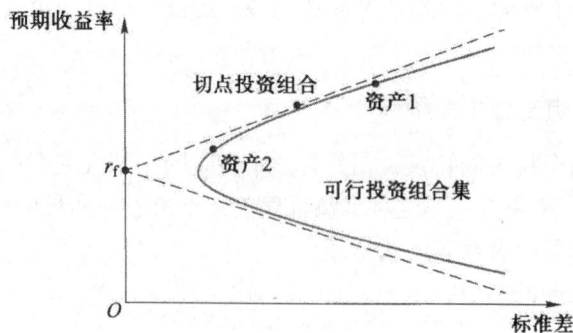

图 7-3　存在无风险资产时的可行投资组合集

    【例 7.4·单选题】 由两种风险资产构建的组合的可行投资组合集表现为一条( )。

    A．直线   B．折线   C．抛物线   D．平行线

【答案】C

【解析】由两种风险资产构建的组合的可行投资组合集表现为一条抛物线，抛物线以外的点所代表的投资组合是无法通过组合两个风险资产而得到的。

三、最小方差法与有效前沿

1. 最小方差法

最小方差法适用于投资者对预期收益率有一个最低要求的情形。首先，存在可行投资组合集。其次，对可行投资组合集施加一个约束条件，即投资者只能在预期收益率超过 $E(r)$ 的可行投资组合集中进行选择。再次，投资者在满足约束条件的投资组合集中选择一个风险最小的投资组合，即该集合中最靠左的投资组合。最小方差法的原理如图 7-4 所示。

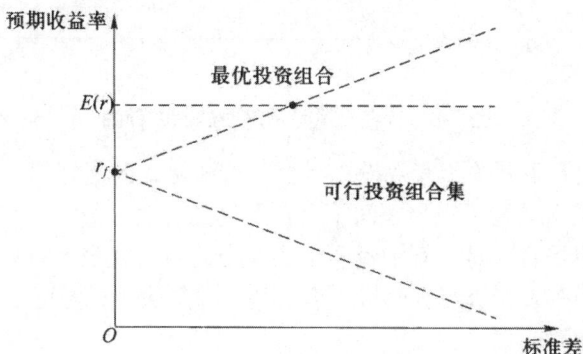

图 7-4 最小方差法示意图

2. 有效前沿

有效前沿是由全部有效投资组合构成的集合。如果一个投资组合在所有风险相同的投资组合中具有最高的预期收益率，或者在所有预期收益率相同的投资组合中具有最小的风险，那么这个投资组合就是有效的。

1) 不存在无风险资产的有效前沿

如图 7-5 所示，有效前沿显示为粗黑色的双曲线上半支。

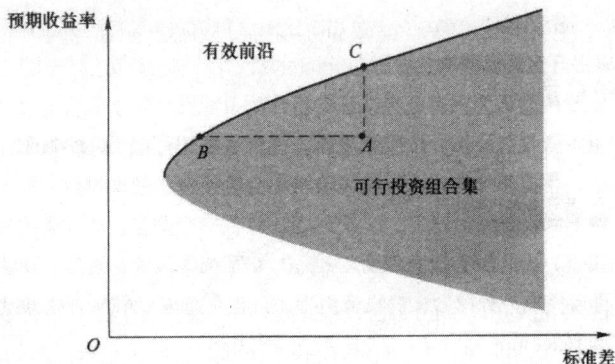

图 7-5 仅有风险资产时的有效前沿

2) 存在无风险资产的有效前沿

如图 7-6 所示，存在无风险资产时，可行投资组合集在标准差-预期收益率平面中表现为一个扇形区域，有效前沿为扇形区域的上边沿。

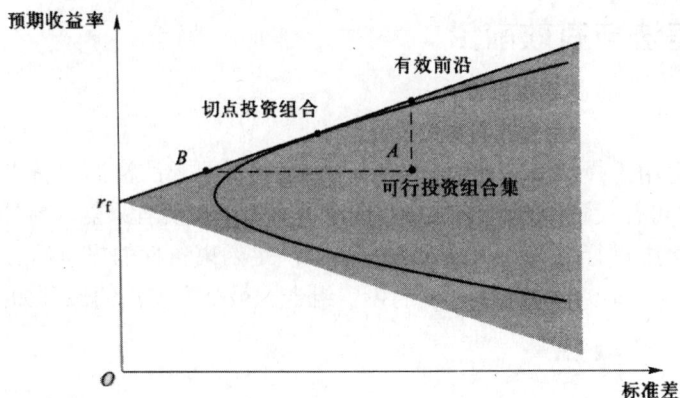

图 7-6　存在无风险资产时的有效前沿

【例 7.5·单选题】下列关于有效投资组合，说法错误的是(　　)。

A．在不同的有效投资组合之间不存在明确的优劣之分

B．有效投资组合即是分布于资本市场线上的点，代表了有效前沿

C．对每一个有效投资组合而言，给定其风险的大小，便可根据资本市场线知道其预期收益率的大小

D．有效前沿中，有效投资组合 A 如果相对于有效投资组合 B 在预期收益率方面有优势，那么在风险方面也有优势

【答案】D

【解析】D 项，有效前沿中有无数预期收益率和风险各不相同的投资组合。有效投资组合 A 相对于有效投资组合 B 如果在预期收益率方面有优势，那么在风险方面就一定有劣势。

四、资本资产定价模型

资本资产定价模型(CAPM)以马可维茨证券组合理论为基础。

1．资本资产定价模型的主要思想

只有证券或证券组合的系统性风险才能获得收益补偿，非系统性风险得不到收益补偿。

2．资本资产定价模型的基本假定

假定条件的核心是投资者同质化。这些假定条件包括：

(1) 每个投资者都不能对市场定价造成显著影响，他们都是价格接受者。

(2) 所有投资者的投资期限相同，且不在投资期限内对投资组合做动态的调整。

(3) 投资者的投资范围仅限于公开市场上可以交易的资产，排除了非流动性资产。此外，

假定投资者可以按固定的无风险利率任意地借入或贷出资金。

(4) 不存在交易费用及税金。

(5) 所有投资者都是理性的。

(6) 所有投资者都具有同样的信息，他们对各种资产的预期收益率、风险及资产间的相关性都具有同样的判断。

3．资本市场线

1) 资本市场线的定义

如图 7-7 所示，当引入无风险资产后，有效前沿变成了射线。这条射线从纵轴上无风险利率点 r_f 处向上延伸，与原有效前沿曲线相切于点 M，它包含了所有风险资产投资组合 M 与无风险借贷的组合。这条射线即是资本市场线(CML)。

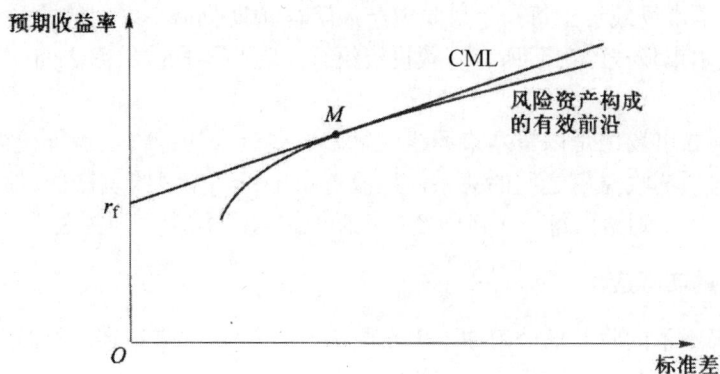

图 7-7　资本市场线

2) 资本市场线的分析

市场投资组合，是指由风险资产构成，并且其成员资产的投资比例与整个市场上风险资产的相对市值比例一致的投资组合，切点投资组合 M 正是市场投资组合。资本市场线指出了有效投资组合风险与预期收益率之间的关系，提供了衡量有效投资组合风险的方法。对每一个有效投资组合而言，给定其风险的大小，便可根据资本市场线知道其预期收益率的大小。

4．证券市场线

1) 证券市场线的定义

证券市场线(SML)是以资本市场线为基础发展起来的。证券市场线给出每一个风险资产风险与预期收益率之间的关系，它是 CAPM 的核心。

2) 证券市场线的分析

CAPM 利用希腊字母贝塔(β)来描述资产或资产组合的系统风险大小。证券市场线描述了一个资产或资产组合的预期收益率与其贝塔值之间的关系，如图 7-8 所示。

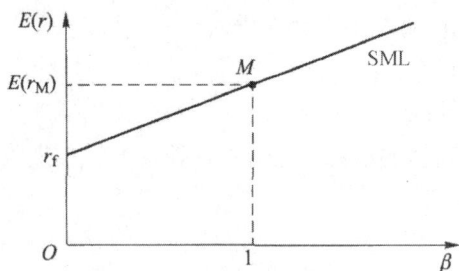

图 7-8 证券市场线

【例 7.6·单选题】下列关于证券市场线与资本市场线的叙述，错误的是(   )。

    A. 证券市场线以资本市场线为基础发展起来

    B. 证券市场线给出每一个风险资产风险与预期收益率之间的关系

    C. 资本市场线给出每一个风险资产风险与预期收益率之间的关系

    D. 资本市场线给出了所有有效投资组合风险与预期收益率之间的关系

【答案】C

【解析】证券市场线是以资本市场线为基础发展起来的；资本市场线给出了所有有效投资组合风险与预期收益率之间的关系，但没有指出每一个风险资产的风险与收益之间的关系，而证券市场线则给出每一个风险资产风险与预期收益率之间的关系。

5. CAPM 的实际应用

CAPM 解释不了的收益部分习惯上用希腊字母阿尔法(α)来描述，有时称之为"超额"收益。图 7-9 以图形的方式表现了资产 A 的 α 值。

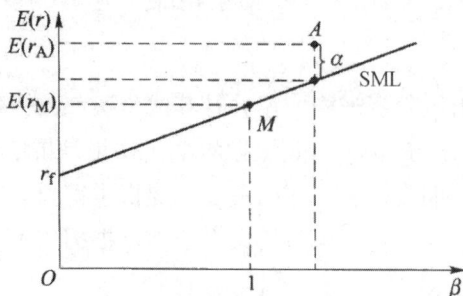

图 7-9 资产的阿尔法值

投资组合要获得 α，可以以一个市场指数资产组合为起点，不断地把 $\alpha>0$ 的证券融进资产组合，同时不断把 $\alpha<0$ 的证券剔除出资产组合。

(1) CAPM 可应用于资本预算决策。

(2) CAPM 为投资业绩评价提供了一个基准。

【例 7.7·单选题】在 CAPM 中，若某资产或资产组合的预期收益率高于与其贝塔值对应的预期收益率，则表现为(   )。

    A. 位于证券市场线上方   B. 位于证券市场线下方

    C. 位于资本市场线上方   D. 位于证券市场线上方

【答案】D

【解析】在 CAPM 中，证券市场线得以成立的根本原因是投资者的最优选择以及市场均衡力量作用的结果。若某资产或资产组合的预期收益率高于与其贝塔值对应的预期收益率，也就是说位于证券市场线的上方，则理性投资者将更偏好于该资产或资产组合，市场对该资产或资产组合的需求超过其供给，最终抬升其价格，导致其预期收益率降低，使其向证券市场线回归。

五、战略资产配置与战术资产配置

1. 战略资产配置

战略资产配置是在一个较长时期内以追求长期回报为目标的资产配置。战略资产配置结构一旦确定，通常情况下在 3～5 年甚至更长的时期内不再调节各类资产的配置比例。这种资产配置方式重在长期回报，因此往往忽略资产的短期波动。

2. 战术资产配置

战术资产配置是一种根据对短期资本市场环境及经济条件的预测，积极、主动地对资产配置状态进行动态调整，从而增加投资组合价值的积极战略。战术资产配置更多地关注市场的短期波动，强调根据市场的变化。战术资产配置的周期较短，一般在 1 年以内，如月度、季度。

第三节　被动投资和主动投资

一、市场有效性

法玛界定了三种形式的有效市场：弱有效、半强有效与强有效。三种市场有效性特点具体如表 7-1 所示。

表 7-1　不同市场形式及特点

市场形式	定　义	预测有效性
弱有效市场	证券价格能够充分反映价格历史序列中包含的所有信息	任何对历史信息所进行的技术分析都是徒劳的
半强有效市场	证券价格不仅已经反映了历史价格信息，而且反映了当前所有与公司证券有关的公开有效信息	基本面分析方法无效
强有效市场	与证券有关的所有信息都已经充分、及时地反映到了证券价格之中	内部人也无法获得超额收益

【例 7.8·单选题】如果证券市场是有效市场，那么这个市场的特征是(　　)。[2014 年 9 月证券真题]

A．未来事件能够被准确地预测

  B. 投资工具价格能够反映所有可获得信息

  C. 证券价格由于不可辨别的原因而变化

  D. 价格起伏不大

【答案】B

【解析】一个信息有效的市场，投资工具的价格应当能够反映所有可获得的信息，包括基本面信息、价格与风险信息等。

【例 7.9·单选题】(   )假设认为，证券价格不仅已经反映了历史价格信息，而且反映了当前所有与公司证券有关的公开有效信息。

  A. 强有效市场   B. 无效市场

  C. 半强有效市场   D. 弱有效市场

【答案】C

【解析】半强有效市场是指证券价格不仅已经反映了历史价格信息，而且反映了当前所有与公司证券有关的公开有效信息，如盈利预测、红利发放、股票分拆、公司并购等各种公告信息。

二、被动投资

被动投资通过跟踪指数获得基准指数的回报。

1. 证券价格指数

1) 定义

证券价格指数是指在证券市场上选择一些具有代表性的证券(或全部证券)，通过对证券的交易价格进行平均和动态对比从而生成指数，借此来反映某一类证券(或整个市场)价格的变化情况。

(1) 常见的证券价格指数有股票价格指数和债券价格指数。

(2) 目前股票价格指数编制的方法主要有三种，即算术平均法、几何平均法和加权平均法。

2) 国内外常见的证券价格指数

(1) 沪深 300 指数。

沪深 300 指数是由中证指数公司编制，用以反映 A 股市场整体走势的指数。

(2) 中证全债指数。

中证全债指数是中证指数公司编制的综合反映银行间债券市场和沪深交易所债券市场的跨市场债券指数，也是中证指数公司编制并发布的首只债券类指数。该指数的样本由银行间市场和沪深交易所市场的国债、金融债券及企业债券组成。

(3) 标准普尔 500 指数。

标准普尔 500 指数是记录美国 500 家上市公司的一个股票指数。标准普尔 500 指数覆盖的所有公司，都是在美国主要交易所交易的上市公司。

(4) 道琼斯工业平均指数。

目前，道琼斯工业平均指数的 30 种成分股是美国蓝筹股的代表。

2．指数跟踪方法

指数跟踪也称指数复制，是用指数成分证券创建一个与目标指数相比差异尽可能小的证券组合的过程。具体包括三种指数复制方法。

1）完全复制

完全复制是指购买所有指数成分证券，完全按照成分证券在指数中的权重配置资金，并在指数结构调整时也同步调整来实现与指数完全相同的收益率。这种方法简单明了，跟踪误差较小。理论上，完全复制是最好的策略；但完全复制实际操作难度较大。

2）抽样复制

抽样复制是在尽可能保留因子个数和因子结构不变的情况下，对较少的股票来复制因子，从而减少复制指数所用的股票个数。根据抽样方法的不同分为市值优先抽样和分层抽样两种。

(1) 市值优先抽样：把证券按市值从大到小排序，选择排名在最前面的证券；然后统计出所选成分证券的总权重，使得每只成分证券的配比等于该成分证券在总权重中的比例。

(2) 分层抽样：把指数成分证券按照是否有共同因子进行分类，在每一类中选择若干成分证券，从而达到提高样本成分证券代表性的目的。

3）优化复制

(1) 定义：从一篮子样本证券开始，用数学方法计算一定历史时期内(样本期)各样本证券的最优组合，使之在样本期内能够达到对标的指数的最佳拟合状态。

(2) 优缺点：优点是所使用的样本证券最少；缺点是这种方法隐含假设成分证券的相关性在一段时间内是相对静态且可预测的，由此导致该方法往往具有较高的跟踪误差。

3．被动投资与跟踪误差

1）跟踪误差的概念

跟踪误差是度量一个股票组合相对于某基准组合偏离程度的重要指标。该指标被广泛用于被动投资及主动投资管理者的业绩考核。

2）跟踪误差的计算

跟踪误差是证券组合相对基准组合的跟踪偏离度的标准差，其中跟踪偏离度的计算公式如下：

$$跟踪偏离度=证券组合的真实收益率-基准组合的收益率$$

4．跟踪误差产生的原因

跟踪误差产生的原因包括：①复制误差。②现金留存。③各项费用。④其他影响。如分红因素和交易证券时的冲击成本也会对跟踪误差产生影响。

【例 7.10·单选题】基金收益率与基准组合收益率之间的差异收益率的标准差，通常被称为(   )。

    A．信息比率   B．M^2测度   C．跟踪误差   D．相对误差

【答案】C

【解析】跟踪误差是指基金收益率与基准组合收益率之间的差异收益率的标准差，用来表述指数基金与基准组合之间的相关程度。

三、主动投资

1. 主动投资的收益来源

(1) 主动投资者比其他大多数投资者拥有更好的信息。

(2) 主动投资者在面对相同的信息时，能更高效地使用信息并通过积极交易产生回报。

2. 主动投资的业绩

主动投资的业绩主要取决于投资者使用信息的能力和投资者所掌握的投资机会的个数，即信息深度和信息广度。

3. 主动收益的计算

主动收益即相对于基准的超额收益，其计算方法如下：

主动收益=证券组合的真实收益-基准组合的收益

4. 主动投资的目标

主动投资的目标即扩大主动收益，缩小主动风险，提高信息比率。

四、量化投资

量化投资是将投资理念及策略通过具体指标、参数设计体现到具体的模型中，让模型对市场进行不带任何情绪的跟踪。

1. 特点

具有快速高效、客观理性、收益与风险平衡、个股与组合平衡四大特点。

2. 多因子模型

(1) 多因子模型是资产定价的一种类型，该模型认为资产价格并不仅仅取决于风险，还取决于其他因素，如预期股息率收入、投资者行为、市场情绪等因素。

(2) 最大的优点之一在于大大降低了大规模资产组合的风险度量、估计和预测难度，方便基金经理对资产组合风险进行分解，从因素角度解析资产组合的风险和收益来源(包括潜在和实现的)，从而进行建模和评价，调整组合业绩。

(3) 多因子分析方法检验步骤如下。

① 根据单个资产收益率的时间序列估计期望收益率和因子载荷(因子系数)，验证因子存在的可能性。

② 用这些估计量对套利定价模型进行检验，说明因子存在和模型设定的合理性。

【例 7.11·单选题】根据投资者对(   )的不同看法，其采用的投资策略可大致分为被动投资和主动投资两种类型。

    A. 风险意识   B. 市场效率   C. 资金拥有量   D. 投资业绩

【答案】B

【解析】根据投资者对市场效率的不同看法，其采用的投资策略可大致分为被动投资和主动投资两种类型。被动投资试图复制某一业绩基准，通常是指数的收益和风险。与被动投资相比，在一个并非完全有效的市场上，主动投资策略更能体现其价值，从而给投资者带来较高的回报。

第四节　投资组合构建

一、股票投资组合构建

1．股票投资组合构建的基本策略

(1) 自上而下策略：从宏观形势及行业、板块特征入手，明确大类资产、国家、行业的配置，然后再挑选相应的股票作为投资标的，实现配置目标。

(2) 自下而上策略：依赖个股筛选的投资策略，关注的是各个公司的表现，而非经济或市场的整体趋势，因此自下而上并不重视行业配置。

2．基金的投资组合构建的约束

(1) 对于我国的公募基金，大类资产主要指的是两类资产：股票与固定收益证券。股票型基金一般要求在股票资产上的配置比例不低于 80%，债券型基金在债券资产上的配置比例一般不低于 80%，混合型基金选择的范围比较广，介于股票型和债券型之间。

(2) 在行业、风格层面上，有的基金契约就已经规定投资的行业或风格，如行业基金、大盘/小盘基金、价值/成长基金等。

二、债券投资组合构建

1．需要考虑的因素

自上而下的债券配置从宏观上把握债券投资的总体风险开始，分析市场风险和信用风险，进而决定在不同的信用等级、行业类别上的配置比例，通过大类资产配置、类属资产配置和个券选择三个层次上自上而下地决策，最终实现基金的投资目标。

从可投资的产品类别上看，债券型基金通常投资国债、金融债、公司债、企业债、可转换债券、商业票据、短期融资券、正/逆回购等品种。作为债券型基金，债券类资产的投资比例通常不低于基金资产总值的 80%。

不同于股票投资组合，债券投资组合构建还需要考虑信用结构、期限结构、组合久期、流动性、杠杆率等因素。有些机构投资者会在投资政策说明中限制非投资级债券的比例。期限结构、组合久期的选择则与投资经理对市场利率变化的预期相关。投资经理还需要根据投资者的资金需求，对组合流动性作出安排。

2．业绩比较基准选择

债券型基金在选择业绩比较基准的时候应以债券指数为主，在投资范围允许的前提下，可以加入一定比例股票指数形成复合基准。股票指数的权重要符合基金投资比例和投资范围。

第五节　投资管理部门

投资管理业务是基金管理公司最核心的一项业务,投资管理部门体现着基金公司的核心竞争力。

不同的基金公司的投资管理部门设置有所差别,但基本包括以下几个部分。

(1) 投资决策委员会。投资决策委员会是基金公司管理基金投资的最高决策机构,由各个基金公司自行设立,是非常设的议事机构。一般由基金公司的总经理、分管投资的副总经理、投资总监、研究部经理、投资部经理等组成。

(2) 投资部。投资部负责根据投资决策委员会制定的投资原则和计划制定投资组合的具体方案,向交易部下达投资指令。

(3) 研究部。研究部是基金投资运作的基础部门。

(4) 交易部。交易部是基金投资运作的具体执行部门,负责投资组合交易指令的审核、执行与反馈。交易部属于基金公司的核心保密区域,执行最严格的保密要求。

【例 7.12·单选题】基金管理公司的最高投资决策机构为(　　)。[2015 年 3 月证券真题]

　　A.基金管理公司董事会　　　　B.基金经理办公会
　　C.基金管理公司股东会　　　　D.投资决策委员会

【答案】D

【解析】投资决策委员会是基金管理公司的非常设机构,是公司最高投资决策机构,以定期或不定期会议的形式讨论和决定公司投资的重大问题。

【过关练习】

单选题(以下备选项中只有一项最符合题目要求)

1.在下列情况中,投资组合风险分散效果好的是(　　)。
　　A.投资组合内成分证券的方差增加
　　B.投资组合内成分证券的协方差增加
　　C.投资组合内成分证券的期望收益率降低
　　D.投资组合内成分证券的相关程度降低

【答案】D

【解析】相关系数值越小,即投资组合的风险越低。

2.有效前沿上不含无风险资产的投资组合是(　　)。
　　A.无风险证券　　　　　　　　B.最优证券组合
　　C.切点投资组合　　　　　　　D.任意风险证券组合

【答案】C

【解析】切点投资组合具有三个重要的特征:①它是有效前沿上唯一一个不含无风险

资产的投资组合；②有效前沿上的任何投资组合都可看作切点投资组合与无风险资产的再组合；③切点投资组合完全由市场决定，与投资者的偏好无关。因此，切点投资组合在资本资产定价理论中具有重要的地位。

3. ( )中，投资组合管理者会选择完全消极保守型的策略，只是获得市场平均时收益率水平。

    A. 弱式有效市场   B. 半强式有效市场

    C. 无效市场   D. 强式有效市场

【答案】D

【解析】强有效市场是指与证券有关的所有信息，包括公开发布的信息和未公开发布的内部信息，都已经充分、及时地反映到了证券价格之中。市场价格已经完全体现了全部的私有信息。这意味着，在一个强有效的证券市场上，任何投资者不管采用何种分析方法，除了偶尔靠运气"预测"到证券价格的变化外，是不可能重复地，更不可能连续地取得成功的。

4. 衡量股票风险的指标是( )。

    A. 久期   B. Beta

    C. 基点价格值   D. 凸性

【答案】B

【解析】A项，久期是一个较好的债券利率风险衡量指标；C项，基点价格值是指应计收益率每变化 1 个基点时引起的债券价格的绝对变动额；D项，凸性是衡量债券价格对收益率变化的敏感程度的指标。

5. 从资产配置的角度看，投资组合保险策略的特点之一是( )。

    A. 当股票市场持续下跌时投资组合保险策略的表现将劣于买入并持有策略

    B. 不随着市场行情的变动调整风险资产和无风险资产之间的比例

    C. 随着市场行情的变动调整风险资产和无风险资产之间的比例

    D. 当股票市场持续上涨时投资组合保险策略的表现将优于买入并持有策略

【答案】C

【解析】A、D 两项，如果风险资产市场持续下降，则投资组合策略的结果较优，股票属于风险资产；B 项，投资组合保险策略是在将一部分资金投资于无风险资产从而保证资产组合最低价值的前提下，将其余资金投资于风险资产，并随着市场的变动调整风险资产和无风险资产的比例，同时不放弃资产升值潜力的一种动态调整策略。

6. 我国基金管理公司最核心的业务是( )。

    A. 基金资产保管业务   B. 基金销售业务

    C. 投资管理业务   D. 基金募集业务

【答案】C

【解析】证券投资基金业务主要包括：①基金募集与销售；②基金的投资管理；③基金运营服务。其中，投资管理业务是基金管理公司最核心的一项业务。基金管理公司之间的竞争在很大程度上取决于其投资管理能力的高低。

7. 根据现代组合理论，能够反映投资组合风险大小的定量指标，除了组合的方差外，还有( )。

　　　A．Beta 系数　　　B．利率　　　　　C．Alpha 系数　　　D．相关系数

【答案】A

【解析】Beta 系数的含义，可以理解为某资产或资产组合对市场收益变动的敏感性。通常可以用 Beta 系数的大小衡量一只股票基金面临的市场风险的大小。

8．如果市场是有效的，证券价格针对一条信息会出现下列何种反应？(　　)

　　　A．没有反应　　　　　　　　　　　B．逐步调整到位
　　　C．迅速调整到位　　　　　　　　　D．反应方向正确，但反应过度

【答案】C

【解析】如果市场有效，那么对股票的研究就没有多大意义，因为市场价格已经反映了所有信息。

9．(　　)属于消极型资产配置策略。

　　　A．投资组合保险策略　　　　　　　B．恒定混合策略
　　　C．买入并持有策略　　　　　　　　D．动态资产配置策略

【答案】C

【解析】20 世纪 60 年代以前，大多数债券组合管理者采用的是消极的买入并持有策略。到了 70 年代初期，人们对各种积极债券组合管理策略(恒定混合策略、投资组合保险策略和动态资产配置策略)的兴趣与日俱增。

10．从时间跨度和风格类别上看，资产配置的类别不包含(　　)。

　　　A．动态资产配置　　　　　　　　　B．战略性资产配置
　　　C．战术性资产配置　　　　　　　　D．资产混合配置

【答案】A

【解析】资产配置在不同层面有不同含义。从范围上看，可分为全球资产配置、股票债券资产配置和行业风格资产配置等；从时间跨度和风格类别上看，可分为战略性资产配置、战术性资产配置和资产混合配置等；从配置策略上可分为买入并持有策略、恒定混合策略、投资组合保险策略和动态资产配置策略等。

第八章 投资交易管理

【考情分析】

本章主要从证券市场的交易机制、交易执行、交易成本与执行缺口三部分全面介绍了投资交易管理。本章涉及的高频考点不多，常见的考点主要包括做市商和经纪人的区别，买空、卖空和加杠杆对风险和收益的影响，不同类型的交易成本等，关于证券市场的交易机制的有关内容也常有涉及，考生需要特别注意。

【学习方法】

本章内容以理解性的知识点为主，整体难度不大，考生需了解指令驱动市场、报价驱动市场和经纪人市场三种市场，理解做市商和经纪人的区别、不同交易指令对风险和收益的影响，理解基金公司投资交易流程，了解算法交易的概念和常见策略。此外，考生还应理解不同类型的交易成本，对执行缺口的组成、投资组合资产转持与 T-Charter(章程)也应有基本的了解。对于本章的复习，建议考生认真通读教材，要对教材中的概念和结论加强记忆。

【知识结构】

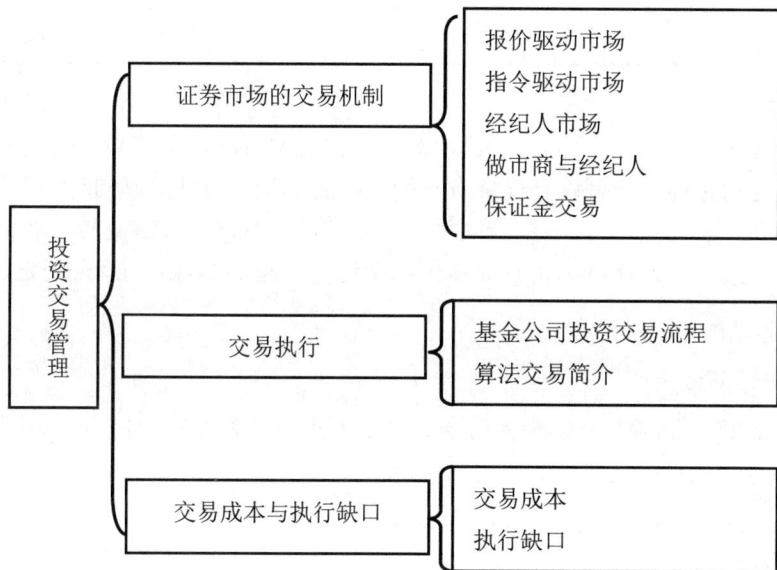

【核心讲义】

第一节　证券市场的交易机制

一、报价驱动市场、指令驱动市场和经纪人市场

1．报价驱动市场

报价驱动中，最为重要的角色就是做市商，因此报价驱动市场也被称为做市商制度(柜台制度)。

做市商通常由具备一定实力和信誉的证券投资法人承担，本身拥有大量可交易证券，买卖双方均直接与做市商交易，而买卖价格则由做市商报出。与股票不同的是，几乎所有的债券和外汇都是通过做市商交易的。

1) 做市商的目标

要价始终大于出价，做市商的目标是获得买卖差价与维持证券的价格稳定。做市商与投资者的关系具体如表 8-1 所示。

表 8-1　做市商与投资者

	要　价	出　价
做市商	卖价	买价
投资者	买价	卖价

2) 做市商的类别

(1) 特定做市商。这时，一只证券只由某个特定的做市商负责交易。在美国纽约证券交易所，每个特定做市商不仅可以全权负责一种证券的交易，而且可以同时为多种股票做市。

(2) 多元做市商。这时，每只证券同时拥有多家做市商进行做市交易，避免一家做市商垄断市场的现象发生，从而操纵价格。美国纳斯达克(NASDAQ)市场就采用这种交易制度。

2．指令驱动市场

1) 指令驱动的核心

指令驱动的核心是买方下达购买指令，包括购买数量和相应价格，卖方下达包含同样内容的卖出指令，满足成交条件的即可成功交易。

2) 指令驱动的成交原则

(1) 价格优先原则。

(2) 时间优先原则。

(3) 在某些特定情况下，可以遵循其他优先原则，如成交量最大原则等。

【例 8.1·单选题】就"价格优先、时间优先"的指令驱动的成交原则中，在同一时间内，下列表述正确的是(　　)。[2014 年 11 月证券真题]

A．无论是买入还是卖出，报价越低的越先成交

B．如果是买入，报价越低越先成交；如果是卖出，报价越高越先成交

C．无论是买入还是卖出，报价越高的越先成交

D．如果是买入，报价越高越先成交；如果是卖出，报价越低越先成交

【答案】D

【解析】指令驱动的成交原则为：①价格优先原则，较高的买入价格总是优于较低的买入价格，而较低的卖出价格总是优于较高的卖出价格。②时间优先原则，如果在同一价格上有多笔交易指令，此时会遵循"先到先得"的原则，即买卖方向相同、价格一致的，优先成交委托时间较早的交易。

3）交易指令

交易指令可分为市价指令和随价指令，其交易执行情况如表 8-2 所示。

表 8-2　市价指令和随价指令的执行情况

指令类型			执行情况
市价指令			①以即时的市场价格交易；②在连续竞价交易中，证券价格不断变化，投资者下达市价指令后仍可能发生变化，这时投资者将面临新的市场价格
随价指令	限价指令	限价买入指令	设定一个目标价格，当股票价格达到或者低于该目标价格时，执行买入指令
		限价卖出指令	设定一个目标价格，当股票价格上涨达到或者高于目标价格时，执行卖出指令
	止损指令	止损买入指令	股票价格上涨，达到指定价格后平仓，把损失降到可控范围内
		止损卖出指令	股票价格达到或低于目标价格时，及时卖出所持股票，防止损失进一步增大

【例 8.2 · 单选题】下列关于限价指令，说法正确的是(　　　)。

A．目的在于将损失控制在投资者可接受的范围内

B．希望以即时的市场价格进行证券交易

C．让投资者暴露在价格变化的风险中

D．当证券价格达到目标价格时开始执行交易

【答案】D

【解析】A 项，止损指令与限价指令类似，也是当证券价格达到目标价格时开始执行交易，但止损指令的目的在于将损失控制在投资者可接受的范围内；B 项，如果投资者希望以即时的市场价格进行证券交易，就会下达市价指令；C 项，市价指令让投资者暴露在价格变化的风险中。

3．经纪人市场

经纪人是为买卖双方介绍交易以获取佣金的中间商人。在某些特定商品的交易中，如大宗股票或债券、房地产等，由于商品具有特殊性或只在少数投资者之间交易，经纪人市场便出现了。经纪人可以根据自己客户的指令来寻找相应的交易者，也可以依靠自身的信息资源来寻觅买家和卖家，以此促成交易，赚取佣金。在这种情况下，做市商通常不会为

其做市。

与指令驱动市场相同的是，交易价格的形成是买卖双方谈判的结果，但市场流动性却不是由买卖双方来形成的，而主要是依靠经纪人来维持。

二、做市商与经纪人

做市商和经纪人在各自市场发挥作用时，二者的联系与区别如表 8-3 所示。

表 8-3 做市商与经纪人的联系与区别

	做市商	经纪人
市场角色	在报价驱动市场中与投资者进行买卖双向交易	在交易中执行投资者的指令，没有参与到交易中
利润来源	证券买卖差价	给投资者提供经纪业务的佣金
流动性贡献	在报价驱动市场中，是市场流动性的主要提供者和维持者	在指令驱动市场中，市场流动性是由投资者的买卖指令提供的
二者的联系	两者有时可以共同完成证券交易，当做市商之间进行资金或证券拆借时，经纪人往往是不错的帮手，有些经纪人甚至是专门服务于做市商的	
二者可能发生的冲突	作为经纪人，他们应该执行自己客户的指令，使得客户的证券能在最合适的价格成交；但作为做市商，他们又希望能以较低的价格买入证券，再以较高的价格卖出	

【例 8.3·单选题】下列关于做市商与经纪人说法正确的是(　　)。
    A．两者的市场角色相同
    B．经纪人的利润主要来自证券买卖差价，做市商的利润主要来自佣金
    C．市场流动性贡献相同
    D．两者有时可以共同完成证券交易
【答案】D
【解析】A 项，做市商在报价驱动市场中处于关键性地位，他们在市场中与投资者进行买卖双向交易，而经纪人则是在交易中执行投资者的指令，并没有参与到交易中，两者的市场角色不同；B 项，两者的利润来源不同，做市商的利润主要来自证券买卖差价，而经纪人的利润主要来自给投资者提供经纪业务的佣金；C 项，市场流动性贡献不同，在报价驱动市场中，做市商是市场流动性的主要提供者和维持者，而在指令驱动市场中，市场流动性是由投资者的买卖指令提供的，经纪人只是执行这些指令。

三、保证金交易

1．保证金交易概述

1) 保证金交易的概念
保证金交易让投资者可以从证券经纪商那里借得资金或证券，这样就能进行超过自己可支付范围的交易。此时，投资者的信用非常重要，因此也称为信用交易。

2) 保证金的概念

保证金是指投资者用于投资的自有资金或证券。

3) 保证金率的概念

保证金率是保证金除以所投资金额或证券总价值的比率。

2. 买空交易与卖空交易

1) 定义

保证金交易被称为"融资融券"。融资即投资者借入资金购买证券，也叫买空交易。融券即投资者借入证券卖出，也称卖空交易。

2) 概述

(1) 融券交易没有平仓之前，投资者融券卖出所得资金除买券还券外，不能用于其他用途。

(2) 投资者可以在信用账户中增加资金，也可以用标的证券或其他认可的证券来增加担保比例。但用证券充抵保证金时，对于不同的证券，必须以证券市值或净值按不同的折算率进行折算。

(3) 融资融券业务会放大投资收益率或损失率。

3) 证券公司对融资融券的标的资产以及投资者的要求

融资融券对于投资者的要求较高，目前大部分证券公司要求普通投资者开户时间须达到 18 个月，且持有资金不得低于 50 万元人民币。

上海证券交易所对于可用于融资融券的标的证券做出了详细规定，如标的证券为股票的，须符合以下 7 个条件：

(1) 在上海证券交易所上市交易超过 3 个月。

(2) 融资买入标的股票的流通股本不少于 1 亿股或流通市值不低于 5 亿元，融券卖出标的股票的流通股本不少于 2 亿股或流通市值不低于 8 亿元。

(3) 股东人数不少于 4000 人。

(4) 在过去 3 个月内没有出现下列情形之一：

① 日均换手率低于基准指数日均换手率的 15%，且日均成交金额小于 5000 万元；

② 日均涨跌幅平均值与基准指数涨跌幅平均值的偏离值超过 4%；

③ 波动幅度达到基准指数波动幅度的 5 倍以上。

(5) 股票发行公司已完成股权分置改革。

(6) 股票交易未被上海证券交易所实行特别处理。

(7) 上海证券交易所规定的其他条件。

【例 8.4·单选题】融资融券要求普通投资者开户时间达到＿＿个月，持有资金不得低于＿＿万元人民币。(   )

　　A. 18；50　　　　B. 12；50　　　　C. 12；30　　　　D. 18；30

【答案】A

【解析】融资融券对于投资者的要求较高，目前大部分证券公司要求普通投资者开户时间须达到 18 个月，且持有资金不得低于 50 万元人民币。

第二节 交易执行

一、基金公司投资交易流程

1．基金公司投资交易环节

基金公司投资交易包括形成投资策略、构建投资组合、执行交易指令、绩效评估与组合调整、风险控制等环节。

2．交易指令在基金公司内部执行

(1) 在自主权限内，基金经理通过交易系统向交易室下达交易指令。

(2) 交易系统或相关负责人员审核投资指令(价格、数量)的合法合规性，违规指令将被拦截，反馈给基金经理。其他指令被分发给交易员。

(3) 交易员接收到指令后有权根据自身对市场的判断选择合适时机完成交易。交易员在执行交易的过程中必须严格按照公平、公正的原则执行交易，在执行公平交易时须严格遵守公司的公平交易制度。

【例 8.5·单选题】交易指令在基金公司内部执行情况不包括(　　)。

    A．基金经理通过交易系统向交易室下达交易指令

    B．交易系统或相关负责人员审核投资指令(价格、数量)的合法合规性

    C．违规指令不作处理，其他指令被分发给交易员

    D．交易员接收到指令后有权根据自身对市场的判断选择合适时机完成交易

【答案】C

【解析】交易指令在基金公司内部执行情况包括：①在自主权限内，基金经理通过交易系统向交易室下达交易指令；②交易系统或相关负责人员审核投资指令(价格、数量)的合法合规性，违规指令将被拦截，反馈给基金经理，其他指令被分发给交易员；③交易员接收到指令后有权根据自身对市场的判断选择合适时机完成交易，交易员在执行交易的过程中必须严格按照公平、公正的原则执行交易，在执行公平交易时须严格遵守公司的公平交易制度。

3．基金投资交易过程中的风险

(1) 合规性风险；

(2) 投资组合风险。

二、算法交易简介

算法交易是通过数学建模将常用交易理念固化为自动化的交易模型，并借助计算机强大的存储与计算功能实现交易自动化(或半自动化)的一种交易方式。交易算法的核心是其背后的量化交易模型，而模型的优劣取决于人们的交易理念和基于数据的量化分析，以及两者的有效结合。

常见的算法交易策略简介如下。

(1) 成交量加权平均价格算法(VWAP)：是最基本的交易算法之一，旨在下单时以尽可能接近市场按成交量加权的均价进行，以尽量降低该交易对市场的冲击。

(2) 时间加权平均价格算法(TWAP)：是根据特定的时间间隔，在每个时间点上平均下单的算法。旨在使市场影响最小化的同时提供一个平均执行价格。

(3) 跟量算法(TVOL)：旨在帮助投资者跟上市场交易量，若交易量放大则同样放大这段时间内的下单成交量；反之，则相应降低这段时间内的下单成交量。交易时间主要依赖交易期间市场的活跃程度。

(4) 执行偏差算法(IS)：是在尽量不造成大的市场冲击的情况下，尽快以接近客户委托时的市场成交价格来完成交易的最优化算法。

相比传统的手动交易，算法交易的优点如下。

(1) 可以极大地提高交易员的工作效率，使得他们在一个更高的层次上做决策。

(2) 最大限度地降低由于人为失误而造成的交易错误。

(3) 更高效地捕捉市场流动性以及市场上的交易机会，进而增加投资组合收益，使复杂的交易和投资策略得以执行。

【例 8.6 · 单选题】根据特定的时间间隔，在每个时间点上平均下单的算法是(　　)。

    A．成交量加权平均价格算法　　　　B．时间加权平均价格算法

    C．跟量算法　　　　　　　　　　　D．执行偏差算法

【答案】B

【解析】时间加权平均价格算法是根据特定的时间间隔，在每个时间点上平均下单的算法，旨在使市场影响最小化的同时提供一个平均执行价格。

第三节　交易成本与执行缺口

一、交易成本

1. 显性成本

1) 佣金

佣金是指交易成功后，投资者根据交易额，按照一定比例付给经纪人的费用。投资者选择不同的经纪人会支付不同的佣金。

(1) 选择一般经纪人，投资者只需要支付交易佣金。证券公司根据投资者的资产或交易量、交易方式、客户忠诚度等调整交易佣金，最终确定每个投资者适用的实际交易佣金。

(2) 资金比较充裕的投资者会选择综合经纪人。投资顾问的服务费用一般按照客户与证券公司签署的服务协议约定收取。

2) 印花税

(1) 印花税是根据国家税法规定，在股票(包括 A 股和 B 股)成交后对买卖双方投资者按照规定的税率分别征收的税金，是交易费用的重要组成部分。

(2) 相关部门可以通过调节印花税率和征收方向等来调节交易费用，进而调控市场活

跃度。

(3) 我国 A 股印花税率为单边征收(只在卖出股票时征收),税率为 1‰。

3) 过户费

证券交易结束后还需要支付给证券登记结算机构一定费用,这部分费用称为过户费。

2. 隐性成本

1) 买卖价差

决定因素:证券类型及其流动性。

2) 市场冲击

(1) 市场冲击是交易行为对价格产生的影响。

(2) 衡量指标:交易头寸占日平均交易量的比例。头寸越大,对市场价格的冲击越明显,交易所需的时间也越长,执行时间的延长就会导致机会成本的增加。

3) 对冲费用

市场交易活跃,成本低廉的单一对冲工具往往不能满足需要;而定制的对冲工具成本昂贵,且引入了对手方风险。常用方式是使用一篮子对冲工具对风险进行拟合。

4) 机会成本

目标组合与被转换组合的差异越大,机会成本增加的可能性就越高。

【例 8.7 · 单选题】显性成本不包括(   )。

    A. 佣金   B. 印花税   C. 过户费   D. 买卖价差

【答案】D

【解析】证券市场中的交易成本可分为显性成本和隐性成本,其中显性成本包括佣金、印花税、过户费等。

二、执行缺口

1. 执行缺口的定义

执行缺口是指理想交易与实际交易收益的差值。

在理想交易中,投资者可以迅速地以决策时的基准价格完成一定数量的证券交易,且不存在交易成本。执行缺口可以将交易过程中的所有成本量化。

2. 资产转持的定义

在投资过程中,基金可能面对基金经理更换、基金风格转换、指数调仓等情况,这些情况往往带来大规模的证券交易,产生较大的交易成本,给基金资产带来损失的大规模组合调整。

3. 执行缺口是测算资产转持成本的主要指标

基金管理人应当在日常交易和资产转持过程中,重视隐性成本,优化交易方法,缩小执行缺口。

【例 8.8 · 单选题】下列关于执行缺口说法错误的是(   )。

    A. 执行缺口是指理想交易与实际交易收益的差值

B．执行缺口是指理想交易与预期交易收益的差值

C．执行缺口可以将交易过程中的所有成本量化

D．执行缺口是测算资产转持成本的主要指标

【答案】B

【解析】执行缺口是指理想交易与实际交易收益的差值。在理想交易中，投资者可以迅速地以决策时的基准价格完成一定数量的证券交易，且不存在交易成本。执行缺口可以将交易过程中的所有成本量化。

【过关练习】

单选题(以下备选项中只有一项最符合题目要求)

1．在做市商市场中，证券交易的买价由____给出，证券交易的卖价由____给出。(　　)

A．做市商；做市商　　　　　　　B．做市商；投资者

C．投资者；投资者　　　　　　　D．投资者；做市商

【答案】A

【解析】报价驱动中，最为重要的角色就是做市商，因此报价驱动市场也被称为做市商制度。做市商通常由具备一定实力和信誉的证券投资法人承担，本身拥有大量可交易证券，买卖双方均直接与做市商交易，而买卖价格则由做市商报出。

2．如果投资者希望以即时的市场价格进行证券交易，就会下达(　　)。

A．市价指令　　B．随价指令　　C．限价指令　　D．止损指令

【答案】A

【解析】如果投资者希望以即时的市场价格进行证券交易，就会下达市价指令。另外，在连续竞价交易中，证券价格是不断变化的，在投资者下达市价指令后仍可能发生变化，这时投资者将面临新的市场价格。

3．经纪人的利润来源主要是(　　)。

A．买卖价差　　B．手续费　　C．投资收入　　D．佣金

【答案】D

【解析】经纪人是为买卖双方介绍交易以获取佣金的中间商人。经纪人的利润来源主要是佣金。

4．关于保证金交易的说法不正确的是(　　)。

A．保证金交易也称为信用交易

B．保证金除以所投资金额或证券总价值的比率就称为保证金率

C．在我国，保证金交易被称为"融资融券"

D．所有的证券公司都可以开展此项业务

【答案】D

【解析】融资融券业务会放大投资收益率或损失率，如同杠杆一样增加了投资结果的波动幅度。为防范融资融券的投资风险，证券交易所对参与融资融券的证券公司做出了严格规定，只有符合一定标准的证券公司才能开展此项业务。

5．关于卖空交易，下列说法正确的是(　　)。

A．投资者借入资金购买证券

B．平仓之前，投资者卖空所得资金可用于其他用途

C．投资者向证券公司借入一定数量的证券卖出

D．会缩小投资收益率或损失率

【答案】C

【解析】A项，在我国，保证金交易被称为"融资融券"，融资即投资者借入资金购买证券，也叫买空交易；融券即投资者借入证券卖出，也称卖空交易；B项，融券交易没有平仓之前，投资者融券卖出所得资金除买券还券外，是不能用于其他用途的；D项，融券业务同样会放大投资收益率或损失率，如同杠杆一样增加了投资结果的波动幅度。

6．下列属于基金投资交易过程中的风险的是(   )。

A．投资组合风险　B．汇率风险　　　C．利率风险　　　D．操作风险

【答案】A

【解析】基金投资交易过程中的风险主要体现在两个方面：①投资交易过程中的合规性风险；②投资组合风险。

7．中国证监会发布的《基金管理公司投资管理人员管理指导意见》中对基金管理人员的规定不包括(   )。

A．诚实守信　　　B．爱岗敬业　　　C．勤勉尽责　　　D．独立客观

【答案】B

【解析】《基金管理公司投资管理人员管理指导意见》指出，投资管理人员应当诚实守信、独立客观、专业审慎、勤勉尽责。

8．可以降低交易对市场的冲击的算法是(   )。

A．跟量算法　　　　　　　　　B．时间加权平均价格算法

C．成交量加权平均价格算法　　D．执行偏差算法

【答案】C

【解析】成交量加权平均价格算法是最基本的交易算法之一，旨在下单时以尽可能接近市场按成交量加权的均价进行，以尽量降低该交易对市场的冲击。

9．关于印花税的说法正确的是(   )。

A．由税务机关直接向投资者征收

B．以通过调节印花税率、征收方向等来调控市场活跃度

C．目前，我国A股印花税率为双边征收

D．我国A股印花税率是2‰

【答案】B

【解析】A项，证券交易所会代政府的税务机关向投资者征收印花税；C、D两项，我国A股印花税率为单边征收(只在卖出股票时征收)，税率为1‰。

10．以下不会造成资产转持的是(   )。

A．基金经理更换　B．基金风格转换　C．指数调仓　　　D．市场价格下跌

【答案】D

【解析】在投资过程中，基金可能面对基金经理更换、基金风格转换、指数调仓等情况，这些情况往往带来大规模的证券交易，产生较大的交易成本，给基金资产带来损失，这种大规模的组合调整被称为资产转持。

第九章　投资风险的管理与控制

【考情分析】

本章介绍投资风险的管理与控制，包括投资风险的类型、投资风险的测量和不同类型基金的风险管理三个部分。

从历年考试来看，本章考点主要集中于考查风险的定义与分类。其中市场风险考查较多，流动性风险、信用风险其次；投资风险的测量中，以贝塔系数、下行风险、最大回撤、风险价值 VaR 的概念和计算方法的考查居多；不同类型基金的风险管理中，对股票型、混合型、债券型基金和货币市场基金的风险管理考查为主，其他类型基金的风险管理涉及较少。

【学习方法】

本章介绍性的内容较多，目的是让考生对投资风险及投资风险管理与控制有一个总体的印象，难度并不大。考生在复习本章时，应重点掌握投资风险的定义和分类，理解事前与事后风险、理解下行风险和最大回撤的概念和计算方法，理解风险价值 VaR 的概念和常用的计算方法，了解风险敞口与风险敏感度的概念，对于股票型、混合型、债券型基金和货币市场基金的风险管理也应有整体上的理解。对于本章的复习，建议考生在学习教材的同时，进行适当的章节练习，巩固知识点的同时，总结高频考点和常见的出题方式。

【知识结构】

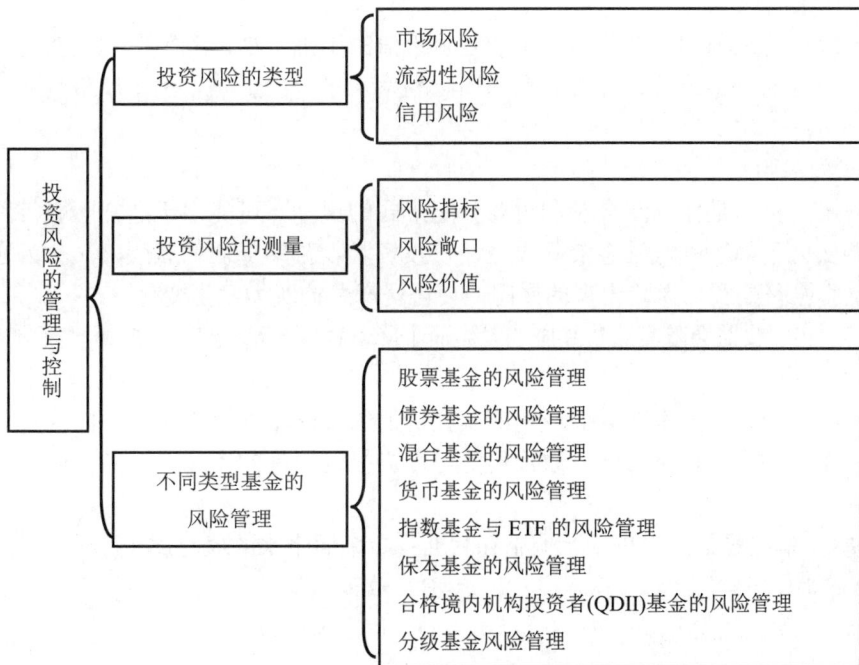

【核心讲义】

第一节　投资风险的类型

投资风险来源于投资价值的波动，其主要因素为市场价格，在规定时间和价格范围内买卖证券的难度，借款方还债的能力和意愿。投资风险的种类有市场风险、流动性风险和信用风险。

一、市场风险

1. 定义

市场风险是指基金投资行为受到宏观政治、经济、社会等环境因素对证券价格所造成的影响而面对的风险。

2. 市场风险的类型

1) 政策风险

政策风险是指因宏观政策的变化导致的对基金收益的影响。宏观政策包括财政政策、产业政策、货币政策等。

2) 经济周期性波动风险

经济发展有一定周期性，由于基金投资的是金融市场已存在的金融工具，所以基金便会追随经济总体趋向而发生变动。

3) 利率风险

利率风险指的是因利率变化而产生的基金价值的不确定性。利率变动主要受通货膨胀预期、中央银行的货币政策、经济周期和国际利率水平等的影响。利率风险具备一定的隐蔽性。

4) 购买力风险

购买力风险指的是作为基金利润主要分配形式的现金，可能由于通货膨胀等因素的影响而导致购买力下降，降低基金实际收益，使投资者收益率降低的风险，又称为通货膨胀风险。通货膨胀是购买力风险出现的原因，使得资产总购买力发生变化。

投资者的实际收益会随着通货膨胀的发生而下降，物价上涨投资者实际购买力就会下降。

5) 汇率风险

汇率风险指的是因汇率变动而产生的基金价值的不确定性。影响汇率的因素有国际收支及外汇储备、利率、通货膨胀、政治局势等。当投资境外的市场时，基金面临最大的风险也是汇率风险。

【例9.1·单选题】因中央银行调整存款准备金率而带来的风险属于(　　)。

A．操作风险　　　　　　　　　B．政策风险

C．流动性风险　　　　　　　　D．信用风险

【答案】B

【解析】政策风险是指因宏观政策的变化导致的对基金收益的影响。宏观政策包括财政政策、产业政策、货币政策等，都会对金融市场造成影响，进而影响基金的收益水平。调整存款准备金率属于货币政策。

3. 市场风险管理的主要措施

(1) 密切关注宏观经济指标和趋势，重大经济政策动向，重大市场行动，评估宏观因素变化可能给投资带来的系统性风险，定期监测投资组合的风险控制指标，提出应对策略。

(2) 密切关注行业的周期性、市场竞争、价格、政策环境和个股的基本面变化，构造股票投资组合，分散非系统性风险。

(3) 关注投资组合的风险调整后收益，可以采用夏普比率、特雷诺比率和詹森比率等指标衡量。

(4) 加强对场外交易的监控，确保所有交易在公司的管理范围之内。

(5) 加强对重大投资的监测，对基金重仓股、单日个股交易量占该股票持仓显著比例、个股交易量占该股流通值显著比例等进行跟踪分析。

(6) 可运用定量风险模型和优化技术，分析各投资组合市场风险的来源和暴露。可利用敏感性分析，找出影响投资组合收益的关键因素。可运用情景分析和压力测试技术，评估投资组合对大幅和极端市场波动的承受能力。

【例 9.2·单选题】市场风险管理的主要措施不包括(   )。
    A. 密切关注宏观经济指标和趋势
    B. 关注投资组合的风险调整后收益
    C. 加强对重大投资的监测
    D. 进行流动性压力测试，分析投资者申赎行为
【答案】D
【解析】进行流动性压力测试，分析投资者申赎行为是流动性风险管理的主要措施之一。

二、流动性风险

1. 基金投资的流动性风险主要表现

(1) 基金管理人建仓或进行组合调整时，可能会由于个股的市场流动性相对不足而无法按预期的价格将股票或债券买进或卖出。

(2) 为应付投资者的赎回，当个股的流动性较差时，基金管理人被迫在不适当的价格大量抛售股票或债券。

2. 流动性风险管理的主要措施

(1) 制定流动性风险管理制度，平衡资产的流动性与盈利性。
(2) 及时对投资组合资产进行流动性分析和跟踪。
(3) 建立流动性预警机制。
(4) 进行流动性压力测试，分析投资者申赎行为。
【例 9.3·单选题】下列关于基金投资的流动性风险的表现，说法不正确的是(   )。

  A. 基金管理人建仓时，可能会由于个股的市场流动性不足，无法按预期的价格将股票或债券买进或卖出

  B. 基金管理人为实现投资收益而进行组合调整时，可能会由于个股的市场流动性不足，无法按预期的价格将股票或债券买进或卖出

  C. 为应付投资者的赎回，当个股的流动性较差时，基金管理人被迫在不适当的价格大量抛售股票或债券

  D. 投资者购买基金需要付出高于其实际价值的资金

【答案】D

【解析】基金投资的流动性风险主要表现在两个方面：①基金管理人建仓时或者为实现投资收益而进行组合调整时，可能会由于个股的市场流动性相对不足而无法按预期的价格将股票或债券买进或卖出；②为应付投资者的赎回，当个股的流动性较差时，基金管理人被迫在不适当的价格大量抛售股票或债券。

三、信用风险

1. 定义

信用风险是指基金投资面临的基金交易对象无力履约而给基金带来的风险。

2. 信用风险管理的主要措施

(1) 建立针对债券发行人的内部信用评级制度，结合外部信用评级，进行发行人信用风险管理。

(2) 建立交易对手信用评级制度，根据交易对手的资质、交易记录、信用记录、交收违约记录等因素对交易对手进行信用评级，并定期更新。

(3) 建立严格的信用风险监控体系，对信用风险及时发现、汇报和处理。基金公司可对其管理的所有投资组合与同一交易对手的交易集中度进行限制和监控。

【例 9.4·单选题】下列不属于信用风险管理的主要措施的是(   )。

  A. 建立针对债券发行人的内部信用评级制度

  B. 建立交易对手信用评级制度

  C. 建立严格的信用风险监控体系

  D. 加强对场外交易(包括价格、对手、品种、交易量、其他交易条件)的监控

【答案】D

【解析】信用风险管理的主要措施包括：①建立针对债券发行人的内部信用评级制度，结合外部信用评级，进行发行人信用风险管理；②建立交易对手信用评级制度，根据交易对手的资质、交易记录、信用记录、交收违约记录等因素对交易对手进行信用评级，并定期更新；③建立严格的信用风险监控体系，对信用风险及时发现、汇报和处理。基金公司可对其管理的所有投资组合与同一交易对手的交易集中度进行限制和监控。D 项是市场风险管理的主要措施之一。

第二节 投资风险的测量

一、风险指标

风险指标可以分成事前和事后两类。事后指标通常用来评价一个组合在历史上的表现和风险情况，而事前指标则通常用来衡量和预测目前组合在将来的表现和风险情况。

1. 贝塔系数

贝塔系数(β)是评估证券或投资组合系统性风险的指标，反映的是投资对象对市场变化的敏感度。贝塔系数是一个统计指标，采用回归方法计算，公式如下：

$$\beta_p = \frac{\text{Cov}(r_p, r_m)}{\sigma_m^2}$$

式中，$\text{Cov}(r_p, r_m)$ 是投资组合 p 的收益与市场收益的协方差；σ_m^2 是市场收益的方差。

投资组合 p 与市场收益的相关系数为：

$$\beta_{p,m} = \frac{\text{Cov}(r_p, r_m)}{\sigma_p \cdot \sigma_m}$$

贝塔系数也可以通过相关系数计算得到：

$$\beta_p = \rho_{p,m} \cdot \frac{\sigma_p}{\sigma_m}$$

式中，σ_p 为投资组合 p 的标准差；σ_m 为市场的标准差。

2. 下行风险

下行风险指由于市场环境变化，未来价格走势有可能低于基金经理或投资者所预期的目标价位。下行风险是投资可能出现的最坏的情况，也是投资者可能需要承担的损失。

下行风险标准差的计算公式如下：

$$下行风险标准差 = \sqrt{\frac{\sum_{i=1}^{T}(r_i - r_f)^2}{T-1}}, \quad r_i < r_f$$

式中，r_i 表示基金收益率；r_f 表示市场无风险收益率；T 表示收益率小于无风险利率的期数。

另一个需要关注的概念叫作最大回撤。根据 CFA 协会的定义，最大回撤是从资产最高价格到接下来最低价格的损失。投资的期限越长，这个指标就越不利，因此在不同的基金之间使用该指标的时候，应尽量控制在同一个评估期间。

【例 9.5·单选题】(   )是指由于市场环境变化，未来价格走势有可能低于基金经理或投资者所预期的目标价位。

  A. 上行风险 B. 下行风险 C. 预期风险 D. 风险敞口

【答案】B

【解析】下行风险是一个受到广泛关注的风险衡量指标。下行风险是指由于市场环境变化，未来价格走势有可能低于基金经理或投资者所预期的目标价位。下行风险是投资可能出现的最坏的情况，也是投资者可能需要承担的损失。

二、风险敞口

风险敞口是对风险因子的暴露程度，可以通过多个维度测量风险敞口。

有些风险敞口无法直接测量，但可以计算出风险因子的变化对组合价值的影响程度，这就是风险敏感度指标。常见的风险敏感度指标有β系数、久期、凸性等。

三、风险价值

1. 定义

风险价值(VaR)，又称在险价值、风险收益、风险报酬，是指在一定的持有期和给定的置信水平下，利率、汇率等市场风险要素发生变化时可能对某项资金头寸、资产组合或投资机构造成的潜在最大损失。风险价值已成为计量市场风险的主要指标，也是银行采用内部模型计算市场风险资本要求的主要依据。

【例9.6·单选题】下列关于风险价值(VaR)的描述，正确的是(　　)。

　　A．风险价值与损失的任何特定事件相关

　　B．风险价值是以概率百分比表示的价值

　　C．风险价值是指可能发生的最大损失

　　D．风险价值并非是指可能发生的最大损失

【答案】C

【解析】A项，风险与持有期和给定的置信水平相关；B项，风险价值不用百分比表示；D项，风险价值是指在一定的持有期和给定的置信水平下，利率、汇率等市场风险要素发生变化时可能对某项资金头寸、资产组合或投资机构造成的潜在最大损失。

2. 常用的VaR估算方法

(1) 参数法。参数法又称为方差-协方差法，该方法以投资组合中的金融工具是基本风险因子的现行组合，且风险因子收益率服从某特定类型的概率分布为假设，依据历史数据计算出风险因子收益率分布的参数值，如方差、均值和风险因子间的相关系数等。

(2) 历史模拟法。历史模拟法假设市场未来的变化方向与市场的历史发展状况大致相同，该种方法依据风险因子收益的近期历史数据的估算，模拟出未来的风险因子收益变化。历史模拟法要选用最近的历史数据作为数据来源。

(3) 蒙特卡洛模拟法。蒙特卡洛模拟法在估算之前，需要有风险因子的概率分布模型，继而重复模拟风险因子变动的过程。蒙特卡洛模拟法虽然计算量较大，但这种方法被认为是最精准贴近的计算VaR值方法。

第三节 不同类型基金的风险管理

一、股票基金的风险管理

1．股票基金的特点

(1) 股票基金是高风险的投资基金品种。

(2) 股票基金提供了一种长期而高额的增值性。

(3) 股票基金的投资风险较其他类型基金更高。

2．股票基金系统风险的管理

(1) 分散投资可以大大降低个股投资的非系统性风险。

(2) 不同类型的股票基金所面临的系统性风险不同。

(3) 系统性风险往往是投资回报的来源，是投资组合需要主动暴露的风险。

3．反映股票基金风险的指标

常用来反映股票基金风险的指标有标准差、贝塔系数、持股集中度、行业投资集中度、持股数量等指标。

(1) 通常可以用贝塔系数(β)的大小衡量一只股票基金面临的市场风险的大小。如果某基金的贝塔系数大于 1，说明该基金是一只活跃或激进型基金；如果某基金的贝塔系数小于 1，说明该基金是一只稳定或防御型的基金。

(2) 持股集中度的计算公式为：

$$持股集中度 = \frac{前十大重仓股投资市值}{基金股票投资总市值} \times 100\%$$

持股集中度越高，说明基金在前十大重仓股的投资越多。类似地，可以计算基金在前三大行业或前五大行业上的行业投资集中度。

(3) 持股数量越多，基金的投资风险越分散，风险越低。

4．分析股票基金风险暴露的指标

依据股票基金所持有的全部股票的平均市值、平均市盈率、平均市净率等指标，可以对股票基金的风格暴露进行分析。

1) 平均市值

基金持股平均市值的计算，既可以用算术平均法，也可以用加权平均法或其他较为复杂的方法。通过对平均市值的分析，可以看出基金对大盘股、中盘股和小盘股的投资风险暴露情况。

(1) 算术平均市值等于基金所持有全部股票的总市值除以其所持有的股票的全部数量。

(2) 加权平均市值则根据基金所持股票的比例进行股票市值的加权平均。

2) 平均市盈率与平均市净率

可用基金所持有的全部股票的平均市盈率、平均市净率的大小，判断股票基金是倾向于投资价值型股票还是成长型股票。如果股票基金的平均市盈率、平均市净率小于市场指数的市盈率和市净率，可以认为该股票基金属于价值型基金；反之，该股票基金则可以归为成长型基金。

3) 换手率

基金股票换手率通过对基金买卖股票频率的衡量，反映基金的操作策略。

$$基金股票换手率 = \frac{期间基金股票交易量/2}{期间基金平均资产净值}$$

【例 9.7·单选题】通过对基金持股的( )分析，可以看出基金是偏好大盘股投资、中盘股投资还是小盘股投资。[2015 年 3 月证券真题]

A．平均市净率   B．持股数量

C．平均市盈率   D．平均市值

【答案】D

【解析】股票市值法是一种最基本的股票分析方法。根据股票市值的大小，将股票分为小盘股票、中盘股票与大盘股票。其中，通过对平均市值的分析，可以看出基金对大盘股、中盘股和小盘股的投资风险暴露情况。

二、债券基金的风险管理

1. 债券基金的风险类型

债券基金主要的投资风险包括利率风险、信用风险以及提前赎回风险。

1) 利率风险

(1) 债券价格与利率风险。

债券的价格与市场利率变动密切相关，且呈反方向变动。当市场利率上升时，大部分债券的价格会下降；当市场利率降低时，债券的价格通常会上升。

(2) 到期时间与利率风险。

通常，债券的到期日越长，债券价格受市场利率的影响就越大。债券基金的平均到期日越长，债券基金的利率风险越高。

① 债券基金常常会以组合已有债券作为质押，融资买入更多债券。这个过程也叫加杠杆。杠杆率的增加也会增大对利率变化的敏感度。

② 债券基金的久期等于基金组合中各个债券的投资比例与对应债券久期的加权平均。与单个债券的久期一样，债券基金的久期越长，净值的波动幅度就越大，所承担的利率风险就越高。要衡量利率变动对债券基金净值的影响，只要用久期乘以利率变化即可。

2) 信用风险

(1) 定义：信用风险是指债券发行人没有能力按时支付利息、到期归还本金的风险。

(2) 投资者为弥补低等级信用债券可能面临的较高信用风险，往往会要求较高的收益补偿。一些债券评级机构会对债券的信用进行评级。如果某债券的信用等级下降，将会导致该债券的价格下跌，持有这种债券的基金的资产净值也会随之下降。

(3) 信用风险的监控指标主要有债券基金所持有的债券的平均信用等级、各信用等级债券所占比例等。

3) 提前赎回风险

提前赎回风险是指债券发行人有可能在债券到期日之前回购债券的风险。

【例 9.8·单选题】债券基金主要的投资风险不包括(　　)。

　　A．利率风险　　　　B．汇率风险　　　　C．信用风险　　　　D．提前赎回风险

【答案】B

【解析】债券基金主要的投资风险包括利率风险、信用风险和提前赎回风险。

2. 债券基金的风险控制

1) 控制投资对象

控制债券基金的投资对象是指对债券投资对象进行选择，通过信用等级、控制企业债比例的方法可以有效地将债券的信用风险进行降低。

2) 合理配置资产

进行合理的资产配置，通过对整体市场的有效分析和债券市场的分析，可以把握市场利率的走向，避免利率变动所带来的债券基金价值变动风险。

三、混合基金的风险管理

混合基金的投资风险主要取决于股票与债券配置的比例。一般而言，偏股型基金、灵活配置型基金的风险较高，但预期收益率也较高；偏债型基金的风险较低，预期收益率也较低；股债平衡型基金的风险与收益则较为适中。混合基金通过投资于股市和债市，灵活调整资产配置，可以应对不同市场环境。

四、货币基金的风险管理

1. 定义

货币基金是指以货币市场工具为投资对象的基金。

2. 特点

(1) 一般而言，货币基金是风险很小的投资方式，是短期投资的良好选择。尽管货币基金的风险较低，但并不意味着货币基金没有投资风险。

(2) 货币基金同样会面临利率风险、购买力风险、信用风险和流动性风险。

3. 反映货币基金风险的指标

用以反映货币市场基金风险的指标有投资组合平均剩余期限、融资比例、浮动利率债券投资情况等。

(1) 投资组合平均剩余期限。低风险和高流动性是货币市场基金的主要特征。投资组合平均剩余期限是反映基金组合风险的重要指标。投资组合平均剩余期限越短，货币市场基金收益的利率敏感性越低，但收益率也可能较低。

(2) 融资比例。一般情况下，货币市场基金财务杠杆的运用程度越高，其潜在的收益可能越高，但风险相应也越大。另外，按照规定，除非发生巨额赎回，货币市场基金债券正

回购的资金余额不得超过 20%。因此，在比较不同货币市场基金收益率的时候，应同时考虑其同期财务杠杆的运用程度。

(3) 浮动利率债券投资情况。货币市场基金可以投资于剩余期限小于 397 天但剩余存续期超过 397 天的浮动利率债券。虽然其剩余期限小于 397 天，但实际上该债券品种的期限往往很长(如 10 年)。因此，该券种在收益率、流动性、信用风险、利率风险等方面会与同样剩余期限的其他券种存在差异。

【例 9.9·单选题】下列哪项不是用以反映货币市场基金风险的指标？(　　　)

    A．投资组合平均剩余期限　　　　　B．融资比例

    C．浮动利率债券投资情况　　　　　D．股票与债券的配置比例

【答案】D

【解析】用以反映货币市场基金风险的指标有投资组合平均剩余期限、融资比例、浮动利率债券投资情况等。D 项，混合基金的投资风险主要取决于股票与债券配置的比例。

五、指数基金与 ETF 的风险管理

1. 指数基金

指数基金是以指数成分股为投资对象的基金，通过构建指数基金的投资组合，使组合与指数有着相同的变化趋势，以达到分散风险并取得收益的目的。指数基金与其股指成分密切相关，严格按照契约跟踪指数。

对于指数基金的管理主要体现在对基础指数的选择和对指数的严格跟踪，可利用跟踪误差对指数基金风险进行衡量。

2. 跟踪误差

跟踪误差是指指数基金收益率与标的指数收益率之间的偏差，用来表述指数基金与标的指数之间的相关程度，并揭示基金收益率围绕标的指数收益率的波动情况。

跟踪误差的准确率与跟踪周期有关，周期越长其准确率越高。

跟踪误差越大，反映其跟踪标的偏离度越大，风险越高；跟踪误差越小，反映其跟踪标的偏离度越小，风险越低。

3. ETF 指数基金

(1) 与其他指数基金一样，ETF 承担所跟踪指数面临的系统性风险。

(2) 受供求关系的影响，二级市场价格常常会高于或低于基金份额净值。

(3) ETF 的收益率与所跟踪指数的收益率之间往往存在跟踪误差。抽样复制、现金留存、基金分红以及基金费用等都会导致跟踪误差。

六、保本基金的风险管理

1. 保本基金

保本基金是一种半封闭式的基金品种。基金在一定的投资期内为投资者提供一定固定

比例的本金回报保证，除此之外还通过其他的一些高收益金融工具(股票、衍生证券等)的投资保持了为投资者提供额外回报的潜力。

2．CPPI 策略

目前保本基金普遍采用基于参数设定的投资组合保险策略，常用的是 CPPI 策略。CPPI 策略是通过把大部分资产投资于无风险的持有到期债券组合，把确定的债券利息收入按一定比例放大后投资于股票。CPPI 也包括本金保护部分和增值部分，本金保护通过投资低风险债券来实现，增值部分通过投资股票来实现。

七、合格境内机构投资者(QDII)基金的风险管理

1．QDII 基金的定义

合格境内机构投资者基金是指经国家有关部门批准的可以从事境外股票、债券等有价证券业务的证券投资基金，是在人民币未实现完全自由兑换的情况下，允许境内投资者灵活间接进行境外市场投资的制度安排。

2．QDII 基金在风险管理中需要特别关注的事项

(1) 基金经理需要特别关注汇率变动可能对基金净值造成的影响，定期评估汇率走向并调整基金持有资产的币别和权重，必要时可采用外汇远期、外汇掉期等金融工具对冲汇率风险。

(2) 投资进入特定国家或市场之前，需要对该市场的资本管制、货币稳定性、交易市场体系、合规制度等进行充分的评估和研究，避免对基金运作产生不利的限制或违反当地法规。此外，当地政治动荡等事件也会对基金投资构成重大风险。

(3) 税务风险。

(4) QDII 基金的流动性风险。

【例 9.10·单选题】(   )是指经国家有关部门批准的可以从事境外股票、债券等有价证券业务的证券投资基金。

A．分级基金　　　　　　　　　B．合格境外机构投资者基金
C．合格境内机构投资者基金　　D．股债平衡型基金

【答案】C

【解析】合格境内机构投资者基金是指经国家有关部门批准的可以从事境外股票、债券等有价证券业务的证券投资基金，是在人民币未实现完全自由兑换的情况下，允许境内投资者灵活间接进行境外市场投资的制度安排。

八、分级基金风险管理

分级基金将基础份额结构化分为不同风险收益特征的子份额，需要考虑下述风险。

(1) 极端情况下 A 类份额无法取得约定收益或损失本金的风险。

(2) 利率风险。一旦基准利率发生变化，A 类份额将面临利率风险。

(3) 杠杆机制风险。

(4) 杠杆变动风险。B类份额的杠杆面临变动的风险。

(5) 折价/溢价交易风险。

(6) 风险收益特征变化风险。在折算(包括定期折算和不定期折算)后，部分基金份额将转化为母基金份额，其风险收益特征将发生改变。

(7) 上市交易风险。

【过关练习】

单选题(以下备选项中只有一项最符合题目要求)

1. 下列关于风险指标，描述错误的是(   )。

    A. 风险管理的基础工作是测量风险

    B. 选择合适的风险测量指标和科学的计算方法是正确度量风险的基础

    C. 风险指标可以分成事前和事后两类

    D. 事前指标通常用来评价一个组合在历史上的表现和风险情况

【答案】D

【解析】D 项，风险指标可以分成事前和事后两类。事后指标通常用来评价一个组合在历史上的表现和风险情况。

2. 分析股票基金组合特点的指标不包括(   )。

    A. 跟踪误差   B. 平均市值

    C. 平均市盈率   D. 平均市净率

【答案】A

【解析】依据股票基金所持有的全部股票的平均市值、平均市盈率、平均市净率等指标，可以对股票基金的风格暴露进行分析。

3. 货币市场基金债券正回购的资金余额不得超过(   )。

    A. 50%   B. 10%   C. 20%   D. 30%

【答案】C

【解析】一般情况下，货币市场基金财务杠杆的运用程度越高，其潜在的收益可能越高，但风险相应也越大。另外，按照规定，除非发生巨额赎回，货币市场基金债券正回购的资金余额不得超过20%。

4. 下列哪类风险不是投资风险的主要风险? (   )

    A. 操作风险   B. 市场风险

    C. 流动性风险   D. 信用风险

【答案】A

【解析】投资风险来源于投资价值的波动。投资风险的主要因素包括市场价格(市场风险)，在规定时间和价格范围内买卖证券的难度(流动性风险)，借款方还债的能力和意愿(信用风险)。

5. 收益率固定不变，通货膨胀率上升时，投资者面临(   )。

    A. 利率风险   B. 汇率风险

    C. 购买力风险   D. 政策风险

【答案】C

【解析】购买力风险指的是作为基金利润主要分配形式的现金，可能由于通货膨胀等因素的影响而导致购买力下降，降低基金实际收益，使投资者收益率降低的风险，又称为通货膨胀风险。通货膨胀是购买力风险出现的原因，使得资产总购买力发生变化。

6. (　　)是基金投资面临的基金交易对象无力履约而给基金带来的风险。

　　A．市场风险　　　　　　　　　　B．流动性风险

　　C．信用风险　　　　　　　　　　D．市场风险

【答案】C

【解析】信用风险指的是基金投资面临的基金交易对象无力履约而给基金带来的风险，如基金所投资债券的发行人不能或拒绝支付到期本息，不能履行合约规定的其他义务。

7. 下列不属于常见的风险敏感度指标的是(　　)。

　　A．β系数　　　　B．凸性　　　　C．风险敞口　　　　D．久期

【答案】C

【解析】有些风险敞口无法直接测量，但可以计算出风险因子的变化对组合价值的影响程度，这就是风险敏感度指标。常见的风险敏感度指标有β系数、久期、凸性等。

8. (　　)假定投资组合中各种风险因素的变化服从特定的分布(通常为正态分布)，然后通过历史数据分析和估计该风险因素收益分布的方差—协方差、相关系数等。

　　A．历史模拟法　　　　　　　　　B．方差—协方差法

　　C．压力测试法　　　　　　　　　D．蒙特卡洛模拟法

【答案】B

【解析】参数法又称为方差—协方差法，该方法以投资组合中的金融工具是基本风险因子的现行组合，且风险因子收益率服从某特定类型的概率分布为假设，依据历史数据计算出风险因子收益率分布的参数值，如方差、均值和风险因子间的相关系数等。

9. 债券基金所持有的债券的平均信用等级是债券基金(　　)的监控指标。

　　A．利率风险　　　　　　　　　　B．流动性风险

　　C．信用风险　　　　　　　　　　D．提前赎回风险

【答案】C

【解析】信用风险的监控指标主要有债券基金所持有的债券的平均信用等级、各信用等级债券所占比例等。

10. 下列关于指数基金的说法，不正确的是(　　)。

　　A．指数基金是以指数成分股为投资对象的基金

　　B．指数基金能达到分散风险的目的

　　C．对于指数基金的管理主要体现在对基础指数的选择和对指数的严格跟踪，可利用跟踪误差对指数基金风险进行衡量

　　D．ETF不同于一般的指数基金，它不用承担所跟踪指数面临的系统性风险

【答案】D

【解析】D项，与其他指数基金一样，ETF会不可避免地承担所跟踪指数面临的系统性风险。

第十章 基金业绩评价

【考情分析】

本章主要从四部分介绍基金业绩评价的有关内容。其中，第一部分介绍基金业绩评价的意义和需要考虑的因素；第二部分讲述绝对收益计算的方法，说明绝对收益与相对收益的概念；第三部分简略介绍了 Brinson 业绩归因分析；第四部分介绍基金业绩评价方法和标准。

本章考查内容较多，其中收益率的计算是每年考试必考的知识点，考生须格外注意。

【学习方法】

本章内容较多，但考点相对集中，虽然也涉及部分计算的知识点，但总体仍以理解性的知识点居多，整体难度不大。考生需要理解投资业绩评价的基础概念，掌握收益率的计算方法。在熟悉教材的基础上，理解绝对收益与相对收益的概念，理解风险调整后收益的主要指标和 Brinson 归因方法的三个归因项，同时对基金评价服务机构及基金评价中的基金分类、业绩计算和风格类型也要有基础的了解，并理解全球投资业绩标准的目的、作用和要求。对于本章的复习，通读教材是基础，习题练习是辅助，考生应在理解的基础上配合大量习题练习，以巩固对知识点的掌握。

【知识结构】

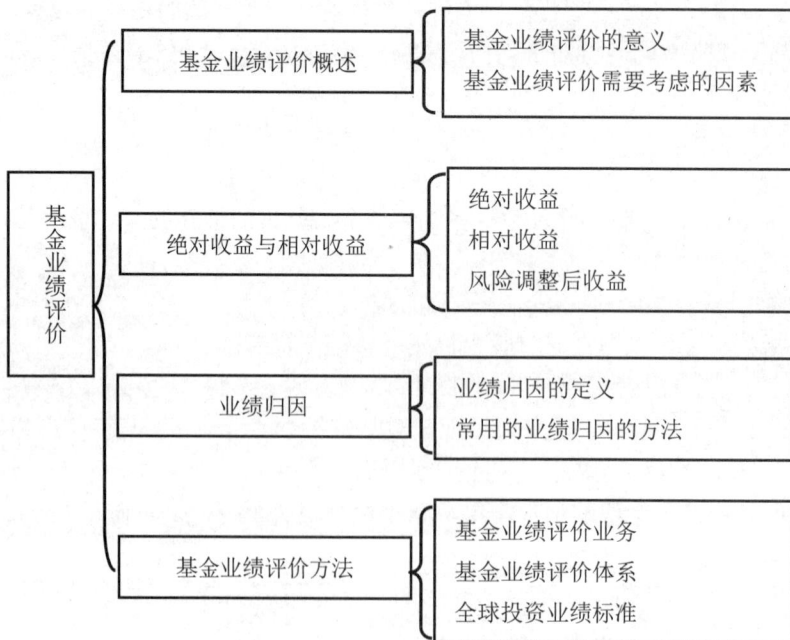

【核心讲义】

第一节 基金业绩评价概述

一、基金业绩评价的意义

完备的投资业绩评估对投资者以及基金管理公司的意义如表 10-1 所示。

表 10-1 完备的投资业绩评估对投资者以及基金管理公司的意义

研究主体	意 义
投资者	①可以有足够的信息来了解自己的投资状况； ②可以决定是否继续使用现有的投资经理
基金管理公司	可以决定一个基金经理是否可以管理更多的基金，可以分配更多的资源或是需要被替换

【例 10.1·单选题】基金业绩评价的意义在于(　　　)。[2014 年 9 月证券真题]
　　A．防止基金公司内幕交易
　　B．为托管人的监督提供参考
　　C．帮助基金公司进行信息披露
　　D．为投资者进一步的投资选择提供决策依据
【答案】D
【解析】只有通过完备的投资业绩评估，投资者才可以有足够的信息来了解自己的投资状况。投资者可以决定是否继续使用现有的投资经理；基金管理公司可以决定一个基金经理是否可以管理更多的基金，可以分配更多的资源或是需要被替换。

二、基金业绩评价需要考虑的因素

1．投资目标与范围

货币基金主要投资于货币市场；指数基金则以指数成分股为投资对象。

2．基金风险水平

根据风险报酬理论，投资收益是由投资风险驱动的，风险越大，所要求的报酬率就越高。

3．基金规模

基金存在一些固定成本，如研究费用和信息获得费用等。与小规模基金相比，规模较大的基金的平均成本更低。此外，规模较大的基金可以有效地减少非系统性风险。但是基金规模过大，对可选择的投资对象、被投资股票的流动性等都有不利影响。

4．时期选择

同一基金在不同时间段内的表现可能会有很大的差距。业绩计算开始与结束时间不同，基金回报率和业绩排名可能会有较大的差异。因此，业绩评价时需要计算多个时间段的业绩，如最近一月、最近三月、最近一年、最近五年等。

【例 10.2·单选题】评价基金业绩需要考虑的因素包括投资目标与范围、基金风险水平、基金规模和(　　)。

      A．时期选择   B．操作策略

      C．基金经理的工作年限   D．市场行情

【答案】A

【解析】不同基金的投资目标、范围、比较基准等均有差别，基金的表现不能仅仅看回报率。为了对基金业绩进行有效评价，必须加以考虑的因素有投资目标与范围、基金风险水平、基金规模和时期选择。

第二节　绝对收益与相对收益

一、绝对收益

1．绝对收益的概念

绝对收益是证券或投资组合在一定时间区间内所获得的回报，测量的是证券或投资组合的增值或贬值，常常用百分比来表示收益率。

2．绝对收益指标

1) 持有区间收益率

持有区间所获得的收益通常来源于资产回报和收入回报。资产回报是指股票、债券、房地产等资产价格的增加/减少；而收入回报包括分红、利息、租金等。持有区间收益率的计算公式如下：

$$资产回报率 = \frac{期末资产价格 - 期初资产价格}{期初资产价格} \times 100\%$$

$$收入回报率 = \frac{期间收入}{期初资产价格} \times 100\%$$

2) 现金流和时间加权收益率

计算基金在某一年度的收益率，可以把资金进出的时间节点分为 n 个区间，分别计算持有期收益率。每个区间的期末资产净值为对应时间节点现金流发生前的资产净值，期初资产净值则是对应时间节点现金流发生后的资产净值，R_n 为第 n 个区间的收益率，时间加权收益率的计算公式为

$$R = (1 + R_1)(1 + R_2) \cdots (1 + R_n) - 1$$

3) 基金收益率

假定红利发放后立即对本基金进行再投资，且红利以除息前一日的单位净值为计算基

准立即进行再投资，分别计算每次分红期间的分段收益率，考查期间的时间加权收益率计算公式为

$$R = [(1+R_1)(1+R_2)(1+R_3)\cdots(1+R_n)-1]\times100\%$$

$$= \left(\frac{NAV_1}{NAV_0} \cdot \frac{NAV_2}{NAV_1-D_1} \cdots \frac{NAV_{n-1}}{NAV_{n-2}-D_{n-2}} \cdot \frac{NAV_n}{NAV_{n-1}-D_{n-1}} - 1 \right) \times 100\%$$

式中，R_1 表示第一次分红前的收益率；R_2 表示第一次分红后到第二次分红前的收益率，R_n 以此类推；NAV_0 表示期初份额净值；NAV_1，$\cdots$，NAV_{n-1} 分别表示各期除息日前一日的份额净值；NAV_n 表示期末份额净值；D_1，D_2，$\cdots$，D_n 分别表示各期份额分红。

4）平均收益率

(1) 算术平均收益率(R_A)的计算公式为

$$R_A = \frac{\sum_{t=1}^{n} R_t}{n} \times 100\%$$

式中，R_t 表示 t 期收益率；n 表示期数。

(2) 几何平均收益率(R_G)的计算公式为

$$(1+R_G)^n = (1+R_1)(1+R_2)\cdots(1+R_n)$$

$$R_G = \left(\sqrt[n]{\prod_{i=1}^{n}(1+R_i)} - 1 \right) \times 100\%$$

二、相对收益

1．相对收益的定义

基金的相对收益，就是基金相对于一定的业绩比较基准的收益。

2．业绩比较基准的作用

(1) 事后业绩评估时可以比较基金的收益与比较基准之间的差异；

(2) 事先确定的业绩比较基准可以为基金经理投资管理提供指引。

【例 10.3·单选题】绝对收益的计算指标不包括(　　)。

　　A．持有区间收益率　　　　　　B．时间加权收益率

　　C．相对于业绩比较基准的收益　　D．平均收益率

【答案】C

【解析】绝对收益的计算有如下指标：①持有区间收益率；②时间加权收益率；③基金收益率；④平均收益率。C 项，基金的相对收益，就是基金相对于一定的业绩比较基准的收益。

三、风险调整后的收益

风险调整的基金业绩评估方法如表 10-2 所示。

表 10-2　风险调整的基金业绩评估方法

	指标类型	计算公式	说　明
夏普比率 (S_p)	是对绝对收益率的风险调整的分析指标	$S_p = \dfrac{\bar{R}_p - \bar{R}_f}{\sigma_p}$，式中，$S_p$ 表示夏普比率；$\bar{R}_p$ 表示基金的平均收益率；$\bar{R}_f$ 表示平均无风险收益率；σ_p 表示基金收益率的标准差	夏普比率数值越大，代表单位风险超额回报率越高，基金业绩越好
特雷诺比率(T_p)	衡量单位系统风险下的超额收益率	$T_p = \dfrac{\bar{R}_p - \bar{R}_f}{\beta_p}$，式中，$T_p$ 表示特雷诺比率；$\bar{R}_p$ 表示基金的平均收益率；$\bar{R}_f$ 表示平均无风险收益率；β_p 表示系统风险	特雷诺比率与夏普比率的区别在于特雷诺比率使用的是系统风险，而夏普比率则对全部风险进行了衡量
詹森α	衡量基金组合收益中超过 CAPM 模型预测值的超额收益	$\alpha_p = (\bar{R}_p - \bar{R}_f) - \beta_p(\bar{R}_M - \bar{R}_f)$ $= \bar{R}_p - [\bar{R}_f + \beta_p(\bar{R}_M - \bar{R}_f)]$，式中，$\bar{R}_M$ 表示市场平均收益率，其余字母含义同前	①$\alpha_p=0$，基金组合的收益率与处于相同风险水平的被动组合的收益率不存在显著差异；②$\alpha_p>0$，基金表现优于市场指数表现；③$\alpha_p<0$，基金表现弱于市场指数的表现
信息比率 (IR)	是相对收益率进行风险调整的分析指标	$IR = \dfrac{R_p - R_b}{\sigma_{p-b}}$，式中，$R_p$ 表示投资组合收益，R_b 表示业绩比较基准收益，两者之差即为超额收益；σ_{p-b} 表示跟踪误差	信息比率越大，说明该基金在同样的跟踪误差水平上能获得更大的超额收益，或者在同样的超额收益水平下跟踪误差更小

【例 10.4 · 单选题】特雷诺比率考虑的是(　　　)。

　　A．全部风险　　　　　　　　　B．不可控制风险

　　C．系统风险　　　　　　　　　D．股票市场风险

【答案】C

【解析】特雷诺比率(T_p)来源于 CAPM 理论，表示的是单位系统风险下的超额收益率。特雷诺比率与夏普比率相似，两者的区别在于特雷诺比率使用的是系统风险，而夏普比率则对全部风险进行了衡量。

第三节　业 绩 归 因

一、业绩归因的定义

　　基金的业绩归因是指在计算出基金超额收益的基础上可以将其分解，研究基金超额收益的组成。

二、常用的业绩归因的方法

对于股票型基金，业内比较常用的业绩归因方法是 Brinson 方法。这种方法较为直观、易理解，它把基金收益与基准组合收益的差异归因于四个因素，即资产配置、行业选择、证券选择以及交叉效应。

【例 10.5·单选题】对于股票型基金，业内比较常用的业绩归因方法是(　　)。

A．Brinson 方法　　　　　　　　B．Jensen 方法
C．T-M 模型　　　　　　　　　　D．C-L 模型

【答案】A

【解析】对于股票型基金，业内比较常用的业绩归因方法是 Brinson 方法。这种方法较为直观、易理解，它把基金收益与基准组合收益的差异归因于四个因素，即资产配置、行业选择、证券选择以及交叉效应。

第四节　基金业绩评价方法

一、基金业绩评价业务

我国提供基金评价业务的公司主要有晨星公司、银河证券、海通证券、招商证券、上海证券等。

二、基金业绩评价体系

1. 基金分类

基金评价的第一步是基金分类。基金的分类标准的具体内容如下。

(1) 80%以上的基金资产投资于股票的，为股票基金。

(2) 80%以上的基金资产投资于债券的，为债券基金。

(3) 仅投资于货币市场工具的，为货币市场基金。

(4) 80%以上的基金资产投资于其他基金份额的，为基金中基金。

(5) 投资于股票、债券、货币市场工具或其他基金份额，并且股票投资、债券投资、基金投资的比例不符合第(1)项、第(2)项、第(4)项规定的，为混合基金。

(6) 中国证监会规定的其他基金类别。

【例 10.6·单选题】下列关于基金的分类标准，描述错误的是(　　)。

A．80%以上的基金资产投资于股票的，为股票基金

B．80%以上的基金资产投资于债券的，为债券基金

C．80%以上的基金资产投资于货币市场工具的，为货币市场基金

D．80%以上的基金资产投资于其他基金份额的，为基金中基金

【答案】C

【解析】C项，仅投资于货币市场工具的，为货币市场基金。

2. 基金业绩计算

基金收益率计算一般要求采用考虑了基金分红再投资的时间加权收益率。

常见的基金回报率计算期间有最近一月、最近三月、最近六月、今年以来、最近一年、最近两年、最近三年、最近五年、最近十年等。

3. 基金风格

基金风格反映了基金投资组合所有股票的总体情况。

4. 基金星级评价

基金星级评价是通过星级将某基金在同类基金中的排位情况简单清晰地表示出来的一种方法。一般根据基金在过去一定时期内的业绩计算其收益率以及风险水平等因素，根据计算结果对基金给予星级评定。

三、全球投资业绩标准

全球投资业绩关于收益率计算的具体条款如下。

(1) 必须采用总收益率。

(2) 必须采用经现金流调整后的时间加权收益率。

(3) 投资组合的收益必须以期初资产值加权计算，或采用其他能反映期初价值及对外现金流的方法。

(4) 在计算总收益时，必须计入投资组合中持有的现金及现金等价物的收益。

(5) 所有的收益计算必须扣除期内的实际买卖开支，而不得使用估计的买卖开支。

(6) 自2010年1月1日起，必须至少每月一次计算组合群收益，并使用个别投资组合的收益以资产加权计算。

(7) 假如实际的直接买卖开支无法从综合费用中确定并分离出来，则在计算未扣除费用收益时，必须从收益中减去全部综合费用或综合费用中包含直接买卖开支的部分，而不得使用估计出的买卖开支；计算已扣除费用收益时，必须从收益中减去全部综合费用或综合费用中包含直接买卖开支及投资管理费用的部分，而不得使用估计的买卖开支。

【例10.7·单选题】下列不符合全球投资业绩标准关于收益率计算的条款是(   )。

    A. 必须采用总收益率

    B. 必须采用经现金流调整后的平均收益率

    C. 投资组合的收益必须以期初资产值加权计算

    D. 在计算总收益时，必须计入投资组合中持有的现金及现金等价物的收益

【答案】B

【解析】B项，必须采用经现金流调整后的时间加权收益率。不同期间的回报率必须以几何平均方式相连接。

【过关练习】

单选题(以下备选项中只有一项最符合题目要求)

1．投资组合的风险调整后收益的指标衡量不包括(　　)。

    A．詹森比率   B．基准跟踪误差

    C．夏普比率   D．特雷诺比率

【答案】B

【解析】关注投资组合的风险调整后收益，可以采用夏普(Sharp)比率、特雷诺(Treynor)比率和詹森(Jensen)比率、信息比率等指标衡量。

2．关于基金评价，以下表述不正确的是(　　)。

    A．基金评价可以让投资者了解基金经理的投资管理能力和操作风格

    B．基金评价可以帮助基金托管人督促基金管理人提升基金业绩

    C．基金评价让投资者了解基金业绩取得的原因

    D．基金评价可以为投资者提供选择基金的依据

【答案】B

【解析】只有通过完备的基金投资业绩评估，投资者才可以有足够的信息来了解自己的投资状况。投资者可以决定是否继续使用现有的投资经理；基金管理公司可以决定一个基金经理是否可以管理更多基金，可以分配更多的资源或是需要被替换。

3．夏普比率、特雷诺比率、詹森 α 与 CAPM 模型之间的关系是(　　)。

    A．三种指数均以 CAPM 模型为基础

    B．詹森 α 不以 CAPM 为基础

    C．夏普比率不以 CAPM 为基础

    D．特雷诺比率不以 CAPM 为基础

【答案】A

【解析】夏普比率(S_p)是诺贝尔经济学奖得主威廉·夏普于 1966 年根据资本资产定价模型(CAPM)提出的经风险调整的业绩测度指标；特雷诺比率(T_p)来源于 CAPM 理论，表示的是单位系统风险下的超额收益率；詹森 α 同样是在 CAPM 上发展出的一个风险调整差异衡量指标。即三种指数均以 CAPM 模型为基础。

4．关于简单收益率与时间加权收益率关系的表述，正确的是(　　)。

    A．相对简单收益率而言，时间加权收益率考虑了分红再投资

    B．简单收益率一般在数值上大于时间加权收益率

    C．简单收益率与时间加权收益率均考虑了分红再投资的影响

    D．简单收益率一般在数值上小于时间加权收益率

【答案】A

【解析】简单(净值)收益率由于没有考虑分红的时间价值，因此只能是一种基金收益率的近似计算；时间加权收益率由于考虑到了分红再投资，能更准确地对基金的真实投资表现作出衡量。基金收益率计算一般要求采用考虑了基金分红再投资的时间加权收益率。

5．常用来作为平均收益率的无偏估计的指标是(　　)。

    A．时间加权收益率   B．加权平均收益率

　　　　C．几何平均收益率　　　　　　　　D．算术平均收益率

　　【答案】D

　　【解析】算术平均收益率一般可以用作对平均收益率的无偏估计，因此它更多地被用于对将来收益率的估计。

　　6．系统的基金业绩评估需要从几个方面入手，下列关于这几个方面的说法有误的是( )。

　　　　A．计算绝对收益　　　　　　　　　　B．计算不同风险下的收益

　　　　C．计算相对收益　　　　　　　　　　D．进行业绩归因

　　【答案】B

　　【解析】系统的基金业绩评估需要从四个方面入手：①计算绝对收益；②计算风险调整后收益；③计算相对收益；④进行业绩归因。

　　7．下列关于基金的绝对收益，说法错误的是( )。

　　　　A．绝对收益与基准做比较

　　　　B．是证券或投资组合在一定时间区间内所获得的回报

　　　　C．测量的是证券或投资组合的增值或贬值

　　　　D．基金的绝对收益的计算是基金业绩评价的第一步

　　【答案】A

　　【解析】基金的绝对收益的计算是基金业绩评价的第一步。绝对收益是证券或投资组合在一定时间区间内所获得的回报，测量的是证券或投资组合的增值或贬值，常常用百分比来表示收益率。与相对收益不同，绝对收益不与基准做比较。

　　8．影响期末基金单位资产净值的因素不包括( )。

　　　　A．基金的分红情况　　　　　　　　　　B．基金的申购和赎回

　　　　C．基金的资产回报率　　　　　　　　　D．基金的收入回报率

　　【答案】B

　　【解析】A、B、C、D 四项均为影响期末基金资产净值的因素，期末基金单位资产净值=期末基金资产净值/期末基金单位总份额。其中基金份额的申购、赎回不影响基金单位资产净值。

　　9．信息比率较大的基金，表现相对较( )。

　　　　A．差　　　　　　B．好　　　　　　C．一般　　　　　　D．稳定

　　【答案】B

　　【解析】信息比率是单位跟踪误差所对应的超额收益。信息比率越大，说明该基金在同样的跟踪误差水平上能获得更大的超额收益，或者在同样的超额收益水平下跟踪误差更小。

　　10．基金的业绩归因不包括( )。

　　　　A．资产配置　　　　　　　　　　　　B．业绩比较基准选择

　　　　C．行业选择　　　　　　　　　　　　D．证券选择

　　【答案】B

　　【解析】基金的业绩归因是指在计算出基金超额收益的基础上将其分解，研究基金超额收益的组成。一般可对基金在资产配置、行业与证券选择等方面进行归因。

第十一章　基金的投资交易与清算

【考情分析】

本章主要讲述了基金在证券交易所、银行间债券市场和海外证券市场三种不同市场的投资交易及清算。对知识点的考查比较综合，不同考点有时会出现在同一道题目中。其中，场内证券交易清算与交收的原则及银行间债券结算类型和方式是比较重要的考查知识点，考生须在考试和实际工作中理解并熟练运用。

【学习方法】

本章知识点以理解为主，整体难度系数不高。考生在复习过程中，要重点掌握场内证券交易清算与交收的原则及银行间债券结算类型和方式，理解证券投资基金场内证券交易市场、结算结构及交易特别规定事项，对境外市场交易与结算情况也要有基本的了解，要理解 QDII 开展境外投资业务的交易与结算情况。建议考生多做真题，从历年真题中把握教材中重要的考点，这样在复习中才不会偏离考点，做到有的放矢，事半功倍。

【知识结构】

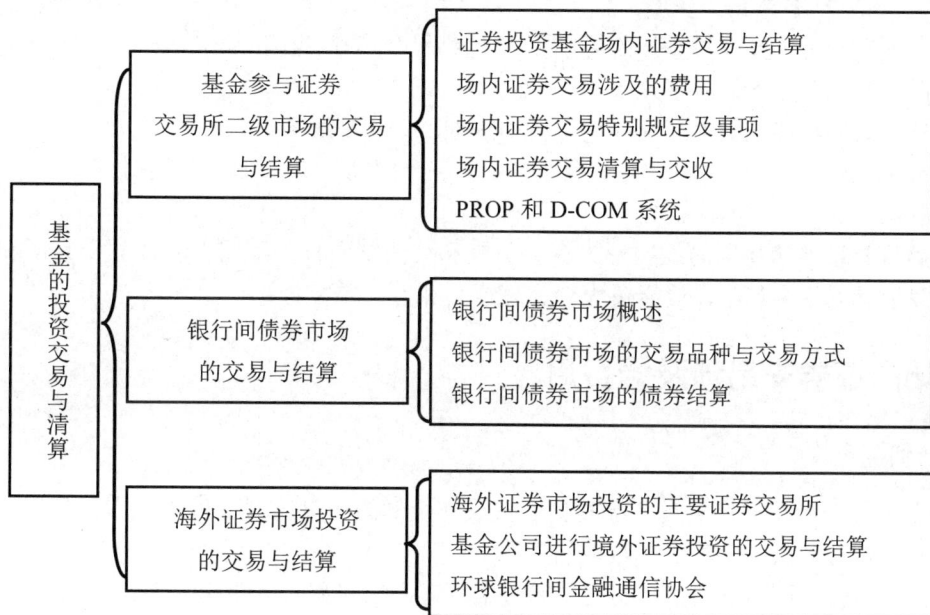

【核心讲义】

第一节　基金参与证券交易所二级市场的交易与清算

一、证券投资基金场内证券交易与结算

1．定义

1）证券交易所

证券交易所是为证券集中交易提供场所和设施，组织和监督证券交易，实行自律管理的法人。

2）证券登记结算机构

证券登记结算机构是为证券交易提供集中登记、存管与结算服务，不以营利为目的的法人。

2．证券交易所的组织形式

证券交易所的组织形式有会员制和公司制两种。我国上海证券交易所和深圳证券交易所都采用会员制，设会员大会、理事会和专门委员会。

3．我国证券登记结算机构

中国证券登记结算有限责任公司(简称中国结算公司)是我国的证券登记结算机构，该公司在上海和深圳两地各设一家分公司。

【例 11.1·单选题】上海证券交易所和深圳证券交易所的组织形式都属于(　　)。
　　A．公司制　　　　B．会员制　　　　C．合同制　　　　D．合伙制
【答案】B
【解析】证券交易所的组织形式有会员制和公司制两种，我国上海证券交易所和深圳证券交易所都采用会员制，设会员大会、理事会和专门委员会。

二、场内证券交易涉及的费用

1．佣金

佣金是投资者在委托买卖证券成交后按成交金额的一定比例支付的费用，是证券经纪商为客户提供证券代理买卖服务收取的费用。

A 股、B 股、证券投资基金的交易佣金实行最高上限和向下浮动制度。

A 股、证券投资基金每笔交易佣金不足 5 元的，按 5 元收取；B 股每股交易佣金不足 1 美元或 5 港元的，按 1 美元或 5 港元收取。

【例 11.2·单选题】深圳证券交易所 A 股佣金的收取起点为(　　)元。
　　A．5　　　　　　B．10　　　　　　C．50　　　　　　D．100
【答案】A

【解析】A股证券投资基金每笔交易佣金不足5元的，按5元收取；B股每股交易佣金不足1美元或5港元的，按1美元或5港元收取。

2. 过户费

过户费是委托买卖的股票、基金成交后，买卖双方为变更证券登记所支付的费用。由证券经纪商在同投资者清算交收时代为扣收。

基金交易目前不收过户费。

3. 印花税

印花税是根据《中华人民共和国印花税暂行条例》规定，在A股和B股成交后对买卖双方投资者按照规定的税率分别征收的税金。

目前，证券交易印花税只对出让方按1‰征收，对受让方不再征收。

【例11.3·单选题】2010年6月29日，投资人刘先生出售的股票金额为50万元，按照我国证券交易的纳税要求，应当缴纳的印花税为(   )元。

    A. 0   B. 200   C. 500   D. 1000

【答案】C

【解析】从2008年9月19日起，证券交易印花税只对出让方按1‰税率征收，对受让方不再征收，则刘先生应当缴纳的印花税为500 000×1‰=500(元)。

三、场内证券交易特别规定及事项

1. 大宗交易

大宗交易是指单笔数额较大的证券买卖。

深圳证券交易所启用综合协议交易平台，取代原有大宗交易系统。

2. 固定收益证券综合电子平台

在固定收益平台进行的固定收益证券现券交易实行净价申报，申报价格变动单位为0.001元，申报数量单位为1手(1手为1000元面值)。交易价格实行涨跌幅限制，涨跌幅比例为10%。涨跌幅价格计算公式为

$$涨跌幅价格=前一交易日参考价格×(1±10\%)$$

【例11.4·单选题】在固定收益平台进行的固定收益证券现券交易实行净价申报，申报价格变动单位为____，申报数量单位为____。(   )

    A. 0.01元；1手   B. 0.01元；10手

    C. 0.001元；1手   D. 0.001元；10手

【答案】C

【解析】在固定收益平台进行的固定收益证券现券交易实行净价申报，申报价格变动单位为0.001元，申报数量单位为1手(1手为1000元面值)。交易价格实行涨跌幅限制，涨跌幅比例为10‰，涨跌幅价格计算公式为：涨跌幅价格=前一交易日参考价格×(1±10%)。

3. 回转交易

证券的回转交易是指投资者买入的证券，经确认成交后，在交收完成前全部或部分卖出。债券竞价交易和权证交易实行当日回转交易；B 股实行次交易日起回转交易。深圳证券交易所对专项资产管理计划收益权份额协议交易也实行当日回转交易。

4. 开盘价和收盘价

1) 开盘价

证券交易所证券交易的开盘价为当日证券的第一笔成交价。证券的开盘价格通过集合竞价方式产生。不能产生开盘价的，以连续竞价方式产生。按集合竞价产生开盘价后，未成交的买卖申报仍然有效，并按原申报顺序自动进入连续竞价。

2) 收盘价

上海证券交易所证券交易的收盘价为当日该证券最后一笔交易前 1 分钟所有交易的成交量加权平均价(含最后一笔交易)。当日无成交的，以前收盘价为当日收盘价。

深圳证券交易所证券的收盘价通过集合竞价的方式产生。收盘集合竞价不能产生收盘价或未进行收盘集合竞价的，以当日该证券最后一笔交易前 1 分钟所有交易的成交量加权平均价(含最后一笔交易)为收盘价。当日无成交的，以前收盘价为当日收盘价。

【例 11.5·单选题】根据我国现行的交易规则，证券交易所证券的开盘价为(　　)。[2011年11月证券真题]

    A. 当日该证券的第一笔买入委托价

    B. 当日该证券的第一笔成交价

    C. 该证券上一交易日的最后一笔成交价

    D. 当日该证券的第一笔卖出委托价

【答案】B

【解析】按照一般的意义，开盘价和收盘价分别是交易日证券的首、尾买卖价格。根据我国现行的交易规则，证券交易所证券交易的开盘价为当日该证券的第一笔成交价。证券的开盘价格通过集合竞价方式产生，不能产生开盘价的，以连续竞价方式产生。

5. 除权与除息

1) 定义

因送股或配股而形成的剔除行为称为除权；因派息而引起的剔除行为称为除息。

2) 相关公式

(1) 我国证券交易所是在权益登记日(B 股为最后交易日)的次一交易日对该证券作除权、除息处理。除权(息)日该证券的前收盘价改为除权(息)日除权(息)参考价。除权(息)参考价的计算公式为

$$除权(息)参考价 = \frac{前收盘价 - 现金红利 + 配股价格 \times 股份变动比例}{1 + 股份变动比例}$$

(2) 标的证券除权的，权证的行权价格和行权比例分别按下列公式进行调整：

$$新行权价格 = \frac{原行权价格 \times 标的证券除权日参考价}{除权前一日标的证券收盘价}$$

$$新行权比例 = \frac{原行权比例 \times 除权前一日标的证券收盘价}{标的证券除权日参考价}$$

(3) 标的证券除息的，行权比例不变，行权价格按下列公式调整：

$$新行权价格 = \frac{原行权价格 \times 标的证券除息日参考价}{除息前一日标的证券收盘价}$$

【例 11.6·单选题】某 A 股的股权登记日收盘价为 30 元/股，送配股方案每 10 股配 5 股，配股价为 10 元/股，则该股除权参考价为(　　　)元/股。

    A．16.25   B．20   C．23.33   D．25

【答案】C

【解析】该股的除权参考价为

$$除权参考价 = \frac{当前收盘价 - 现金红利 + 配股价格 \times 股份变动比例}{1 + 股份变动比例}$$

$$= \frac{30 + 10 \times 0.5}{1 + 0.5} = 23.33(元/股)$$

四、场内证券交易清算与交收

1. 清算与交收的原则

1) 净额清算原则

一般情况下，通过证券交易所达成的交易需采取净额清算方式。净额清算又称差额清算，是指在一个清算期中，对每个结算参与人价款的清算只计其各笔应收、应付款项相抵后的净额，对证券的清算只计每一种证券应收、应付相抵后的净额。净额清算分为双边净额清算和多边净额清算。

2) 共同对手方制度

共同对手方是指在结算过程中，同时作为所有买方和卖方的交收对手并保证交收顺利完成的主体，一般由结算机构充当。

3) 货银对付原则

货银对付是指证券登记结算机构与结算参与人在交收过程中，当且仅当资金交付时给付证券，证券交付时给付资金。通俗地说，就是"一手交钱，一手交货"。我国证券市场目前已经在权证、ETF 等一些创新品种实行了货银对付制度，但对 A 股、基金等老品种的货银对付制度还在推行当中。

【例 11.7·单选题】货银对付原则是指(　　　)。

    A．在一个清算期中，对每个证券公司价款的清算只计其各笔应收应付款项相抵后的净额，对证券的清算只计每一种证券应收应付相抵后的净额

    B．清算价款时，同一清算期内发生的不同类证券的买卖价款可以合并计算

    C．清算证券时，只有同一清算期内且同种证券才能合并计算

    D．在办理资金交收的同时完成证券的交割

【答案】D

【解析】货银对付是指证券登记结算机构与结算参与人在交收过程中，当且仅当资金

交付时给付证券，证券交付时给付资金。通俗地说，就是"一手交钱，一手交货"。

4) 分级结算原则

证券和资金结算实行分级结算原则。证券登记结算机构负责证券登记结算机构与结算参与人之间的集中清算交收，结算参与人负责办理结算参与人与客户之间的清算交收。

2．证券交收与资金清算

1) 证券交收的含义

(1) 中国结算公司沪、深分公司与结算参与人的证券交收；

(2) 结算参与人与客户之间的证券交收。

2) 托管资产的场内资金清算模式

(1) 托管人结算模式，是指托管资产场内交易形成的交收资金由托管人作为结算参与人与中国结算公司进行净额交收，然后由托管人负责与托管资产组合进行二级清算。

(2) 券商结算模式 也称为第三方存管模式，是指托管资产场内交易形成的交收资金由证券公司(即经纪人)作为结算参与人与中国结算公司进行交收，然后由证券公司负责与其客户进行二级清算，客户的交易资金完全独立保管于存管银行，而不存放在证券公司。

五、PROP 和 D-COM 系统

1．参与人远程操作平台系统

参与人远程操作平台(PROP)是中国结算公司上海分公司为完善市场运作功能，规范清算交收、登记和存管业务，提高对市场服务的效率而开发的建立在中国结算公司上海分公司通信系统上的电子数据交换系统。

2．深圳证券综合结算平台系统

深圳证券综合结算平台(D-COM)系统是中国结算公司深圳分公司为完善市场运作功能，规范清算交收、登记和存管业务，提高对市场服务的效率而开发的建立在深圳证券市场综合结算通信系统的，用于实现结算参与人与中国结算公司深圳分公司之间的数据交换的系统。

【例 11.8·单选题】下列关于 PROP 和 D-COM 系统的表述，不正确的是(　　)。

A．PROP 是中国结算公司深圳分公司建立的电子数据交换系统

B．PROP 系统中，结算参与人交收头寸及最低备付不足的应及时向备付金账户补入资金

C．中国结算公司深圳分公司最终交收时点为交收日 16:00

D．结算参与人可通过 D-COM 系统实时查询各资金结算账户余额等信息

【答案】A

【解析】A 项，参与人远程操作平台(PROP)是中国结算公司上海分公司为完善市场运作功能，规范清算交收、登记和存管业务，提高对市场服务的效率而开发的建立在中国结算公司上海分公司通信系统上的电子数据交换系统。

第二节　银行间债券市场的交易与结算

一、银行间债券市场概述

1. 银行间债券市场的组织体系

1）市场主管部门
中国人民银行履行监督管理银行间债券市场职能。

2）发行主体
银行间债券市场的发行主体主要有财政部、中国人民银行、政策性银行、商业银行，以及被批准可以发债的金融类公司、工商企业等。

3）投资主体
《中国人民银行关于境外人民币清算行等三类机构运用人民币投资银行间债券市场试点有关事宜的通知》规定，香港、澳门地区人民币业务清算行、跨境贸易人民币结算境外参加银行和境外中央银行或货币当局，均可申请进入银行间债券市场进行投资，这标志着银行间债券市场全面对外开放。

4）中介服务机构
银行间债券市场的中介服务机构主要是全国银行间同业拆借中心、中央国债登记结算有限责任公司和银行间市场清算所股份有限公司。

2. 银行间债券市场的交易制度

(1) 公开市场一级交易商制度。
(2) 做市商制度。
(3) 结算代理制度。

二、银行间债券市场的交易品种与交易方式

1. 银行间债券市场的交易品种

(1) 债券。
债券的交易品种主要有：国债、央行票据、地方政府债、政策性银行债、企业债、短期融资券、中期票据、商业银行债、资产支持证券、非银行金融债、中小企业集合票据、国际机构债券、政府支持机构债券、超短期融资债等。

(2) 回购。
① 分类。
a. 质押式回购是指一方(正回购方)在将回购债券出质给另一方(逆回购方)，逆回购方在首期结算日向正回购方支付首期资金结算额的同时，交易双方约定在将来某一日期(即到期结算日)由正回购方向逆回购方支付到期资金结算额，同时逆回购方解除在回购债券上设定的质权的交易。

b．买断式回购是指一方(正回购方)在将回购债券出售给另一方(逆回购方)，逆回购方在首期结算日向正回购方支付首期资金结算额的同时，交易双方约定在将来某一日期(即到期结算日)由正回购方以约定价格(即到期资金结算额)从逆回购方购回回购债券的交易。

② 首期、到期资金结算额的计算。

a．在质押式回购中：首期资金结算额=正回购方融入资金数额

b．在买断式回购中：

$$首期资金结算额 = (首期交易净价 + 首期结算日应计利息) \times \frac{回购债券数量}{100}$$

c．在质押式回购中：

$$到期资金结算额 = 首期资金结算额 \times \left(1 + 回购利率 \times \frac{实际占款天数}{365}\right)$$

d．在买断式回购中：

$$到期资金结算额 = (到期交易净价 + 到期结算日应计利息) \times \frac{回购债券数量}{100}$$

(3) 远期交易。

远期交易实行净价交易，全价结算；到期应实际交割资金和债券。

2．银行间债券市场的交易方式

银行间债券市场交易以询价方式进行，自主谈判，逐笔成交。

【例11.9·单选题】下列关于银行间债券市场的交易方式，表述不正确的是( )。

  A．买断式回购是指一方在将回购债券出质给另一方的同时，交易双方约定在将来某一日期由正回购方向逆回购方支付到期资金结算额的交易

  B．远期交易的市场参与者应为进入全国银行间债券市场的机构投资者

  C．银行间债券市场交易以询价方式进行，自主谈判，逐笔成交

  D．进行债券交易，应订立书面形式的合同

【答案】A

【解析】A 项，买断式回购是指一方在将回购债券出售给另一方，逆回购方在首期结算日向正回购方支付首期资金结算额的同时，交易双方约定在将来某一日期由正回购方以约定价格从逆回购方购回回购债券的交易。A 项的叙述为质押式回购。

三、银行间债券市场的债券结算

1．债券结算的类型

(1) 根据债券交易和结算的相互关系，债券结算可分为全额结算和净额结算两种类型。

(2) 根据结算指令的处理方式，债券结算可分为实时处理交收和批量处理交收。

2．债券结算的框架

(1) 制度基础。

目前，在银行间债券市场办理债券结算业务的基本制度依据是中国人民银行颁布的《全

国银行间债券市场债券交易管理办法》《银行间债券市场债券登记托管结算管理办法》《全国银行间债券市场债券交易流通审核规则》。

(2) 业务系统。

办理债券结算的业务系统是中债综合业务平台、上海清算所客户终端系统，与之相关的业务系统主要包括中国外汇交易中心本币交易系统和中国现代化支付系统。

3. 债券结算的重要日期

结算成员在银行间债券市场参与债券的交易结算时，应该把握的重要日期为交易流通起始日、结算日、交易流通终止日和截止过户日。

4. 债券结算方式

债券结算可采用纯券过户、见券付款、见款付券、券款对付四种结算方式。目前银行间债券市场债券结算主要采用券款对付的方式。具体介绍如表 11-1 所示。

表 11-1　债券结算方式

结算方式	纯券过户	见券付款	见款付券	券款对付
定义	指交易结算双方只要求债券登记托管结算机构办理债券交割，款项结算自行办理	指在结算日收券方通过债券登记托管结算机构得知付券方有履行义务所需的足额债券	指付券方确定收到收券方应付款项后予以确认，要求债券登记托管结算机构办理债券交割的结算方式	指在结算日债券交割与资金支付同步进行并互为约束条件的一种结算方式
特点	快捷、简便	适用于收券方信用比付券方好的情形	允许存在结算宽限期	较为安全高效
评价	国外发达市场常用的结算方式	对收券方有利	对付券方有利	发达债券市场最普遍使用的结算方式
风险情况	资金清算风险由交易双方承担	有利于收券方控制风险	有利于付券方控制风险	结算双方风险对等

5. 债券结算业务类型

1) 分销业务

分销业务是指承销商在发行期内将承销的债券向其他结算成员(和分销认购人)进行承销额度的过户。

2) 现券业务

现券交易的结算按单一券种办理，结算日为 T+0 或 T+1，可以选择任意一种结算方式。

3) 质押式回购业务

在回购期内，资金融入方出质的债券，回购双方均不得动用。质押冻结期间债券的利息归出质方所有。

4) 买断式回购业务

买断式回购的资金融出方不仅可获得回购期间融出资金的利息收入，亦可获得回购期间债券的所有权和使用权。

5) 债券远期交易

债券远期交易从成交日至结算日的期限(含成交日不含结算日)为 2～365 天。远期交易实行净价交易，全价结算。

6) 债券借贷

债券借贷是债券融入方以一定数量的债券为质物，从债券融出方借入标的债券，同时约定在未来某一日期归还所借标的债券，并由债券融出方返还相应质物的债券融通行为。

【例 11.10·单选题】下列关于银行间债券市场的债券结算的表述，不正确的是(   )。

    A．根据结算指令的处理方式，债券结算可分为全额结算和净额结算

    B．逐笔全额结算适用于高度自动化系统的单笔交易规模较大的市场

    C．净额结算是指结算系统在设定的时间段内，对市场参与者债券买卖的净差额和资金净差额进行交收的结算

    D．截止过户日过后，债券登记托管结算机构不再办理该债券的交易结算业务

【答案】A

【解析】A 项，根据债券交易和结算的相互关系，债券结算分为全额结算和净额结算两种类型；根据结算指令的处理方式，债券结算可分为实时处理交收和批量处理交收两种类型。

第三节　海外证券市场投资的交易与结算

一、海外证券市场投资的主要证券交易所

1. 欧洲主要证券交易所

欧洲主要证券交易所有：伦敦证券交易所、泛欧证券交易所和法兰克福证券交易所等。其中法兰克福证券交易所是世界四大证券交易所之一，是仅次于伦敦证券交易所的欧洲第二大证券交易所，也是德国最大的证券交易所。

2007 年 3 月底,泛欧证券交易所与纽约证券交易所合并组成纽约泛欧证券交易所(NYSE Euronext)，并于 2007 年 4 月 4 日在纽约证券交易所和泛欧证券交易所同时挂牌上市。

2. 美洲主要证券交易所

美洲主要证券交易所有：纽约证券交易所和纳斯达克证券交易所。其中，纳斯达克证券交易所是全球第一个电子交易市场，是全美也是世界最大的股票电子交易市场，是世界上主要的股票市场中成长速度最快的市场，而且它是首家电子化的股票市场。

3. 亚洲主要证券交易所

亚洲主要证券交易所有：香港交易所、东京证券交易所、新加坡证券交易所。

二、基金公司进行境外证券投资的交易与结算

1. 境内机构投资者可以委托符合下列条件的投资顾问进行境外证券投资

(1) 在境外设立，经所在国家或地区监管机构批准从事投资管理业务。

(2) 所在国家或地区证券监管机构已与中国证监会签订双边监管合作谅解备忘录，并保持着有效的监管合作关系。

(3) 经营投资管理业务达 5 年以上，最近一个会计年度管理的证券资产不少于 100 亿美元或等值货币。

(4) 有健全的治理结构和完善的内控制度，经营行为规范，最近 5 年没有受到所在国家或地区监管机构的重大处罚，没有重大事项正在接受司法部门、监管机构的立案调查。

【例 11.11·单选题】境内机构投资者可以委托符合一定条件的投资顾问进行境外证券投资，这些条件不包括(   )。

    A．在境外设立，经所在国家或地区监管机构批准从事投资管理业务

    B．经营投资管理业务达 10 年以上

    C．最近 5 年没有受到所在国家或地区监管机构的重大处罚

    D．最近一个会计年度管理的证券资产不少于 100 亿美元或等值货币

【答案】B

【解析】境内机构投资者进行境外证券投资时，可以委托的投资顾问应符合的条件有：①在境外设立，经所在国家或地区监管机构批准从事投资管理业务；②所在国家或地区证券监管机构已与中国证监会签订双边监管合作谅解备忘录；③经营投资管理业务达 5 年以上，最近一个会计年度管理的证券资产不少于 100 亿美元或等值货币；④有健全的治理结构和完善的内控制度，经营行为规范，最近 5 年没有受到所在国家或地区监管机构的重大处罚，没有重大事项正在接受司法部门、监管机构的立案调查。

2. 托管人可以委托符合下列条件的境外资产托管人负责境外资产托管业务

(1) 在中国大陆以外的国家或地区设立，受当地政府、金融或证券监管机构的监管。

(2) 最近一个会计年度实收资本不少于 10 亿美元或等值货币，或托管资产规模不少于 1000 亿美元或等值货币。

(3) 有足够的熟悉境外托管业务的专职人员。

(4) 具备安全保管资产的条件。

(5) 具备安全、高效的清算、交割能力。

(6) 最近 3 年没有受到监管机构的重大处罚，没有重大事项正在接受司法部门、监管机构的立案调查。

3. QDII 基金境外投资的流程如下

(1) 基金会计在各投资市场开市前将头寸余额告知基金经理。

(2) 基金经理/交易员通过交易系统下单给券商。

(3) 券商在收到基金经理的指令后处理交易。

(4) 交易部与券商通过 OMGEO 系统对每一笔交易进行实时比对,若发现差异直接与券商沟通,重新下达交易指令。

(5) 在各交易市场收市后,券商按事先约定的时间将成交回报分别以电子和书面形式发送给管理公司。

(6) 基金会计接收券商发送的成交回报。

(7) 将券商发送的成交回报和彭博系统中导出的交易数据先同时导入金手指系统进行各项字段明细的校验,无误后可用作估值数据。

(8) 成交回报复核无误后,将交易的结算指令通过与托管行约定的方式发给境内托管行。

(9) 境内托管行收到结算指令后,将结算指令发给境外托管行。

(10) 境外托管行在收到境内托管行的指令后,和券商做结算准备。

(11) 境外托管行和券商同时将结算结果反馈给管理人。

(12) 境外托管行将结算结果放在网银平台上供境内托管人和管理人自行查询。

三、环球银行间金融通信协会

环球银行间金融通信协会是为了解决各国金融通信不能适应国际支付清算的快速增长而设立的非营利性组织,负责设计、建立和管理 SWIFT 国际网络,以便在该组织成员间进行国际金融信息的传输和确定路由。

【过关练习】

单选题(以下备选项中只有一项最符合题目要求)

1. 证券登记结算机构提供的服务不包括(   )。

    A. 登记   B. 存管   C. 结算   D. 托管

【答案】D

【解析】根据《中华人民共和国证券法》规定,证券登记结算机构是为证券交易提供集中登记、存管与结算服务,不以营利为目的的法人。

2. 从 2002 年 5 月 1 日开始,A 股、B 股、证券投资基金的交易佣金实行(   )。

    A. 最低下限和向上浮动制度   B. 最高上限和向下浮动制度

    C. 无区间浮动制度   D. 固定比例制度

【答案】B

【解析】根据中国证监会、原国家计划和发展委员会(现为国家发展和改革委员会)、国家税务总局联合发出的《关于调整证券交易佣金收取标准的通知》,从 2002 年 5 月 1 日开始,A 股、B 股、证券投资基金的交易佣金实行最高上限和向下浮动制度。

3. 下列单独向投资者收取过户费的是(   )。

    A. 上海证券交易所 A 股   B. 深圳证券交易所 A 股

    C. B 股   D. 基金

【答案】A

【解析】B 项,深圳证券交易所的过户费包含在交易经手费中,不向投资者单独收取;C 项,对于 B 股,虽然没有过户费,但中国结算公司要收取结算费;D 项,基金交易目前不收过户费。

4. 2008 年 9 月 19 日印花税调整，A 股按成交金额的____对____计收。(　　)

A. 1‰；出让方　　　　　　　　B. 2‰；出让方

C. 1‰；受让方　　　　　　　　D. 2‰；受让方

【答案】A

【解析】我国证券交易的印花税税率标准曾多次调整。2008 年 9 月 19 日，证券交易印花税只对出让方按 1‰征收，对受让方不再征收。

5. 某固定收益证券现券在固定收益平台进行交易，上一交易日的参考价格为 5.50 元，那么今日交易价不可能为(　　)元。

A. 4.85　　　　B. 5.05　　　　C. 5.85　　　　D. 6.05

【答案】A

【解析】在固定收益平台进行的固定收益证券现券交易实行净价申报，申报价格变动单位为 0.001 元，申报数量单位为 1 手(1 手为 1000 元面值)。交易价格实行涨跌幅限制，涨跌幅比例为 10%；涨跌幅价格计算公式为：涨跌幅价格=前一交易日参考价格×(1±10%)。因为上一交易日的参考价格为 5.50 元，受涨跌幅限制的影响，今日交易价格在[4.95，6.05]之间波动。

6. 深交所某只上市股票某日最后一笔成交发生在 14:59:30，成交价格为 10.00 元，成交量为 5000 股。在 14:58:30 至 14:59:30 之间还有另外两笔成交，分别为 9.80 元、2000 股，9.85 元、2000 股。则该只股票的收盘价为(　　)元。

A. 9.80　　　　B. 9.85　　　　C. 9.92　　　　D. 10.00

【答案】C

【解析】深圳证券交易所证券的收盘价通过集合竞价的方式产生，收盘集合竞价不能产生收盘价或未进行收盘集合竞价的，以当日该证券最后一笔交易前 1 分钟所有交易的成交量加权平均价(含最后一笔交易)为收盘价。该股票的收盘价为：(9.80×2000+9.85×2000+10×5000)÷(2000+2000+5000)≈ 9.92(元)。

7. 场内证券交易清算与交收的原则不包括(　　)。

A. 全额清算原则　　　　　　　B. 共同对手方制度

C. 货银对付原则　　　　　　　D. 分级结算原则

【答案】A

【解析】场内证券交易清算与交收的原则包括：①净额清算原则；②共同对手方制度；③货银对付原则；④分级结算原则。

8. 银行间债券市场的交易制度不包括(　　)。

A. 公开市场一级交易商制度　　B. 做市商制度

C. 结算代理制度　　　　　　　D. 共同对手方制度

【答案】D

【解析】银行间债券市场的交易制度包括：①公开市场一级交易商制度；②做市商制度；③结算代理制度。D 项属于场内证券交易清算与交收的原则。

9. 下列不属于银行间债券市场交易品种的是(　　)。

A. 债券　　　　B. 回购　　　　C. 期权交易　　　　D. 远期交易

【答案】C

【解析】银行间债券市场的交易品种有：①债券，如国债、央行票据、地方政府债等；②回购，分为质押式回购和买断式回购两种；③远期交易，是指交易双方约定在未来某一日期，以约定价格和数量买卖标的债券的行为。

10．关于买断式回购，以下说法不正确的是(   )。

  A．在买断式回购期内，该债券归逆回购方所有，逆回购方可以使用该笔债券

  B．回购期间回购债券如发生利息支付，则所支付利息归债券持有人所有

  C．目前买断式回购的期限最长不得超过 91 天，具体期限由交易双方确定

  D．买断式回购的资金融出方不可以获得回购期间债券的所有权和使用权

【答案】D

【解析】D 项，与质押式回购不同，买断式回购的资金融出方不仅可获得回购期间融出资金的利息收入，亦可获得回购期间债券的所有权和使用权。

第十二章 基金的估值、费用与会计核算

【考情分析】

本章首先介绍了基金资产估值的概念、法律依据、程序及基本原则等，随后对基金费用、基金会计核算及基金财务会计报告分析的有关内容进行了具体介绍。其中基金资产估值的概念及法律依据是常考点。基金管理费、托管费及销售服务费的计提标准及计提方式同样也时常考查到，考生需要特别注意。

【学习方法】

本章多是细节内容的考查，要求考生能够对知识点准确记忆，难度不大。涉及很多数字性的知识点，如"目前，我国股票基金大部分按照 1.5% 的比例计提基金管理费"，对于数字性的考点，较易混淆，注意不要死记硬背，关键是要理解记忆。务必要掌握基金份额净值的概念及计算，这在基金的估值中将被反复用到。考生在复习过程中应多注意归纳总结，并辅以大量习题练习，以到达牢固掌握知识点的目的。

【知识结构】

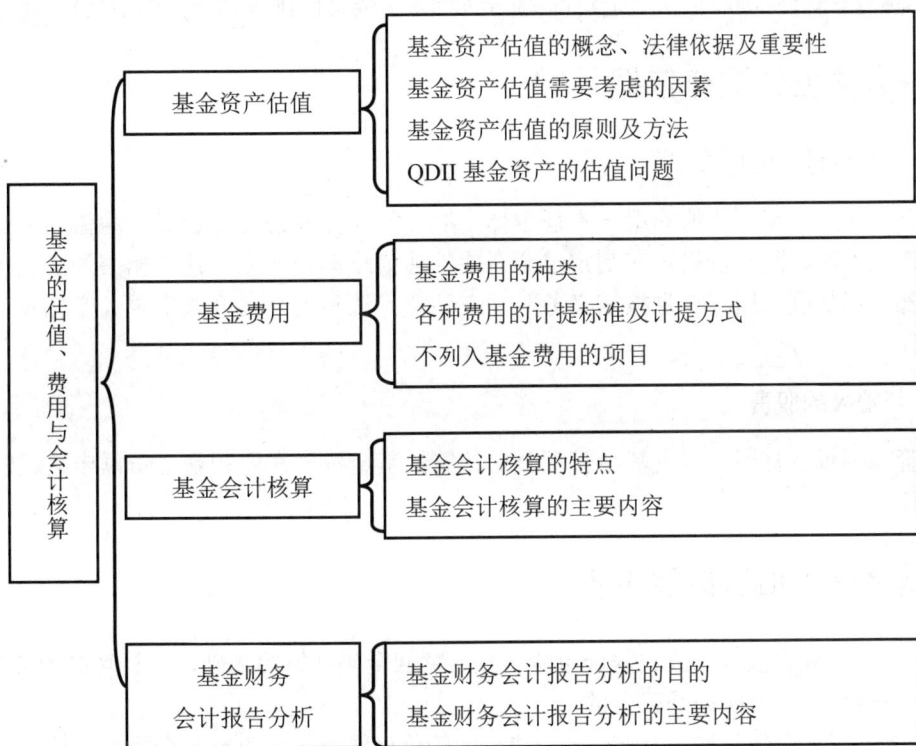

【核心讲义】

第一节 基金资产估值

一、基金资产估值的概念

1) 基金资产估值

基金资产估值是指通过对基金所拥有的全部资产及全部负债按一定的原则和方法进行估算，进而确定基金资产公允价值的过程。

2) 基金份额净值

基金份额净值是基金资产中扣除基金所有负债后再除以基金当前的总份额。

$$基金资产净值=基金资产-基金负债$$

$$基金份额净值 = \frac{基金资产净值}{基金总份额}$$

【例 12.1·单选题】假定某基金的总资产为 35 亿元，总负债为 5 亿元，发行在外的基金份额总数为 30 亿份，那么其基金份额净值为(   )元。

A. 1.00   B. 1.16   C. 1.23   D. 1.35

【答案】A

【解析】基金份额净值=(基金资产-基金负债)/基金总份额=(35-5)/30=1(元)。

二、基金估值的法律依据

1. 基金管理人的职责

基金管理人是基金估值的第一责任主体，应履行计算并公告基金资产净值的责任，确定基金份额申购、赎回价格；应制定健全有效的估值政策和程序，建立相关的信息披露制度和内部控制制度，履行信息披露义务，并在估值方法和调整幅度做出重大变化时进行公告或解释。

2. 托管人的职责

托管人应履行复核、审查基金管理公司计算的基金资产净值和基金份额申购、赎回价格的责任。

三、基金资产估值的重要性

(1) 基金份额净值是开放式基金申购份额、赎回金额计算的基础，故计算必须准确。

(2) 基金份额净值必须是公允的。

(3) 采用资产最新价格。否则，申购或赎回的价格错误将会引起基金资产价值的稀释或浓缩。

四、基金资产估值需要考虑的因素

1．估值频率

我国的开放式基金于每个交易日估值，并于次日公告基金份额净值。封闭式基金每周披露一次基金份额净值，但每个交易日也都进行估值。

2．交易价格及其公允性

当基金只投资于交易活跃的证券时，直接采用市场交易价格就可以对基金资产估值；当基金投资于交易不活跃的证券时，对基金资产进行估值时就要非常慎重。

为了避免出现价格操纵及滥估的现象，监管当局需要颁布更为详细的估值规则来规范估值行为，或者由独立的第三方进行估值。

3．估值方法的一致性及公开性

一致性是指基金在进行资产估值时均应采取同样的估值方法，遵守同样的估值规则。

公开性是指基金采用的估值方法需要在法定募集文件中公开披露。

五、基金资产估值的原则及方法

1．估值责任人

我国基金资产估值的责任人是基金管理人，但基金托管人对基金管理人的估值结果负有复核责任。

【例 12.2·单选题】基金会计核算中，承担复核责任的是(   )。[2015 年 3 月证券真题]

　　A．会计师事务所　　　　　　B．基金托管人

　　C．证券投资基金　　　　　　D．基金管理公司

【答案】B

【解析】我国基金资产估值的责任人是基金管理人，但基金托管人对基金管理人的估值结果负有复核责任。

2．估值程序

(1) 基金份额净值是按照每个开放日闭市后，基金资产净值除以当日基金份额的余额数量计算。

(2) 基金日常估值由基金管理人进行。

(3) 基金托管人按基金合同规定的估值方法、时间、程序对基金管理人的计算结果进行复核，复核无误后签章返回给基金管理人，由基金管理人对外公布，并由基金注册登记机构根据确认的基金份额净值计算申购、赎回数额。

3．估值的基本原则

(1) 对存在活跃市场的投资品种，如估值日有市价的，应采用市价确定公允价值。估值

日无市价的，但最近交易日后经济环境未发生重大变化且证券发行机构未发生影响证券价格的重大事件的，应采用最近交易市价确定公允价值。

(2) 对存在活跃市场的投资品种，如估值日无市价的，且最近交易日后经济环境发生了重大变化或证券发行机构发生了影响证券价格的重大事件，使潜在估值调整对前一估值日的基金资产净值的影响在0.25%以上的，应参考类似投资品种的现行市价及重大变化因素，调整最近交易市价，确定公允价值。

(3) 不存在活跃市场的投资品种，应采用市场参与者普遍认同且被以往市场实际交易价格验证具有可靠性的估值技术确定投资品种的公允价值。

(4) 有充足理由表明按以上估值原则仍不能客观反映相关投资品种公允价值的，基金管理公司应根据具体情况与托管人进行商定，按最能恰当反映公允价值的价格估值。

4．具体投资品种的估值方法

1) 交易所上市交易品种的估值

交易所上市交易品种的估值方法如表12-1所示。

表12-1 交易所上市交易品种的估值方法

交易所上市交易品种	估值方法
有价证券(包括股票、权证等)	以其估值日在交易所挂牌的市价进行估值
债券	按第三方估值机构提供的当日估值净价估值，如该价格与交易所收盘价存在差异的，若基金管理人认定收盘价更能体现公允价值，应采用收盘价
可转换债券	按当日收盘价作为估值全价
股指期货合约	以估值当日结算价进行估值
无活跃市场的有价证券	采用估值技术确定公允价值
资产支持证券品种和私募债券	按成本估值

【例12.3·单选题】交易所上市可转换债券以估值日的(　　　)作为估值全价。

A．收盘价　　　　B．平均价　　　　C．成本　　　　D．开盘价

【答案】A

【解析】交易所上市交易的债券按第三方估值机构提供的当日估值净价估值，第三方估值机构提供的估值价格与交易所收盘价存在差异的，若基金管理人认定交易所收盘价更能体现公允价值，应采用收盘价；对在交易所上市交易的可转换债券按当日收盘价作为估值全价。

2) 交易所发行未上市品种的估值

(1) 首次发行未上市的股票、债券和权证，采用估值技术确定公允价值，在估值技术难以可靠计量公允价值的情况下按成本计量。

(2) 送股、转增股、配股和公开增发新股等发行未上市股票，按交易所上市的同一股票的市价估值。

(3) 非公开发行有明确锁定期的股票，按下述方法确定公允价值。

① 如果估值日非公开发行有明确锁定期的股票的初始取得成本高于在证券交易所上市交易的同一股票的市价，应采用在证券交易所上市交易的同一股票的市价作为估值日该股票的价值。

② 如果估值日非公开发行有明确锁定期的股票的初始取得成本低于在证券交易所上市交易的同一股票的市价，应按以下公式确定该股票的价值：

$$FV = C + (P - C)\frac{D_t - D_R}{D_t}$$

式中，FV 表示估值日该非公开发行有明确锁定期的股票的价值；C 表示该非公开发行有明确锁定期的股票的初始取得成本；P 表示估值日在证券交易所上市交易的同一股票的市价；D_t 表示该非公开发行有明确锁定期的股票锁定期所含的交易所的交易天数；D_R 表示估值日剩余锁定期(不含估值日当天)。

3) 交易所停止交易等非流通品种的估值

(1) 因持有股票而享有的配股权，从配股除权日起到配股确认日止，如果收盘价高于配股价，按收盘价高于配股价的差额估值。收盘价等于或低于配股价，则估值为零。

(2) 对停止交易但未行权的权证，一般采用估值技术确定公允价值。

(3) 对于因重大特殊事项而长期停牌股票的估值，需要按估值基本原则判断是否采用估值技术，估值技术包括指数收益法、可比公司法、市场价格模型法、估值模型法等，供管理人对基金估值时参考。

4) 全国银行间债券市场交易债券的估值

采用第三方估值机构提供的相应品种当日的估值价格。

5. 计价错误的处理及责任承担

(1) 基金管理公司应制定估值及份额净值计价错误的识别及应急方案。当估值或份额净值计价错误达到或超过基金资产净值的 0.25% 时，基金管理公司应及时向监管机构报告。当计价错误率达到 0.5% 时，基金管理公司应当公告并报监管机构备案。

(2) 基金管理公司和托管人在进行基金估值、计算或复核基金份额净值的过程中，未能遵循相关法律法规规定或基金合同约定，给基金财产或基金份额持有人造成损害的，应分别对各自行为依法承担赔偿责任。因共同行为给基金财产或基金份额持有人造成损害的，应承担连带赔偿责任。

6. 暂停估值的情形

(1) 基金投资所涉及的证券交易所遇法定节假日或因其他原因暂停营业时。

(2) 因不可抗力或其他情形致使基金管理人、基金托管人无法准确评估基金资产价值时。

(3) 占基金相当比例的投资品种的估值出现重大转变，而基金管理人为保障投资人的利益已决定延迟估值。

(4) 如出现基金管理人认为属于紧急事故的任何情况，会导致基金管理人不能出售或评估基金资产的。

(5) 中国证监会和基金合同认定的其他情形。

【例 12.4·单选题】以下关于基金资产估值的表述，正确的是(　　)。[2014 年 11 月证券真题]

    A．对流动性差的证券估值需注意"滥估"问题

    B．基金资产估值的责任人是基金托管人

    C．为保持估值方法的一致性，基金不得变更估值方法

    D．海外基金的估值频率最长为每周估值一次

【答案】A

【解析】B 项，我国基金资产估值的责任人是基金管理人，但基金托管人对基金管理人的估值结果负有复核责任；C 项，估值方法的一致性是指基金在进行资产估值时均应采取同样的估值方法，遵守同样的估值规则，假若基金变更了估值方法，需要及时进行披露；D 项，海外的基金多数是每个交易日估值，但也有一部分基金是每周估值一次，有的甚至每半个月、每月估值一次。

六、QDII 基金资产的估值问题

1. 估值责任人

基金管理公司是 QDII 基金的会计核算和资产估值的责任主体，托管人负有复核责任。

2. QDII 基金份额净值的计算及披露

(1) 基金份额净值应当至少每周计算并披露一次，如基金投资衍生品，应当在每个工作日计算并披露。

(2) 基金份额净值应当在估值日后 2 个工作日内披露。

(3) 基金份额净值应当以人民币或美元等主要外汇货币单独或同时计算并披露。

(4) 基金资产的每一买入、卖出交易应当在最近份额净值的计算中得到反映。

(5) 流动性受限的证券估值可以参照国际会计准则进行。

(6) 衍生品的估值可以参照国际会计准则进行。

(7) 境内机构投资者应当合理确定开放式基金资产价格的选取时间，并在招募说明书和基金合同中载明。

(8) 开放式基金净值及申购赎回价格的具体计算方法应当在基金、集合计划合同和招募说明书中载明，并明确小数点后的位数。

【例 12.5·单选题】QDII 基金份额净值应当至少_____计算并披露一次，如基金投资衍生品，应_____披露。(　　)[2015 年 3 月证券真题]

    A．每个工作日；每个工作日   B．每月；每周

    C．每月；每个工作日   D．每周；每个工作日

【答案】D

【解析】《关于实施〈合格境内机构投资者境外证券投资管理试行办法〉有关问题的通知》对 QDII 基金的净值计算及披露作了明确规定：基金份额净值应当至少每周计算并披露一次，如基金投资衍生品，应当在每个工作日计算并披露。

第二节 基 金 费 用

一、基金费用的种类

(1) 基金管理人的管理费。

(2) 基金托管人的托管费。

(3) 销售服务费。

(4) 基金合同生效后的信息披露费用。

(5) 基金合同生效后的会计师费和律师费。

(6) 基金份额持有人大会费用。

(7) 基金的证券交易费用。

(8) 按照国家有关规定和基金合同约定，可以在基金财产中列支的其他费用。

二、各种费用的计提标准及计提方式

1. 基金管理费、基金托管费和基金销售服务费

1) 定义

(1) 基金管理费。

基金管理费是指基金管理人管理基金资产而向基金收取的费用。

(2) 基金托管费。

基金托管费是指基金托管人为基金提供托管服务而向基金收取的费用。

(3) 基金销售服务费。

基金销售服务费是指从基金资产中扣除的用于支付销售机构佣金以及基金管理人的基金营销广告费、促销活动费、持有人服务费等方面的费用。

2) 计提标准

基金管理费率通常与基金规模成反比，与风险成正比。目前，我国股票基金大部分按照 1.5%的比例计提基金管理费，债券基金的管理费率一般低于 1%，货币市场基金的管理费率不高于 0.33%。

基金规模越大，基金托管费率越低。目前，我国股票型封闭式基金按照 0.25%的比例计提基金托管费；开放式基金根据基金合同的规定比例计提，通常低于 0.25%；股票基金的托管费率要高于债券基金及货币市场基金的托管费率。

基金销售服务费目前只有货币市场基金和一些债券型基金收取，费率一般为 0.25%。收取销售服务费的基金通常不收取申购和赎回费。

【例 12.6·单选题】目前，我国封闭式基金托管费一般按基金资产净值的( )的年费率计提。[2014 年 11 月证券真题]

    A. 0.1%   B. 0.25%   C. 0.15%   D. 0.5%

【答案】B

【解析】目前，我国封闭式基金按照 0.25% 的比例计提基金托管费；开放式基金根据基金合同的规定比例计提，通常低于 0.25%；股票基金的托管费率要高于债券基金及货币市场基金的托管费率。

3) 计提方法和支付方式

我国的基金管理费、基金托管费及基金销售服务费均是按前一日基金资产净值的一定比例逐日计提，按月支付。计算方法如下：

$$H = \frac{E \cdot R}{当年实际天数}$$

式中，H 表示每日计提的费用；E 表示前一日的基金资产净值；R 表示年费率。

【例 12.7·单选题】目前，我国证券投资基金托管费一般按(   )的基金资产净值的一定比例计提。[2013 年 12 月证券真题]

    A．前一日   B．次日   C．前两日   D．当日

【答案】A

【解析】目前，我国的基金管理费、基金托管费及基金销售服务费均是按前一日基金资产净值的一定比例逐日计提，按月支付。

2．基金交易费

(1) 定义：基金交易费是指基金在进行证券买卖交易时所发生的相关交易费用，主要包括印花税、交易佣金、过户费、经手费、证管费。

(2) 计提方法：交易佣金由证券公司按成交金额的一定比例向基金收取，印花税、过户费、经手费、证管费等则由登记公司或交易所按有关规定收取。

3．基金运作费

(1) 定义：基金运作费是指为保证基金正常运作而发生的应由基金承担的费用，包括审计费、律师费、上市年费、分红手续费、持有人大会费、开户费、银行汇划手续费等。

(2) 计提方法：发生的费用如果影响基金份额净值小数点后第 4 位，应采用预提或待摊的方法计入基金损益；发生的费用如果不影响基金份额净值小数点后第 4 位，应于发生时直接计入基金损益。

三、不列入基金费用的项目

(1) 基金管理人和基金托管人因未履行或未完全履行义务导致的费用支出或基金财产的损失。

(2) 基金管理人和基金托管人处理与基金运作无关的事项发生的费用。

(3) 基金合同生效前的相关费用，包括但不限于验资费、会计师和律师费、信息披露费等费用。

第三节 基金会计核算

一、基金会计核算的特点

1. 基金会计主体

基金会计以证券投资基金为会计核算主体。基金会计的责任主体是对基金进行会计核算的基金管理公司和基金托管人，其中前者承担主会计责任。

2. 基金会计分期

基金会计期间划分为以周甚至是日为核算披露期间。目前，我国的基金会计核算均已细化到日。

3. 基金资产会计分类

除非基金合同另有约定，基金持有的金融资产和承担的金融负债通常归类为以公允价值计量且其变动计入当期损益的金融资产和金融负债。

二、基金会计核算的主要内容

1. 基金的会计核算对象

基金的会计核算对象包括资产类、负债类、共同类、所有者权益类和损益类的核算，涉及基金的投资交易、基金申购赎回、基金持有证券的上市公司行为、基金资产估值、基金费用计提和支付、基金利润分配等基金经营活动。

2. 基金会计核算的内容

(1) 证券和衍生工具交易核算。

(2) 权益核算，包括发行新股、发放股息和红利、配股等公司行为的核算。

(3) 利息和溢价核算。各类资产利息均应按日计提，并于当日确认为利息收入。

(4) 费用核算，各类费用一般也按日计提，并于当日确认为费用。

(5) 基金申购与赎回核算。

(6) 估值核算。

(7) 利润核算。

(8) 基金财务会计报告。

(9) 基金会计核算的复核。

【例 12.8·单选题】基金的会计核算对象不包括(   )。[2013 年 3 月证券真题]

    A．损益类   B．共同类   C．费用类   D．负债类

【答案】C

【解析】根据《证券投资基金会计核算业务指引》规定，基金的会计核算对象包括资产类、负债类、共同类、所有者权益类和损益类的核算，涉及基金的投资交易、基金申购

赎回、基金持有证券的上市公司行为、基金资产估值、基金费用计提和支付、基金利润分配等基金经营活动。

第四节　基金财务会计报告分析

一、基金财务会计报告分析的目的

1．定义

基金财务会计报告是指基金对外提供的反映基金某一特定日期的财务状况和某一会计期间的经营成果、现金流量等会计信息的文件。

2．目的

评价基金过去的经营业绩及投资管理能力；通过分析基金现时的资产配置及投资组合状况来了解基金的投资状况；预测基金未来的发展趋势，为基金投资人的投资决策提供依据。

二、基金财务会计报告分析的主要内容

1．基金持仓结构分析

(1) 股票投资、债券投资和银行存款等现金类资产分别占基金资产净值的比例等指标，在基金定期报告的投资组合报告中披露。其计算方式如下：

$$股票投资占基金资产净值的比例 = \frac{股票投资}{基金资产净值}$$

$$债券投资占基金资产净值的比例 = \frac{债券投资}{基金资产净值}$$

$$银行存款等现金类资产占基金资产净值的比例 = \frac{现金类资产合计}{基金资产净值}$$

(2) 披露股票投资在各行业的分布情况，通过行业分布可以分析出基金的重点投资方向。

$$某行业投资占股票投资的比例 = \frac{该行业股票投资市值}{股票投资总额}$$

(3) 将基金持仓结构的变化与基准指数的变化进行对比分析，从而了解基金的资产配置情况与能力。

2．基金盈利能力和分红能力分析

在基金定期报告中，基金一般会披露本期利润、本期已实现收益、加权平均基金份额本期利润、本期加权平均净值利润率、本期基金份额净值增长率、期末可供分配利润、期末可供分配基金份额利润、期末基金资产净值、期末基金份额净值等指标，通过这些指标可以分析基金的盈利能力和分红能力。

3. 基金收入情况分析

基金收入包括利息收入、投资收益、公允价值变动损益和其他收入。

4. 基金费用情况分析

基金费用一般包括管理人报酬、托管费、销售服务费、交易费用、利息支出和其他费用。

5. 基金份额变动分析

一般来说，如果基金份额变动较大，则会对基金管理人的投资有不利影响；反之，则有助于基金投资的稳定。

6. 基金投资风格分析

(1) 持仓集中度分析。通过计算持仓的前 10 只股票占基金净值的比例可以分析基金是否倾向于集中投资。

(2) 基金持仓股本规模分析，了解基金所投资的上市公司股票的规模偏好。

(3) 基金持仓成长性分析，了解基金投资的上市公司的成长性。

【例 12.9·单选题】下列关于基金投资风格分析的说法，错误的是(　　)。

  A. 通过计算前 10 只股票投资市场占基金资产净值的比例可以分析基金是否倾向于集中投资

  B. 通过基金本期利润、期末可供分配基金份额利润等指标，可以分析基金的盈利能力

  C. 通过基金持有股票的股本规模分析，可以了解基金所投资的上市公司的规模偏好

  D. 通过分析基金所持有的股票的成长性指标，可以了解基金投资的上市公司的成长性

【答案】B

【解析】基金投资风格分析包括：①持仓集中度分析，通过计算持仓的前10只股票占基金净值的比例可以分析基金是否倾向于集中投资；②基金持仓股本规模分析，通过基金持有股票的股本规模分析，可以了解基金所投资的上市公司股票的规模偏好；③基金持仓成长性分析，通过分析基金所持有的股票的成长性指标，可以了解基金投资的上市公司的成长性。B项属于基金盈利能力和分红能力分析的内容。

【过关练习】

单选题(以下备选项中只有一项最符合题目要求)

1. 基金资产估值是指通过对基金所拥有的(　　)按一定的原则和方法进行估算，进而确定基金资产公允价值的过程。

  A. 全部资产   B. 净资产

  C. 全部资产及全部负债   D. 所有负债

【答案】C

【解析】基金资产估值是指通过对基金所拥有的全部资产及全部负债按一定的原则和

方法进行估算,进而确定基金资产公允价值的过程。基金资产总值是指基金全部资产的价值总和。从基金资产中扣除基金所有负债即是基金资产净值。

2.假设某基金某日持有的某三种股票的数量分别为100万股、500万股和1000万股,每股的收盘价分别为30元、20元和10元,银行存款为10 000万元,对托管人或管理人应付的报酬为5000万元,应付税费为5000万元,已出售的基金份额为20 000万份,则基金份额净值为(   )元。

    A.1.09   B.1.15   C.1.35   D.1.53

【答案】B

【解析】基金份额净值=(基金资产-基金负债)/基金总份额=(100×30+500×20+1000×10+10 000-5000-5000)/20 000=1.15(元)。

3.基金估值的第一责任主体是(   )。

    A.基金管理公司   B.基金托管人

    C.基金管理人   D.投资者

【答案】C

【解析】基金估值主体在现有基金法律体系中是完备的,无论是《证券投资基金法》还是中国证监会关于基金合同的格式要求、基金估值业务规定等都明确规定,基金管理人是基金估值的第一责任主体。

4.下列关于基金资产估值程序的表述错误的是(   )。

    A.基金份额净值是按照每个开放日闭市后,基金资产净值除以当日基金份额的余额数量计算

    B.基金管理人每个交易日对基金资产估值后,将基金份额净值结果发给基金托管人

    C.基金托管人按基金合同规定的估值方法、时间、程序对基金管理人的计算结果进行复核,复核无误后签章返回给基金管理人

    D.基金托管人按基金合同规定的估值方法、时间、程序对基金管理人的计算结果进行复核,复核无误后对外公布

【答案】D

【解析】基金托管人按基金合同规定的估值方法、时间、程序对基金管理人的计算结果进行复核,复核无误后签章返回给基金管理人,由基金管理人对外公布,并由基金注册登记机构根据确认的基金份额净值计算申购、赎回数额。

5.可以暂停估值的情形不包括(   )。

    A.基金投资所涉及的证券交易所遇法定节假日或因其他原因暂停营业时

    B.因不可抗力或其他情形致使基金管理人、基金托管人无法准确评估基金资产价值时

    C.占基金很小比例的投资品种的估值出现重大转变,而基金管理人为保障投资人的利益已决定延迟估值

    D.如出现基金管理人认为属于紧急事故的任何情况,会导致基金管理人不能出售或评估基金资产的

【答案】C

【解析】当基金有以下情形时，可以暂停估值：①基金投资所涉及的证券交易所遇法定节假日或因其他原因暂停营业时；②因不可抗力或其他情形致使基金管理人、基金托管人无法准确评估基金资产价值时；③占基金相当比例的投资品种的估值出现重大转变，而基金管理人为保障投资人的利益已决定延迟估值；④如出现基金管理人认为属于紧急事故的任何情况，会导致基金管理人不能出售或评估基金资产的；⑤中国证监会和基金合同认定的其他情形。

6. QDII 基金份额净值应当在估值日后(　　)内披露。

A. 1 个工作日 　　　　　　　B. 2 个工作日

C. 3 个工作日 　　　　　　　D. 4 个工作日

【答案】B

【解析】根据《关于实施〈合格境内机构投资者境外证券投资管理试行办法〉有关问题的通知》的规定，基金份额净值应当在估值日后 2 个工作日内披露。

7. 从基金类型看，(　　)的管理费率最高。

A. 股票基金 　　　　　　　　B. 债券基金

C. 衍生工具基金 　　　　　　D. 货币市场基金

【答案】C

【解析】在西方成熟基金市场中，基金管理费率通常与基金规模成反比，与风险成正比。基金风险程度越高，基金管理费率越高。不同类别及不同国家、地区的基金，管理费率不完全相同。但从基金类型看，衍生工具基金的管理费率最高。

8. 关于基金托管费计提标准，以下说法错误的是(　　)。

A. 通常基金规模越大，基金托管费率越高

B. 基金托管费收取的比例与基金规模、基金类型有一定关系

C. 目前我国股票型封闭式基金按照 0.25% 的比例计提基金托管费

D. 开放式基金根据基金合同的规定比例计提，通常低于 0.25%

【答案】A

【解析】A 项，基金托管费收取的比例与基金规模、基金类型有一定关系，通常基金规模越大，基金托管费率越低。

9. 关于基金交易费，下列说法错误的是(　　)。

A. 基金交易费是指基金在进行证券买卖交易时所发生的相关交易费用

B. 我国证券投资基金的交易费主要包括印花税、交易佣金、过户费、经手费、证管费

C. 交易佣金由证券公司按成交金额的一定比例向基金收取

D. 交易费中的印花税、过户费、经手费、证管费等由托管人按有关规定收取

【答案】D

【解析】D 项，印花税、过户费、经手费、证管费等由登记公司或交易所按有关规定收取。

10. 下列费用中列入基金费用项目的是(　　)。

A. 为保证基金正常运作而发生的应由基金承担的费用，包括审计费、律师费、上市年费、分红手续费、持有人大会费、开户费、银行汇划手续费等

B. 基金管理人和基金托管人因未履行或未完全履行义务导致的费用支出或基金财产的损失

C. 基金管理人和基金托管人处理与基金运作无关的事项发生的费用

D. 基金合同生效前的相关费用，包括但不限于验资费、会计师和律师费、信息披露费等费用

【答案】A

【解析】A 项为基金运作费，在基金财产中列支；B、C、D 三项均为不列入基金费用的项目。

第十三章　基金的利润分配与税收

【考情分析】

本章主要介绍基金的利润分配与税收。基金经营活动所产生的利润是基金利润分配的基础，基金利润分配是基金投资者取得投资收益的基本方式。利息收入、投资收益及其他收入是基金的主要利润来源；基金税收涉及基金作为一个营业主体的税收，基金管理人和基金托管人作为基金营业主体的税收，以及投资者买卖基金涉及的税收三个方面。

本章内容不多，考点主要集中与对基金利润及利润分配的考查。比较重要的考点主要有基金利润来源及相关财务指标的主要内容、利润分配对基金份额净值的影响等。

【学习方法】

本章以介绍性的知识点为主，主要考查考生能否对细节知识点准确记忆，难度不高，考生需要掌握基金来源及相关财务指标的主要内容，掌握利润分配对基金份额净值的影响，理解基金分红的不同方式和货币市场基金利润分配的特殊规定，对投资基金涉及的税收项目也要有清晰的认识。其中，基金利润来源以及与利润相关的财务指标的种类与计算方法是本章的重难点，建议考生通过大量做题，反复练习，加强对知识点的掌握。

【知识结构】

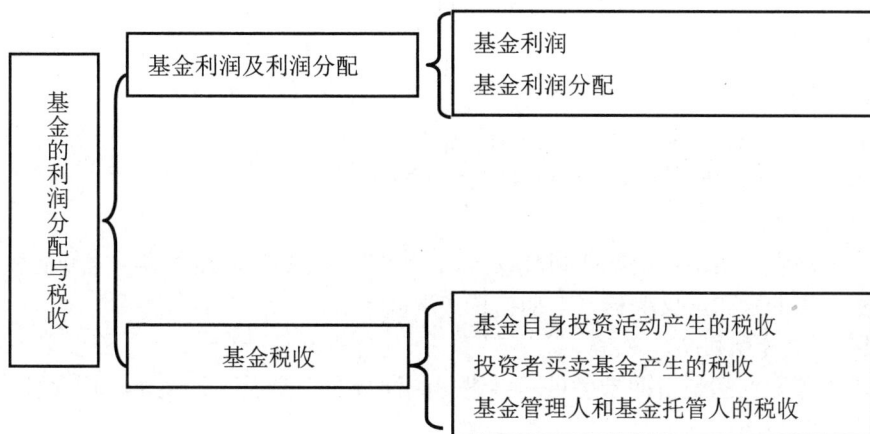

【核心讲义】

第一节　基金利润及利润分配

一、基金利润

1．来源

1）利息收入

利息收入是指基金经营活动中因债券投资、资产支持证券投资、银行存款、结算备付金、存出保证金、按买入返售协议融出资金等而实现的利息收入。

2）投资收益

投资收益是指基金经营活动中因买卖股票、债券、资产支持证券、基金等实现的差价收益，因股票、基金投资等获得的股利收益，以及衍生工具投资产生的相关损益。

3）其他收入

其他收入是指除上述收入以外的其他各项收入，包括赎回费扣除基本手续费后的余额、手续费返还、ETF 替代损益，以及基金管理人等机构为弥补基金财产损失而付给基金的赔偿款项等。

4）公允价值变动损益

公允价值变动损益是指基金持有的采用公允价值模式计量的交易性金融资产、交易性金融负债等公允价值变动形成的应计入当期损益的利得或损失。

2．有关的财务指标

1）本期利润

本期利润是基金在一定时期内全部损益的总和，包括计入当期损益的公允价值变动损益，是一个能够全面反映基金在一定时期内经营成果的指标。

2）本期已实现收益

本期已实现收益是指基金本期利息收入、投资收益、其他收入(不含公允价值变动损益)扣除相关费用后的余额，反映基金本期已经实现的损益。

3）期末可供分配利润

期末可供分配利润是指期末可供基金进行利润分配的金额，为期末资产负债表中未分配利润与未分配利润中已实现部分的孰低数。

4）未分配利润

未分配利润是基金进行利润分配后的剩余额，将转入下期分配。

【例 13.1·单选题】基金期末可供分配利润为(　　)。[2014 年 6 月证券真题]

A．期末资产负债表的未分配利润中未实现部分

B．期末资产负债表的未分配利润

C．期末资产负债表的未分配利润与未分配利润中已实现部分的孰低数

D．期末资产负债表的未分配利润中已实现部分

【答案】C

【解析】期末可供分配利润是指期末可供基金进行利润分配的金额，为期末资产负债表中未分配利润与未分配利润中已实现部分的孰低数。

二、基金利润分配

1. 基金利润分配对基金份额净值的影响

基金利润分配会导致基金份额净值的下降，但对投资者的利益没有实际影响。

2. 封闭式基金的利润分配

封闭式基金的收益分配，每年不得少于一次；年度收益分配比例不得低于基金年度可供分配利润的 90%；基金收益分配后基金份额净值不得低于面值；封闭式基金只能采用现金分红。

【例 13.2·单选题】下列关于封闭式基金的利润分配，说法错误的是(　　)。[2014 年 3 月证券真题]

　　A．封闭式基金的收益分配，每年不得少于一次

　　B．封闭式基金年度收益分配比例不得低于基金年度可供分配利润的 90%

　　C．基金收益分配后基金份额净值不得高于面值

　　D．封闭式基金只能采用现金分红

【答案】C

【解析】根据《公开募集证券投资基金运作管理办法》规定，封闭式基金的收益分配，每年不得少于一次；封闭式基金年度收益分配比例不得低于基金年度可供分配利润的 90%。基金收益分配后基金份额净值不得低于面值；封闭式基金只能采用现金分红。

3. 开放式基金的利润分配

开放式基金需要在基金合同中约定每年基金利润分配的最多次数和基金利润分配的最低比例；基金收益分配后基金份额净值不能低于面值；开放式基金的分红方式可以采用现金分红方式与分红再投资转换为基金份额方式。

基金收益分配默认为采用现金方式。开放式基金的基金份额持有人可以事先选择将所获分配的现金利润，转为基金份额，即选择分红再投资。基金份额持有人事先没有做出选择的，基金管理人应当支付现金。

【例 13.3·单选题】下列关于开放式基金的利润分配，说法不正确的是(　　)。

　　A．我国开放式基金按规定需在基金合同中约定每年基金利润分配的最多次数和基金利润分配的最低比例

　　B．基金收益分配后基金份额净值不能高于面值

　　C．开放式基金有现金分红和分红再投资转换为基金份额两种分红方式

　　D．现金分红方式是开放式基金分配的最普遍形式

【答案】B

【解析】我国开放式基金按规定需要在基金合同中约定每年基金利润分配的最多次数

和基金利润分配的最低比例。同时要求基金收益分配后基金份额净值不能低于面值，即基金收益分配基准日的基金份额净值减去每单位基金份额收益分配金额后不能低于面值。

4．基金份额的分拆、合并

1）定义

基金份额分拆是指在保证投资者的投资总额不发生改变的前提下，将一份基金按照一定的比例分拆成若干份，每一基金份额的单位净值也按相同比例降低，是对基金的资产进行重新计算的一种方式。通常将分拆比例大于 1 的分拆定义为基金份额的分拆，而分拆比例小于 1 的分拆则定义为基金份额的合并。

2）基金份额分拆的优点

① 可以降低投资者对价格的敏感性，有利于基金持续营销，有利于改善基金份额持有人结构，有利于基金经理更为有效地运作资金；②有效解决"被迫分红"的问题，有效降低交易成本，减少频繁买卖对证券市场的冲击。

3）基金分拆与基金分红的相似与区别

(1) 相似之处：可以降低基金单位净值。

(2) 区别之处：①选择现金分红方式的投资者在获得现金分红的同时，其所拥有的基金份额并不发生改变；②在现金分红的情况下，基金分红有大量现金流出，基金的资产规模也会发生改变；③基金分红时机的选择与基金分拆时机的选择有所不同。基金分红必须选择一个恰当的时机，基金分拆时机的选择更为随意。

5．货币市场基金的利润分配

对于每日按照面值进行报价的货币市场基金，可以在基金合同中将收益分配的方式约定为红利再投资，并应当每日进行收益分配。

当日申购的基金份额自下一个工作日起享有基金的分配权益，当日赎回的基金份额自下一个工作日起不享有基金的分配权益。

货币市场基金每周五进行分配时，将同时分配周六和周日的利润；每周一至周四进行分配时，则仅对当日利润进行分配。投资者于周五申购或转换转入的基金份额不享有周五和周六、周日的利润，投资者于周五赎回或转换转出的基金份额享有周五和周六、周日的利润。

节假日的利润计算基本与在周五申购或赎回的情况相同。

【例 13.4·单选题】以下关于基金利润分配的表述，错误的是( )。[2013 年 3 月证券真题]

    A．开放式基金应该在基金合同中约定每年基金利润分配的最多次数

    B．基金进行利润分配会导致基金份额净值下降，但并不意味着投资者有投资损失

    C．投资者周五申请赎回的货币基金份额，不享有周六、周日的利润分配

    D．封闭式基金只能采用现金方式分红

【答案】C

【解析】C 项，根据《关于货币市场基金投资等相关问题的通知》规定，当日申购的基金份额自下一个工作日起享有基金的分配权益，当日赎回的基金份额自下一个工作日起不享有基金的分配权益。具体而言，货币市场基金每周五进行分配时，将同时分配周六和

周日的利润。投资者于周五赎回或转换转出的基金份额享有周五和周六、周日的利润。

第二节 基 金 税 收

一、基金自身投资活动产生的税收

1. 营业税

对证券投资基金管理人运用基金买卖股票、债券的差价收入，免征营业税。

证券投资基金管理人以发行基金方式募集资金不属于营业税的征税范围，不征收营业税。

2. 印花税

基金卖出股票时按照 1‰ 的税率征收证券(股票)交易印花税，而对买入交易不再征收印花税，即对印花税实行单向征收。

3. 所得税

对证券投资基金从证券市场中取得的买卖股票、债券的差价收入，股权的股息、红利收入，债券的利息收入及其他收入，暂不征收企业所得税。

对基金取得的股利收入、债券的利息收入、储蓄存款利息收入，由上市公司、发行债券的企业和银行在向基金支付上述收入时代扣代缴 20% 的个人所得税。

对证券投资基金从上市公司取得的股息红利所得，实行上市公司股息红利差别化个人所得税政策。个人从公开发行和转让市场取得的上市公司股票，持股期限在 1 个月以内(含 1 个月)的，其股息红利所得全额计入应纳税所得额；持股期限在 1 个月以上至 1 年(含 1 年)的，暂减按 50% 计入应纳税所得额；持股期限超过 1 年的，暂减按 25% 计入应纳税所得额。上述所得统一适用 20% 税率计征个人所得税。

个人投资者持股时间越长，其股息红利所得个人所得税的税负就越低。

【例 13.5·单选题】基金管理人运用证券投资基金买卖股票、债券的差价收入，(   )营业税。[2014 年 9 月证券真题]

    A. 征收 20%   B. 继续免征   C. 征收 10%   D. 征收 15%

【答案】B

【解析】财政部、国家税务总局《关于证券投资基金税收政策的通知》规定，自 2004 年 1 月 1 日起，对证券投资基金(封闭式证券投资基金、开放式证券投资基金)管理人运用基金买卖股票、债券的差价收入，继续免征营业税。

二、投资者买卖基金产生的税收

1. 机构投资者买卖基金的税收

1) 营业税

金融机构(包括银行和非银行金融机构)买卖基金份额的差价收入征收营业税，非金融机构买卖基金份额的差价收入不征收营业税。

2) 印花税

机构投资者买卖基金份额暂免征收印花税。

3) 所得税

机构投资者买卖基金份额获得的差价收入,征收企业所得税;机构投资者从基金分配中获得的收入,暂不征收企业所得税。

2.个人投资者投资基金的税收

1) 印花税

个人投资者买卖基金份额暂免征收印花税。

2) 所得税

(1) 个人投资者买卖基金份额获得的差价收入,在对个人买卖股票的差价收入未恢复征收个人所得税以前,暂不征收个人所得税。

(2) 个人投资者从基金分配中获得的股票的股利收入、企业债券的利息收入,由上市公司、发行债券的企业和银行在向基金支付上述收入时,代扣代缴 20%的个人所得税。个人投资者从基金分配中取得的收入,暂不征收个人所得税。

(3) 个人投资者从基金分配中获得的国债利息、买卖股票差价收入,在国债利息收入、个人买卖股票差价收入未恢复征收所得税以前,暂不征收所得税。

(4) 个人投资者从封闭式基金分配中获得的企业债券差价收入,应对个人投资者征收个人所得税。

(5) 个人投资者申购和赎回基金份额取得的差价收入,在对个人买卖股票的差价收入未恢复征收个人所得税以前,暂不征收个人所得税。

【例 13.6·单选题】目前,我国对投资者(包括个人和企业)买卖基金份额,(   )印花税。

    A.征收 2%   B.征收 1%   C.暂不征收   D.征收 4%

【答案】C

【解析】企业投资者买卖基金份额暂免征收印花税;个人投资者买卖基金份额暂免征收印花税。

三、基金管理人和基金托管人的税收

基金管理人、基金托管人从事基金管理活动取得的收入,依照税法的规定征收营业税和企业所得税。

【过关练习】

单选题(以下备选项中只有一项最符合题目要求)

1.基金因投资股票而带来的投资收益不包括(   )。
    A.存款利息收入   B.股票股利
    C.股票价差收入   D.现金股利

【答案】A

【解析】投资收益是指基金经营活动中因买卖股票、债券、资产支持证券、基金等实现的差价收益，因股票、基金投资等获得的股利收益，以及衍生工具投资产生的相关损益。具体包括：①股票投资收益；②债券投资收益；③资产支持证券投资收益；④基金投资收益；⑤衍生工具收益；⑥股利收益等。

2．不属于基金收益中其他收入的项目是(　　)。

  A．赎回费余额   B．基金获得的赔偿款

  C．存款利息收入   D．新股手续费返还

【答案】C

【解析】其他收入是指除利息收入和投资收益以外的其他各项收入，包括赎回费扣除基本手续费后的余额、手续费返还、ETF替代损益，以及基金管理人等机构为弥补基金财产损失而支付给基金的赔偿款项等。这些收入项目一般根据发生的实际金额确认。

3．根据有关规定，除货币市场基金外，基金利润分配默认的方式是(　　)。

  A．分红再投资   B．直接分配基金份额

  C．固定红利   D．现金分红

【答案】D

【解析】根据有关规定，基金收益分配默认为采用现金方式。开放式基金的基金份额持有人可以事先选择将所获分配的现金利润，转为基金份额，即选择分红再投资。基金份额持有人事先未做出选择的，基金管理人应当支付现金。

4．基金利润来源中的利息收入不包括(　　)。

  A．债券利息收入   B．资产支持证券利息收入

  C．买入返售金融资产收入 D．因股票投资获得的股利收益

【答案】D

【解析】利息收入是指基金经营活动中因债券投资、资产支持证券投资、银行存款、结算备付金、存出保证金、按买入返售协议融出资金等而实现的利息收入。具体包括债券利息收入、资产支持证券利息收入、存款利息收入、买入返售金融资产收入等。D项属于投资收益。

5．下列关于基金份额分拆、合并的说法错误的是(　　)。

  A．分拆不影响基金的已实现收益、未实现利得

  B．分拆通过调整基金份额数量从而降低基金份额净值

  C．基金份额的合并能够提高基金的净值

  D．基金份额分拆会提高投资者对价格的敏感性

【答案】D

【解析】D项，基金份额分拆可以降低投资者对价格的敏感性，有利于基金持续营销，有利于改善基金份额持有人结构，有利于基金经理更为有效地运作资金，从而贯彻基金运作的投资理念与投资哲学。

6．假定2015年5月1日至3日为法定休假日，2015年5月4日是节后第一个工作日，假设投资者在2014年4月30日(周四，节前最后一个基金开放日)申购了基金份额，那么投资者享有的基金利润(　　)。

A．从 4 月 30 日起开始计算，并在 30 日当天分配到 4 月 30 日至 5 月 3 日的利润

B．从 4 月 30 日起开始计算，并在 30 日当天仅分配到 4 月 30 日的利润

C．从 5 月 1 日起开始计算

D．从 5 月 4 日起开始计算

【答案】D

【解析】投资者于法定节假日前最后一个开放日申购或转换转入的基金份额不享有该日和整个节假日期间的利润，投资者于法定节假日前最后一个开放日赎回或转换转出的基金份额享有该日和整个节假日期间的利润。

7．目前，我国对基金管理人从事基金管理活动取得的收入，____营业税，____企业所得税。( )

A．征收；不征收
B．不征收；征收

C．征收；征收
D．不征收；不征收

【答案】C

【解析】基金管理人、基金托管人从事基金管理活动取得的收入，依照税法的规定征收营业税和企业所得税。

8．下列关于个人投资者投资基金的所得税的征收，表述错误的是(   )。

A．从基金分配中获得的国债利息、买卖股票差价收入，暂不征收所得税

B．从基金分配中取得的收入，暂不征收个人所得税

C．从封闭式基金分配中获得的企业债券差价收入，暂不征收个人所得税

D．申购和赎回基金份额取得的差价收入，暂不征收个人所得税

【答案】C

【解析】C 项，个人投资者从封闭式基金分配中获得的企业债券差价收入，按现行税法规定，应对个人投资者征收个人所得税。

9．个人从公开发行和转让市场取得的上市公司股票，持股期限在 1 个月以上至 1 年(含 1 年)的，暂减按(   )计入应纳税所得额。

A．30%
B．40%
C．45%
D．50%

【答案】D

【解析】个人从公开发行和转让市场取得的上市公司股票，持股期限在 1 个月以内(含 1 个月)的，其股息红利所得全额计入应纳税所得额；持股期限在 1 个月以上至 1 年(含 1 年)的，暂减按 50%计入应纳税所得额；持股期限超过 1 年的，暂减按 25%计入应纳税所得额。

10．根据目前有关规定，(   )买卖基金的差价收入需征收营业税。

A．会计师事务所
B．非金融投资公司

C．信托公司
D．工业企业

【答案】C

【解析】金融机构(包括银行和非银行金融机构)买卖基金的差价收入征收营业税，非金融机构买卖基金份额的差价收入不征收营业税。C 项，信托公司属于非银行金融机构。

第十四章　基金国际化的发展概况

【考情分析】

本章主要从海外市场发展和中国基金国际化发展两个方面阐述了基金国际化的发展概况。其中，海外市场发展主要包括投资基金的国际化投资、投资基金监管的国际化投资、欧盟基金监管一体化进程和各国基金国际化概况；中国基金国际化主要介绍了中国基金国际化发展情况和进展情况。本章重要的考点主要包括 QFII、RQFII 以及 QDII 的概念、规则和发展概况。

【学习方法】

本章介绍性的内容比较多，难度并不高，目标是让考生对基金国际化的发展有一个宏观了解。学习中应重点把握我国基金国际化的发展状况，掌握 QFII、RQFII 以及 QDII 的概念、规则和发展概况，理解沪港通的重要意义。对投资基金国际化投资概况、海外市场的监管情况及我国基金互认的现状要有一定的了解，再辅以必要的练习题，以加深印象。

【知识结构】

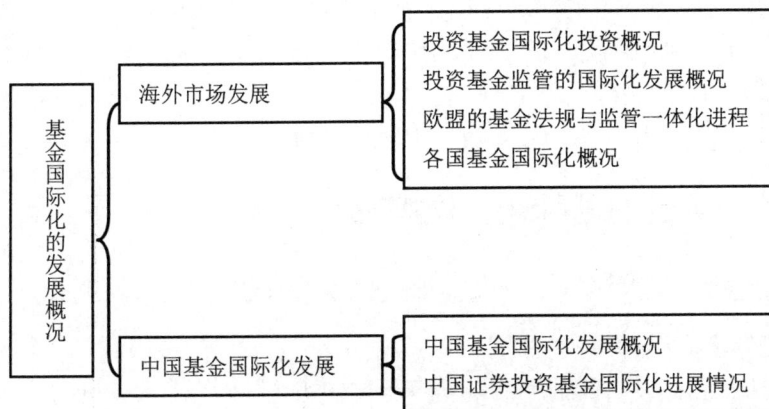

【核心讲义】

第一节　海外市场发展

一、投资基金国际化投资概况

1. 定义

投资基金国际化是指投资基金进行跨境投资、销售或管理。

2. 投资基金国际化的意义

分析角度不同,投资基金国际化的意义不同,具体如表 14-1 所示。

表 14-1　投资基金国际化的意义

分析角度	意　义
投资角度	①能够自由地选择投资地域和投资标的,把握不同区域的投资机会,最大化基金投资者利益;②资产规模的扩大,能使基金管理公司以较少的单位成本获取较大的规模效益
风险分散角度	①较大幅度地减少非系统性风险,甚至对于系统性风险的对冲都能起到一定的作用;②一定程度上减少发达国家证券投资收益下降的冲击
投资对象国角度	购买本国证券市场上的投资产品,是一种较好的融资方式

【例 14.1·单选题】从投资角度来看,投资基金国际化的意义不包括(　　)。

　　A. 自由地选择投资地域和投资标的

　　B. 较大幅度地减少非系统性风险

　　C. 资产规模的扩大,能使基金管理公司以较少的单位成本获取较大的规模效益

　　D. 把握不同区域的投资机会,最大化基金投资者利益

【答案】B

【解析】从投资角度来看,本国基金投资于国际证券市场,目的是能够自由地选择投资地域和投资标的,把握不同区域的投资机会,最大化基金投资者利益;同时资产规模的扩大,能使基金管理公司以较少的单位成本获取较大的规模效益。B 项,从风险分散角度来看,国际化基金在全球不同的证券市场上进行资产配置,可以较大幅度地减少非系统性风险,甚至对于系统性风险的对冲都能起到一定的作用。

二、投资基金监管的国际化发展概况

1. 国际证监会组织(IOSCO)投资基金监管的基本制度

1) 关于证券投资基金的监管原则

首先,监管机构应建立向希望出售或管理证券投资基金的个人或机构发牌并实施监管的一套标准;其次,监管机构应制定有关证券投资基金的法定模式、构成以及分离和保护客户资产的法规;再次,监管机构应依据发行人信息披露相同原则要求证券投资基金进行披露,从而判断证券投资基金是否适合于一个特定投资者并评估投资者在该组合中权益的价值;最后,监管机构应确立证券投资基金资产评估、基金单位定价和赎回的一个适当和透明的依据。

2) 关于基金管理人的监管制度

一国监管机构应对基金管理人及其代理人进行全面监管,包括对证券投资基金的登记注册和审批权、对基金运作的检查权、涉嫌违规行为时的调查权及纠正权。

3) 关于保护投资者权益的制度

(1) 向投资者充分披露有关信息。例如,披露影响证券投资基金价值的重大事件、对基

金投资策略的披露及对投资组合收取的各项费用的披露。

(2) 保护客户资产。监管机构应在其管辖区域内对交割过程进行有效监管,确保客户所有证券的交割独立于投资公司证券的交割。

(3) 公平、准确地进行资产评估和定价。

(4) 证券投资基金的份额赎回。

4) 关于基金跨境活动的监管合作与协调制度

(1) 相互提供信息。

(2) 提供自发性协助。

(3) 对证券投资基金管理人进行实地检查。

5) 关于证券投资基金监管机构职能的制度

监管机构在履行监管职能的过程中,应确保自身的独立性,拥有独立的经费来源、人力及其他资源以确保独立行使其职权,确保程序的合法性、公平性和公正性。

6) 关于自律监管的制度

自律组织对市场运作和行为的了解更为深入,专业水平更高,可能对市场变化的反应比政府机构更快、更灵活。

2. 欧盟(EU)投资基金监管的基本制度

1) 欧盟金融市场的投资基金分类

(1) 证券投资基金。

(2) 另类投资基金,它是活跃在欧盟市场上的诸如对冲基金、不动产基金、私募股权和风险投资基金、商品基金、基础设施基金以及投资于这些基金的基金等各类型投资基金的合称。

2) 投资基金监管的基本制度

(1) 欧盟的证券投资基金监管体系以《可转让证券集合投资计划指令》(UCITS 指令)为核心。

(2) 另类投资基金受《另类投资基金管理人指令》(AIFMD)监管。

3. 经济合作与发展组织(OECD)投资基金监管规定

1) 投资基金监管规定

经合组织在 2005 年发表了《集合投资计划治理白皮书》(简称《白皮书》),提出了该组织对新时期投资基金治理及监管的原则性建议。

2) 上述三个国际组织制定的投资基金监管标准的相同点

(1) 都要求基金管理人为投资人的利益服务,基金资产必须由独立的托管人保管,对基金的定价、估值、分散投资、信息披露等都有明确的规定。

(2) 都要求基金的监管机构要有充分的监管权力和监管手段。

【例 14.2·单选题】( )是目前证券投资基金监管领域最重要的国际组织。

  A. 国际证监会组织(IOSCO)   B. 欧盟(EU)

  C. 经济合作与发展组织(OECD)   D. 世贸组织(WTO)

【答案】A

【解析】国际证监会组织成立于 1983 年，现有近 200 个成员机构，总部设在西班牙马德里。它是目前证券投资基金监管领域最重要的国际组织，也是在推进证券、期货、基金市场监管的全球性多边合作与协调方面做得最好的国际组织。

三、欧盟的基金法规与监管一体化进程

1. UCITS 指令

1) UCITS 一号指令

1985 年 12 月 20 日欧共体发布 UCITS 一号指令，标志着欧洲投资基金市场开始朝着一体化方向发展；UCITS 基金是指那些从公众募集资金，以风险分散为原则，只投资于可转让证券的基金。

(1) 不属于 UCITS 基金的范围。

不属于 UCITS 基金范围的有：封闭式基金；在欧盟内不向公众宣传并销售相应基金份额的基金；基金份额只向非欧盟成员国的公众销售的基金；投资与借款政策与指令规定不符的基金。

(2) 指令的管辖原则以母国为主，东道国为辅。

基金以其注册国或管理基金的基金管理公司的注册国为母国。各成员国应要求基金或基金管理公司的总部位于其注册地。

(3) UCITS 基金的核准，基金管理人和托管人的资格。

①对单位信托而言，要求核准基金管理人、基金托管人和基金规则；对于公司型基金，则核准基金章程和基金托管人。②基金管理公司只能从事基金管理业务。③托管人应当是受公众控制的机构，并有充分的财力和专业人员，保证可以有效履行其职责。托管人应与基金管理人在同一国注册，如在另一国注册，应在管理人所在国设立机构。一家机构不能既担任管理人又担任托管人。

(4) 关于投资政策的规定。

①投资政策是指令的重点内容，包括可投资的品种、投资比例限制与投资禁止等。②基金可投资于成员国或非成员国证券交易所正式上市的可转让证券，或在成员国、非成员国其他有管制的、正常运作的、被认可的、对公众开放的可转让证券。基金还可投资于近期发行的、已取得许可将于一年内在证券交易所或有管制的市场上市的可转让证券。③基金投资于同一主体发行的证券，不得超过基金资产净值的 5%。成员国可将此比例提高到 10%。但基金投资于一个主体发行的证券超过 5% 时，该类投资的总和不得超过基金资产净值的 40%。基金投资于一个成员国政府或其地方政府、非成员国政府、成员国参加的国际组织发行或担保的可转让证券，比例可提高到 35%。在持有人利益得到保护的前提下，成员国监管机关可允许基金 100% 投资于政府或国际组织发行或担保的证券，但在此情形下，应投资于不少于 6 个主体发行的证券，对每个主体发行证券的投资比例不得超过 30%。

基金不得通过取得有表决权股票对发行主体的管理施加重大影响，不得持一发行主体 10% 以上无表决权股票、债券和基金。但如投资于政府或国际组织发行或担保的可转让证券则不在此限。基金行使认购权时，可以不受以上规定的限制。基金不得持有贵金属或其证书。投资公司、管理人或托管人无权代表基金借款，但成员国可以允许基金临时借入不超

过基金资产 10%的款项。

(5) 基金信息披露的规定。

基金管理公司应公告招募说明书、年度报告、半年报告及其他重要信息。关于申购与赎回价格，规定应至少一个月公布两次。如不损害持有人利益，监管机关可以允许一个月一次。

(6) 关于基金在其他成员国销售的规定。

基金应遵守其他成员国有关不在指令范围内的销售规定。基金可以在其他成员国做销售广告，并遵守有关规定。其他成员国的销售与广告规定不得有歧视。

基金可以在通知东道国监管机关两个月后销售，除非后者做出不批准的决定。基金在其他成员国销售时，应使用该国至少一种官方语言。在进行业务活动时，基金可使用与母国同样的名称。

【例 14.3 · 单选题】下列关于 UCITS 基金的核准要求，说法正确的是(   )。

A．对于公司型基金，要求核准基金管理人、基金托管人和基金规则

B．对于单位信托，要求核准基金章程和基金托管人

C．监管机关在基金管理人及基金托管人的董事有良好的声誉和足够履行职务的经验时，方可给予核准

D．基金管理人的改变不需要获得监管机关的批准

【答案】C

【解析】A 项，对于公司型基金，要求核准基金章程和基金托管人；B 项，对单位信托而言，要求核准基金管理人、基金托管人和基金规则；D 项，基金管理人、托管人、基金规则及基金章程的改变均要获得监管机关的批准。

2) UCITS 三号指令

UCITS 三号指令与 UCITS 一号指令相比最大的突破在于为 UCITS 管理公司提供了"欧盟护照"。

管理指令和产品指令的具体内容。

(1) 管理公司的护照。

新指令为 UCITS 基金的管理公司颁发"护照"，允许这些管理公司在其他成员国开展已经获得批准的业务。

新指令对管理公司还提出新的最低资本要求：管理公司的起始资本不能低于 12.5 万欧元；管理资产超过 2.5 亿欧元时，管理公司资本应增加相当于管理资产 0.02%的资本(起始资本和新增资本合计最高可不超过 1000 万欧元)；资本在任何情况下不能低于 13 周的"固定经营成本"。

(2) 更复杂的风险分散规则。

沿用"5%-10%-40%规则"；当可转让证券或货币市场工具由一个成员国、其他国家或成员国参与的国际组织发行或担保时，上述 5%的比例限制可以提高到 35%；一只 UCITS 基金投资于同一机构发行的货币市场工具、银行存款或 OTC 衍生产品的资产总值不能超过基金资产的 20%；引入"同一机构"的定义。

(3) 更广泛的投资品种。

UCITS 新增的投资品种包括货币市场工具、其他投资基金、银行存款、金融衍生工具

和指数基金等。

(4) 更广泛的业务范围。

(5) 引入简要招募说明书。

(6) 进一步加强对投资者的保护。

(7) 过渡条款。

3) UCITS 四号指令

UCITS 四号指令的修改主要体现在以下五个方面。

(1) 引进基金管理公司通行证;

(2) 跨境分销程序实现简化,注册流程更简便,并支持 UCITS 部门更快速地启动跨境营销。

(3) 为 UCITS 基金的国内和跨境合并创建法律框架,允许 UCITS 整合,设立便利跨境基金并购的程序,加快现有的大型基金并购小型基金的趋势。

(4) 引进主从结构基金以促进资产池的组建,允许某一 UCITS 基金(从基金)被另一 UCITS 基金(主基金)完全投资,帮助 UCITS 基金实现更大的规模经济和更低的经营成本,使得法律框架对于有意创立基金的机构投资者更具吸引力。

(5) 以最新标准化的"投资人关键信息"文件替换原有的简化募股书。

【例 14.4·单选题】下列不属于 UCITS 四号指令的修改主要体现的是( )。

    A. 引进基金管理公司通行证

    B. 为 UCITS 管理公司提供了"欧盟护照"

    C. 为 UCITS 基金的国内和跨境合并创建法律框架

    D. 引进主从结构基金以促进资产池的组建

【答案】B

【解析】B 项属于 UCITS 三号指令新增内容。除 ACD 三项外,UCITS 四号指令的修改还体现在:①跨境分销程序实现简化;②以最新标准化的"投资人关键信息"文件替换原有的简化募股书。

4) 《另类投资基金管理人指令》

(1) 注册监管。

新立法中最重要的内容就是引入了"欧盟护照"的概念。凡是要在欧盟金融市场上运营的私募股权投资基金,基金管理人必须先向监管机构注册,以取得"护照",并接受信息披露、杠杆运用、流动性管理等方面的监管。私募股权投资机构总部设在欧盟的,只要在一个欧盟成员国的监管机构进行注册,就可获得在全欧盟运营的权利,但对总部设在欧盟以外的私募股权投资基金,必须向欧洲证券和市场管理局提出申请以取得运营护照。

资产管理规模未达到1亿欧元或资产管理规模达到5亿欧元但不使用财务杠杆且投资5年内无赎回权的私募股权投资基金管理人可以豁免注册。这部分豁免的私募股权投资基金管理人需要在其母国注册,并提供所管理的私募基金的投资策略、主要的风险敞口及风险集中度等信息。

(2) 监管机构设置。

欧盟各成员国在 AIFMD 的框架下制定具体规则,并由其证券监管部门负责日常监管。

（3）基金杠杆水平和流动性要求。

AIFMD 没有规定最高的杠杆水平，规定私募股权投资基金管理人应对其管理的投资基金制定合适的流动性管理系统和程序。

（4）管理人薪酬。

规定 40%的绩效薪酬要延缓至少 3～5 年支付；奖金应视基金的表现发放，如果基金表现太差可以使用薪酬追回条款。

（5）资金托管。

所有私募股权投资基金都必须进行托管，托管机构可以是银行、公证员、律师或其他能履行相关的保管职能的受法律或监管认可的专业机构，但托管机构须在私募股权投资基金所在国有办事处或分支机构。

（6）私募股权投资基金的"资产剥离"规定。

严格限制私募股权投资基金采用"资产剥离"方式实现短期高额获利。规定私募股权投资基金收购公司 2 年内不允许通过分红、减持、赎回等形式进行资产转让。私募股权投资基金持有公司 10%及以上股权时，应向公司及其他股东进行披露。同时，还应确保公司董事会向员工通报此持股情况。

（7）初始资本金要求。

AIFMD 要求私募股权投资基金管理机构初始资本金不应少于 12.5 万欧元；管理资产规模超过 2.5 亿欧元的，初始资本金不低于 12.5 万欧元另加上超过 2.5 亿欧元部分的 0.02%比例；自我管理的基金，初始资本金不低于 30 万欧元。

【例 14.5·单选题】 下列关于 AIFMD 指令中注册监管的说法，不正确的是(   )。

A．引入了"欧盟护照"的概念

B．只要在一个欧盟成员国的监管机构进行注册，就可获得在全欧盟运营的权利

C．资产管理规模未达到 5 亿欧元的私募股权投资基金管理人可以豁免注册

D．总部设在欧盟以外的私募股权投资基金，必须向欧洲证券和市场管理局提出申请以取得运营护照

【答案】 C

【解析】 C 项，资产管理规模未达到 1 亿欧元或资产管理规模达到 5 亿欧元但不使用财务杠杆且投资 5 年内无赎回权的私募股权投资基金管理人可以豁免注册。这部分豁免的私募股权投资基金管理人虽然不需要"欧盟护照"，但也需要在其母国注册，并提供所管理的私募基金的投资策略、主要的风险敞口及风险集中度等信息。

四、各国基金国际化概况

1．英国基金投资国际化概况

目前，英国已发展成为欧洲最大的资产管理中心，在全球范围也是除美国之外最大的资产管理市场。

2．美国基金投资国际化概况

美国基金国际化表现在：①美国投资基金对外投资的力度在加大；②基金海外发售募

集资金。

3. 卢森堡

卢森堡是欧洲第一个推行 UCITS 指令的国家，是目前全球最大的 UCITS 基金注册地。卢森堡是欧洲第一个推行公募发行开放式 UCITS 基金的国家。

4. 爱尔兰

爱尔兰是欧洲最主要的基金注册地之一。

【例 14.6·单选题】下列关于爱尔兰基金国际化的说法，正确的是(   )。

A. 爱尔兰政府专门为公司型开放式基金(OEIC)的创立确立了新的法律框架

B. 爱尔兰基金国际化的表现之一是基金海外发售募集资金

C. 是欧洲大陆最大的投资基金管理中心和全球第一的基金分销中心

D. 其注册基金资产的近 80% 都属于 UCITS 基金

【答案】D

【解析】A 项，英国政府专门为公司型开放式基金(OEIC)的创立确立了新的法律框架，通过 OEIC 制度来达到符合 UCITS 指令的要求，进而可以在全欧盟范围内进行销售；B 项，基金海外发售募集资金属于美国基金国际化的表现；C 项，卢森堡投资基金是欧洲大陆最大的投资基金管理中心和全球第一的基金分销中心。

第二节   中国基金国际化发展

一、中国基金国际化发展概况

1. QFII 的定义及其设立标准

1) QFII 的定义

合格境外机构投资者(QFII)，是我国通过制度安排允许符合条件的境外机构投资者汇入一定额度的外汇资金，转换为我国货币，通过境内专门机构严格监管的账户投资境内证券市场，其在境内的资本利得、股息红利等经相关机构审核后方可汇出境外的制度。

2) QFII 的设立标准

(1) QFII 主体资格的认定。申请合格境外投资者资格，应当具备下列条件。

① 申请人的财务稳健，资信良好，达到中国证监会规定的资产规模等条件。对资产管理机构(即基金管理公司)而言，其经营资产管理业务应在 2 年以上，最近一个会计年度管理的证券资产不少于 5 亿美元；对保险公司而言，成立 2 年以上，最近一个会计年度持有的证券资产不少于 5 亿美元；对证券公司而言，经营证券业务 5 年以上，净资产不少于 5 亿美元，最近一个会计年度管理的证券资产不少于 50 亿美元；对商业银行而言，经营银行业务 10 年以上，一级资本不少于 3 亿美元，最近一个会计年度管理的证券资产不少于 50 亿美元；对其他机构投资者(养老基金、慈善基金会、捐赠基金、信托公司、政府投资管理公司等)而言，成立 2 年以上，最近一个会计年度管理或持有的证券资产不少于 5 亿美元。

② 申请人的从业人员符合所在国家或者地区的有关从业资格的要求。

③ 申请人有健全的治理结构和完善的内控制度，经营行为规范，近3年未受到监管机构的重大处罚。

④ 申请人所在国家或者地区有完善的法律和监管制度，其证券监管机构已与中国证监会签订监管合作谅解备忘录，并保持着有效的监管合作关系。

⑤ 中国证监会根据审慎监管原则规定的其他条件。

【例 14.7·单选题】合格境外投资者，应当具备财务稳健，资信良好，达到中国证监会规定的资产规模等条件，对该条件说法错误的是(   )。

    A. 资产管理机构，其经营资产管理业务应在2年以上，最近一个会计年度管理的证券资产不少于5亿美元

    B. 保险公司，成立2年以上，最近一个会计年度持有的证券资产不少于5亿美元

    C. 证券公司，经营证券业务2年以上，最近一个会计年度管理的证券资产不少于50亿美元

    D. 商业银行，经营银行业务10年以上，最近一个会计年度管理的证券资产不少于50亿美元

【答案】C

【解析】合格境外投资者，应当具备财务稳健，资信良好，达到中国证监会规定的资产规模等条件。对证券公司而言，经营证券业务5年以上，净资产不少于5亿美元，最近一个会计年度管理的证券资产不少于50亿美元。

(2) 投资额度的规定。

国家外汇管理局规定单个合格投资者申请投资额度每次不低于等值5000万美元，累计不高于等值10亿美元。主权基金、央行及货币当局等投资额度上限可超过等值10亿美元。合格投资者应在每次投资额度获批之日起6个月内汇入投资本金，在规定时间内未足额汇入本金但超过等值2000万美元的，以实际汇入金额作为其投资额度。合格投资者在上次投资额度获批后1年内不能再次提出增加投资额度的申请。

(3) 投资范围、持股比例的规定。

合格境外机构投资者在经批准的投资额度内，可以投资于下列人民币金融工具：①在证券交易所交易或转让的股票、债券和权证；②在银行间债券市场交易的固定收益产品；③证券投资基金；④股指期货；⑤中国证监会允许的其他金融工具。

境外投资者的境内证券投资，应当遵循下列持股比例限制：①单个境外投资者通过合格投资者持有一家上市公司股票的，持股比例不得超过该公司股份总数的10%；②所有境外投资者对单个上市公司A股的持股比例总和，不超过该上市公司股份总数的30%。

(4) 资金管制的规定。

规定养老基金、保险基金、共同基金等类型的合格投资者，以及合格投资者发起设立的开放式中国基金的投资本金锁定期为3个月；其他合格投资者的投资本金锁定期为1年。

(5) 托管人资格的规定。

每个合格投资者只能委托1个托管人，并可以更换托管人。托管人应当具备下列条件：①设有专门的资产托管部；②实收资本不少于80亿元人民币；③有足够的熟悉托管业务的专职人员；④具备安全保管合格投资者资产的条件；⑤具备安全、高效的清算、交割能力；⑥具备外汇指定银行资格和经营人民币业务资格；⑦最近3年没有重大违反外汇管理规定

的记录。

3) QFII 机制的意义

(1) 促使中国封闭的资本市场向开放的市场转变。

(2) QFII 机制促进国内证券市场投资主体多元化以及上市公司行为规范化。

(3) QFII 机制促进国内投资者的投资理念趋于理性化。

(4) QFII 机制加快我国证券市场金融创新步伐，实现我国证券市场运行规则与国际惯例的接轨。

2. QDII 的定义及其设立标准

1) QDII 的定义

符合条件的境内基金管理公司和证券公司，经中国证监会批准，可在境内募集资金进行境外证券投资管理。这种经中国证监会批准可以在境内募集资金进行境外证券投资的机构称为合格境内机构投资者(QDII)。

2) QDII 的设立标准

(1) 申请 QDII 资格的机构投资者应当符合下列条件。

①申请人的财务稳健，资信良好，资产管理规模、经营年限等符合中国证监会的规定。对基金管理公司而言，净资产不少于 2 亿元人民币，经营证券投资基金管理业务达 2 年以上，在最近一个季度末资产管理规模不少于 200 亿元人民币或等值外汇资产。对证券公司而言，各项风险控制指标符合规定标准，净资本不低于 8 亿元人民币，净资本与净资产比例不低于 70%，经营集合资产管理计划业务达 1 年以上，在最近一个季度末资产管理规模不少于 20 亿元人民币或等值外汇资产。②拥有符合规定的具有境外投资管理相关经验的人员，即具有 5 年以上境外证券市场投资管理经验和相关专业资质的中级以上管理人员不少于 1 名，具有 3 年以上境外证券市场投资管理相关经验的人员不少于 3 名。③具有健全的治理结构和完善的内控制度，经营行为规范。④最近 3 年没有受到监管机构的重大处罚，没有重大事项正在接受司法部门、监管机构的立案调查。⑤中国证监会根据审慎监管原则规定的其他条件。

【例 14.8·单选题】下列关于申请 QDII 资格的机构投资者应当符合的条件中，说法有误的是( )。

    A. 对基金管理公司而言，净资产不少于 2 亿元人民币，经营证券投资基金管理业务达 2 年以上

    B. 对证券公司而言，净资本不低于 8 亿元人民币，净资本与净资产比例不低于 70%

    C. 有 5 年以上境外证券市场投资管理经验和相关专业资质的中级以上管理人员不少于 1 名

    D. 最近 1 年没有受到监管机构的重大处罚，没有重大事项正在接受司法部门、监管机构的立案调查

【答案】D

【解析】D 项，申请 QDII 资格的机构投资者要求最近 3 年没有受到监管机构的重大处罚，没有重大事项正在接受司法部门、监管机构的立案调查。

(2) QDII 基金的投资范围。

除中国证监会另有规定外，QDII 基金不得有下列行为：购买不动产；购买房地产抵押按揭；购买贵重金属或代表贵重金属的凭证；购买实物商品；除应付赎回、交易清算等临时用途以外，借入现金。该临时用途借入现金的比例不得超过基金、集合计划资产净值的10%；利用融资购买证券，但投资金融衍生品除外；参与未持有基础资产的卖空交易；从事证券承销业务；中国证监会禁止的其他行为。

(3) 境外投资顾问应当符合的条件。

境外投资顾问应当符合下列条件：①在境外设立，经所在国家或地区监管机构批准从事投资管理业务；②所在国家或地区证券监管机构已与中国证监会签订双边监管合作谅解备忘录，并保持着有效的监管合作关系；③经营投资管理业务达 5 年以上，最近一个会计年度管理的证券资产不少于 100 亿美元或等值货币；④有健全的治理结构和完善的内控制度，经营行为规范，最近 5 年没有受到所在国家或地区监管机构的重大处罚，没有重大事项正在接受司法部门、监管机构的立案调查。

(4) 境外资产托管人应当符合的条件。

托管人可以委托符合下列条件的境外资产托管人负责境外资产托管业务：①在中国大陆以外的国家或地区设立，受当地政府、金融或证券监管机构的监管；②最近一个会计年度实收资本不少于 10 亿美元或等值货币，或托管资产规模不少于 1000 亿美元或等值货币；③有足够的熟悉境外托管业务的专职人员；④具备安全保管资产的条件；⑤具备安全、高效的清算、交割能力；⑥最近 3 年没有受到监管机构的重大处罚，没有重大事项正在接受司法部门、监管机构的立案调查。

3) QDII 机制的意义

(1) QDII 机制可以为境内金融资产提供风险分散渠道，并有效分流储蓄，化解金融风险。同时，实行 QDII 制度有利于推动内地证券机构走向国际市场，给有实力的内地证券公司与基金公司更大的发展空间和积累国际业务经验的机会，增强自身竞争力。

(2) 实行 QDII 机制有利于引导国内居民通过正常渠道参与境外证券投资，减轻资本非法外逃的压力，将资本流出置于可监控的状态。

(3) 建立 QDII 机制有利于支持香港特区的经济发展。

(4) 在法律方面，通过实施 QDII 制度，必然增加国内对国际金融法律、法规、惯例等规则的关注，从长远来说能够促进我国金融法律法规与世界金融制度的接轨。

【例 14.9·单选题】QDII 机制的意义不包括(　　)。

  A. QDII 机制可以为境内金融资产提供风险分散渠道，并有效分流储蓄，化解金融风险

  B. 实行 QDII 机制有利于引导国内居民通过正常渠道参与境外证券投资，减轻资本非法外逃的压力，将资本流出置于可监控的状态

  C. 建立 QDII 机制有利于支持香港、澳门和台湾的经济发展

  D. 在法律方面，通过实施 QDII 制度，必然增加国内对国际金融法律、法规、惯例等规则的关注，从长远来说能够促进我国金融法律法规与世界金融制度的接轨

【答案】C

【解析】建立 QDII 机制有利于支持香港特区的经济发展。在人民币资本项目尚不可自由兑换的阶段，QDII 制度是内地支持香港股市发展的一种较稳妥和有效的政策安排。QDII 机制使中国内地投资者可以投资香港股市，有助于增加香港证券市场的资金，增强香港投资者信心，提升香港作为国际金融中心的地位。

4) 我国 QDII 设立标准的改革方向

(1) 调整证券经营机构 QDII 资格准入条件。

(2) 豁免基金管理公司境外子公司担任 QDII 业务的境外投资顾问的条件，理顺母子公司的合作机制。

(3) 根据实践情况调整 QDII 产品的业绩披露标准。

(4) 调整 QDII 产品投资金融衍生品的市场范围。

(5) 完善外汇额度管理的有关表述。

3. 合资基金管理公司的设立形式及标准

中外合资基金管理公司的境外股东应当具备的条件如下。

(1) 为依其所在国家或者地区法律设立，合法存续并具有金融资产管理经验的金融机构，财务稳健，资信良好，最近 3 年没有受到监管机构或者司法机关的处罚。

(2) 所在国家或者地区具有完善的证券法律和监管制度，其证券监管机构已与中国证监会或者中国证监会认可的其他机构签订证券监管合作谅解备忘录，并保持着有效的监管合作关系。

(3) 实缴资本不少于 3 亿元人民币的等值可自由兑换货币。

(4) 经国务院批准的中国证监会规定的其他条件。

4. 境外分支机构的设立形式及标准

基金管理公司申请设立香港特区(或其他境外地区)分支机构主要要求包括以下几个方面。

(1) 具备设立分支机构的基本条件。

① 公司治理健全，内部监控完善，经营稳定，有较强的持续经营能力。

② 公司最近 1 年内没有因违法违规行为受到行政处罚或者刑事处罚。

③ 公司没有因违法违规行为正在被监管机构调查，或者正处于整改期间。

④ 拟设立的子公司、分支机构有符合规定的名称、办公场所、业务人员、安全防范设施和与业务有关的其他设施。

⑤ 拟设立的子公司、分支机构有明确的职责和完善的管理制度。

⑥ 中国证监会规定的其他条件。

(2) 全面评估经营状况。

(3) 保持良好的财务状况。

(4) 加强风险管理。

(5) 申请报批。

中国证监会对基金管理公司到香港设立机构的申请进行审查，自受理之日起 60 日内作出批准或者不予批准的决定。

(6) 重大事项报告。

【例 14.10·单选题】我国基金管理公司境外分支机构设立的基本条件，说法有误的是（ ）。

    A．公司最近半年内没有因违法违规行为受到行政处罚或者刑事处罚

    B．公司没有因违法违规行为正在被监管机构调查，或者正处于整改期间

    C．拟设立的子公司、分支机构有明确的职责和完善的管理制度

    D．公司治理健全，内部监控完善，经营稳定，有较强的持续经营能力

【答案】A

【解析】除 B、C、D 三项外，具备设立分支机构的基本条件还包括：①公司最近 1 年内没有因违法违规行为受到行政处罚或者刑事处罚；②拟设立的子公司、分支机构有符合规定的名称、办公场所、业务人员、安全防范设施和与业务有关的其他设施；③中国证监会规定的其他条件。

二、中国证券投资基金国际化进展情况

1．QFII 的业务概况

1）我国 QFII 机制的特点

(1) QFII 机制引入时的跳跃式发展。

(2) QFII 准入的主体范围扩大、要求提高。

(3) 我国对 QFII 制度的设计内容进行局部调整，特别是针对国外发展比较蓬勃的各类养老基金、慈善基金、保险基金等做了政策上的倾斜，通过降低资格标准、加强资金流动性等方式吸引这类长期机构投资者。

2）QFII 投资 A 股市场的形式及投资风格

(1) QFII 投资 A 股市场的形式。

① 自营模式是指采用自营资金进行投资。

② 基金模式是指机构投资者在境外直接面向海外投资者发行单纯 A 股基金，或者含有 A 股投资的中国主题基金。

(2) 投资风格。

在国内证券市场，QFII 具有经营稳健、注重长期投资以及行为相对规范的投资风格。

【例 14.11·单选题】我国 QFII 机制的特点不包括( )。

    A．历史悠久

    B．QFII 准入的主体范围扩大、要求提高

    C．通过降低资格标准、加强资金流动性等方式吸引这类长期机构投资者

    D．QFII 机制引入时的跳跃式发展

【答案】A

【解析】按照国际上的一般经验，资本市场的开放往往经过两个阶段，在第一阶段可以先设立"海外基金"或者"开放型国际信托基金"。与其他国家和地区比较而言，我国则是绕过初期的试验阶段，QFII 的资格主体直接包括常见的各种境外机构投资者，一步到位。

2．QDII 的业务概况

1) 我国 QDII 基金的发展历程

2006 年 11 月 2 日，中国第一只试点债券型 QDII 基金——华安国际配置基金发行。

2) 我国 QDII 基金产品的特点

(1) QDII 基金的投资范围较为广泛。

(2) QDII 基金的投资组合较为丰富。

(3) 具有完全的主动决策权，体现出专业性强、投资更为积极主动的特点。

(4) QDII 基金产品的门槛较低。

3) 我国 QDII 基金的投资风格

从投资风格来看，我国 QDII 基金有增值型、积极成长型、稳健成长型、指数型等各种投资风格。

3．RQFII 的业务概况

在各类 RQFII 机构中，基金系 RQFII 机构成为主力。

"嘉实沪深 300 中国 A 股 ETF"成为首只在美国上市的直接投资于中国 A 股的实物 ETF，也是第一只在美国上市的 RQFII 产品。

4．基金互认与沪港通

1) 基金互认

基金互认是基金跨市场销售的一种制度性安排。

2) 沪港通

(1) 定义。

2014 年 4 月 10 日，中国证监会正式批复上海证券交易所和香港联合交易所开展沪港股票交易互联互通机制试点，简称沪港通。

(2) 分类。

① 沪股通是投资者委托香港经纪商，经由香港联合交易所设立的证券交易服务公司，向上海证券交易所进行申报(买卖盘传递)，买卖规定范围内的上海证券交易所上市的股票。

② 港股通是投资者委托内地证券服务公司，经由上海证券交易所设立的证券交易服务公司，向香港联合交易所进行申报(买卖盘传递)，买卖规定范围内的香港联合交易所上市的股票。

(3) 沪港通开展的重要意义。

① 刺激人民币资产需求，加大人民币交投量。

② 推动人民币跨境资本流动。

③ 构建良好的人民币回流机制。

④ 完善国内资本市场。

【例 14.12·单选题】下列关于沪港通说法错误的是(　　　)。

　　A．进一步促进内地资本市场单向开放和健康发展

　　B．分为沪股通和港股通两个部分

C. 沪股通是投资者委托香港经纪商，经由香港联合交易所设立的证券交易服务公司，向上海证券交易所买卖规定范围内的上海证券交易所上市的股票

D. 港股通就是投资者委托内地证券服务公司，经由上海证券交易所设立的证券交易服务公司，向香港联合交易所进行买卖规定范围内的香港联合交易所上市的股票

【答案】A

【解析】为了推动新一轮高水平对外开放，进一步促进内地和香港资本市场双向开放和健康发展，2014 年 4 月 10 日，中国证监会正式批复上海证券交易所和香港联合交易所开展沪港股票交易互联互通机制试点，简称沪港通。

【过关练习】

单选题(以下备选项中只有一项最符合题目要求)

1. 投资基金国际化不包括( )。
    A. 投资基金跨境投资
    B. 投资基金跨境销售
    C. 投资基金跨境管理
    D. 投资基金跨境宣传

【答案】D

【解析】投资基金进行跨境投资、销售或管理，被称为投资基金国际化。国际化基金的投资标的遍布全球，通常以欧、美、日等发达国家和新兴市场国家为主要区域，其目的在于充分把握各国证券价格上升的潜力，并在一定程度上分散投资风险。

2. 国际证监会组织关于证券投资基金的监管的原则不包括( )。
    A. 监管机构应建立向希望出售或管理证券投资基金的个人或机构发牌并实施监管的一套标准
    B. 各国立法应明确规定证券投资基金管理人的资格标准
    C. 监管机构应制定有关证券投资基金的法定模式、构成以及分离和保护客户资产的法规
    D. 监管机构应确立证券投资基金资产评估、基金单位定价和赎回的一个适当、透明的依据

【答案】B

【解析】国际证监会组织对监管证券投资基金所应遵循的原则作了明确规定：①监管机构应建立向希望出售或管理证券投资基金的个人或机构发牌并实施监管的一套标准；②监管机构应制定有关证券投资基金的法定模式、构成以及分离和保护客户资产的法规；③监管机构应依据发行人信息披露相同原则要求证券投资基金进行披露，从而判断证券投资基金是否适合于一个特定投资者并评估投资者在该组合中权益的价值；④监管机构应确立证券投资基金资产评估、基金单位定价和赎回的一个适当和透明的依据。B 项属于对基金管理人的监管原则。

3. 欧盟金融市场的另类投资基金不包括( )。
    A. 不动产基金
    B. 证券投资基金
    C. 对冲基金
    D. 风险投资基金

【答案】B

【解析】欧盟金融市场的投资基金大体可分为两类：①从事可转让证券集合投资计划业务的投资基金，即证券投资基金；②另类投资基金，它是活跃在欧盟市场上的诸如对冲基金、不动产基金、私募股权和风险投资基金、商品基金、基础设施基金以及投资于这些基金的基金等各类型投资基金的合称。

4. 下列关于欧盟《另类投资基金管理人指令》(AIFMD)对于私募股权投资基金的"资产剥离"规定，说法正确的是(   )。

    A. 私募股权投资基金收购公司 1 年内不许通过分红、减持、赎回等形式进行资产转让

    B. 私募股权投资基金收购公司 2 年内不允许通过分红、减持、赎回等形式进行资产转让

    C. 私募股权投资基金持有公司 30%及以上股权时，应确保公司董事会向员工通报此持股情况

    D. 私募股权投资基金持有公司 20%及以上股权时，应向公司及其他股东进行披露

【答案】B

【解析】私募股权投资基金的"资产剥离"规定包括：①严格限制私募股权投资基金采用"资产剥离"方式实现短期高额获利；②规定私募股权投资基金收购公司 2 年内不允许通过分红、减持、赎回等形式进行资产转让，进而阻止它们为短期持有资产而进行收购活动；③私募股权投资基金持有公司 10%及以上股权时，应向公司及其他股东进行披露，同时还应确保公司董事会向员工通报此持股情况。

5. 下列关于 QFII，说法错误的是(   )。

    A. 我国在资本项目完全开放背景下选择的一种资本市场开放制度

    B. 允许符合条件的境外机构投资者汇入一定额度的外汇资金

    C. 其在境内的资本利得、股息红利等经相关机构审核后方可汇出境外

    D. 旨在实现在利用外资的同时，又通过外汇管制和宏观调控的手段避免外资对国内证券市场冲击的目标

【答案】A

【解析】合格境外机构投资者(QFII)，是我国在资本项目未完全开放的背景下选择的一种过渡性资本市场开放制度。具体来说，是我国通过制度安排允许符合条件的境外机构投资者汇入一定额度的外汇资金，转换为我国货币，通过境内专门机构严格监管的账户投资境内证券市场，其在境内的资本利得、股息红利等经相关机构审核后方可汇出境外的制度。这一过渡性安排旨在实现在利用外资的同时，又通过外汇管制和宏观调控的手段避免外资对国内证券市场冲击的目标。

6. 下列关于 QDII 机制投资额度的规定，说法不正确的是(   )。

    A. 单个合格投资者申请投资额度每次不低于等值 10 亿美元

    B. 主权基金、央行及货币当局等投资额度上限可超过等值 10 亿美元

    C. 合格投资者应在每次投资额度获批之日起 6 个月内汇入投资本金

    D. 在规定时间内未足额汇入本金但超过等值 2000 万美元的，以实际汇入金额作

为其投资额度

【答案】A

【解析】国家外汇管理局规定单个合格投资者申请投资额度每次不低于等值 5000 万美元，累计不高于等值 10 亿美元。

7. 下列关于合格境外机构投资者的投资范围、持股比例的规定，说法有误的是(　　)。

　　A．在经批准的投资额度内，可投资于在证券交易所交易或转让的股票、债券和权证

　　B．可以参与新股发行、可转换债券发行、股票增发和配股的申购

　　C．所有境外投资者对单个上市公司 A 股的持股比例总和，不超过该上市公司股份总数的 10%

　　D．合格投资者发起设立的开放式中国基金的投资本金锁定期为 3 个月

【答案】C

【解析】境外投资者的境内证券投资，应当遵循下列持股比例限制：①单个境外投资者通过合格投资者持有一家上市公司股票的，持股比例不得超过该公司股份总数的 10%；②所有境外投资者对单个上市公司 A 股的持股比例总和，不超过该上市公司股份总数的 30%。

8. 下列关于 QFII 托管人资格的规定，错误的是(　　)。

　　A．有专门的资产托管部

　　B．实收资本不少于 80 亿元人民币

　　C．最近 3 年没有重大违反外汇管理规定的记录

　　D．外资商业银行境内分行在境内持续经营 2 年以上的，可申请成为托管人

【答案】D

【解析】D 项，外资商业银行境内分行在境内持续经营 3 年以上的，可申请成为托管人，其实收资本数额条件按其境外总行的计算。

9. QDII 基金可投资的产品或工具是(　　)。

　　A．不动产

　　B．贵重金属或代表贵重金属的凭证

　　C．与固定收益、股权、信用、商品指数、基金等标的物挂钩的结构性投资产品

　　D．实物商品

【答案】C

【解析】除中国证监会另有规定外，QDII 基金不得有下列行为：①购买不动产；②购买房地产抵押按揭；③购买贵重金属或代表贵重金属的凭证；④购买实物商品；⑤除应付赎回、交易清算等临时用途以外，借入现金；⑥利用融资购买证券，但投资金融衍生品除外；⑦参与未持有基础资产的卖空交易；⑧从事证券承销业务；⑨中国证监会禁止的其他行为。

10. 我国 QDII 基金产品的特点不包括(　　)。

　　A．QDII 基金的投资范围较为广泛

　　B．QDII 基金的投资组合较为丰富

C．在投资管理过程中，具有完全的主动决策权

D．QDII 基金产品的门槛较高

【答案】D

【解析】QDII 基金产品的门槛较低，大部分金融投资产品认购门槛为几万元甚至几十万元人民币，而 QDII 基金产品起点仅为 1000 元人民币，适合更为广泛的投资者参与。

第三部分

历年真题详解

2015年9月基金从业资格考试
《证券投资基金基础知识》真题及详解

单选题(共100题, 每小题1分, 共100分)以下备选项中只有一项最符合题目要求, 不选、错选均不得分。

1. 关于系统性风险和非系统性风险, 以下说法错误的是(　　)。
   A. 非系统性风险往往是由某个或者少数特别因素导致的
   B. 非系统性风险可以通过组合化投资进行分散
   C. 系统性风险是指在一定程度上无法通过一定范围内的分散化投资来降低的风险
   D. 系统性风险可以通过组合化投资进行分散

【答案】D

【解析】系统性风险的存在是由于某些因素能够通过多种作用机制同时对市场上大多数资产的价格或收益造成同向影响, 这些因素即为系统性因素, 它是在一定程度上无法通过一定范围内的分散化投资来降低的风险。非系统性风险又称为特定风险、异质风险、个体风险等, 往往是由与某个或少数的某些资产有关的一些特别因素导致的, 是可以通过分散化投资来降低的风险。

2. 按债券利率是否固定分类, 可分为(　　)和浮动利率债券。
   A. 贴现债券　　　　　　　　　B. 固定利率债券
   C. 累进利率债券　　　　　　　D. 复利债券

【答案】B

【解析】按债券利率是否固定分类, 债券可分为固定利率债券和浮动利率债券。固定利率债券是由政府和企业发行的主要债券种类, 有固定的到期日, 并在偿还期内有固定的票面利率和不变的面值; 而浮动利率债券的票面利率不是固定不变的, 通常与一个基准利率挂钩, 在其基础上加上利差(可正可负)以反映不同债券发行人的信用。

3. 以下关于战术性资产配置说法错误的是(　　)。
   A. 战术性资产配置重在管理短期的收益和风险
   B. 战术性资产配置是一种事前的、整体的、针对投资者需求的长期规划和安排
   C. 战术性资产配置的有效性是存在争议的
   D. 运用战术性资产配置的前提是基金管理人能够准确地预测市场变化, 发现单个证券的投资机会, 并且能够有效实施动态资产配置方案

【答案】B

【解析】B项, 战术资产配置更多地关注市场的短期波动, 强调根据市场的变化, 运用金融工具, 通过择时, 调节各大类资产之间的分配比例, 管理短期的投资收益和风险。战术资产配置的周期较短, 一般在1年以内。

4. ( )没有到期期限，无须归还股本，每年有一笔固定的股息，可一般情况下没有表决权。

    A. 优先股   B. 普通股   C. 存托凭证   D. 债券

【答案】A

【解析】优先股没有到期期限，无须归还股本，每年有一笔固定的股息，相当于永久年金(没有到期期限)的债券，但其股息一般比债券利息要高一些。优先股一般情况下不享有表决权。实际上，优先股是股东以不享有表决权为代价而换取的对公司盈利和剩余财产的优先分配权。

5. 上市公司回购股份的方式不包括( )。

    A. 正回购   B. 场外协议回购

    C. 要约回购   D. 场内公开市场回购

【答案】A

【解析】股票回购的方式主要包括三种：①场内公开市场回购，是指按照目前市场价格回购企业股票，此种方法的透明度比较高；②场外协议回购，是指股票发行方通过协议价格向一个或几个大股东回购股票；③要约回购，是以一个高于股票市价的价格回购一定数量的股票，此法回购成本较高。

6. 在组合投资理论中，有效投资组合是指( )。

    A. 在所有风险相同的投资组合中具有最高预期收益率的组合

    B. 可行投资组合集右边界上的任意可行组合

    C. 可行投资组合集左边界上的任意可行组合

    D. 可行投资组合集内部任意可行组合

【答案】A

【解析】有效投资组合是分布于资本市场线上的点，代表了有效前沿。如果一个投资组合在所有风险相同的投资组合中具有最高的预期收益率，或者在所有预期收益率相同的投资组合中具有最小的风险，那么这个投资组合就是有效的。

7. 关于机构投资者的表述，正确的是( )。

    A. 合格境外机构投资者也是一类重要的机构投资者

    B. 证券公司、私募投资公司等可接受投资者的资金，但不能成为基金公司的客户

    C. 企业年金基金财产可以投资非流动性资产，但要控制在一定比例以内

    D. 机构投资者主要包括基金公司、商业银行、保险公司等，暂不包括社保基金

【答案】A

【解析】B项，基金公司、证券公司、私募投资公司等金融机构均可接受投资者的资金，为其提供投资服务，但同时这些机构本身也可能以一个机构投资者的身份成为基金公司的客户；C项，企业年金基金财产的投资范围，限于银行存款、国债和其他具有良好流动性的金融产品，其在投资过程中需要严格遵循有关法规确定的投资比例限制；D项，中国的社会保障基金也是重要的机构投资者，它由全国社会保障基金理事会负责统筹管理，用于为社会提供基本养老保险、基本医疗保险、工伤保险、失业保险和生育保险服务。

8. 假设基金A在股、债、货币市场的配置比例为7∶2∶1，当月的实际收益率为6%，基准B中股、债、货币市场的配置比例是6∶3∶1，这三个市场指数收益率分别为5%、2%、

1%，则该基金由于资产配置带来的超额收益为(　　)。

    A．0.3%   B．0.5%   C．0.6%   D．0.2%

【答案】A

【解析】由于资产配置，基金A在股、债、货币市场的配置比例由6∶3∶1变为7∶2∶1，该基金由于资产配置带来的超额收益为$(0.7-0.6)×5\%+(0.2-0.3)×2\%+(0.1-0.1)×1\%=0.3\%$。

9．某基金A在持有期为12个月，置信水平为95%的情况下，若计算的风险价值为5%，则以下说法正确的是(　　)。

  A．该基金在12个月中的最大损失为5%

  B．该基金在12个月中的损失有5%的可能不超过5%

  C．该基金在12个月中的损失有95%的可能不超过5%

  D．该基金在12个月中的损失有5%的可能不超过95%

【答案】C

【解析】风险价值，又称在险价值、风险收益、风险报酬，是指在一定的持有期和给定的置信水平下，利率、汇率等市场风险要素发生变化时可能对某项资金头寸、资产组合或投资机构造成的潜在最大损失。举例来说，某投资组合在持有期为1年、置信水平为95%的情况下，若所计算的风险价值为-0.82%，则表明该资产组合在1年中的损失有95%的可能性不会超过-0.82%。

10．关于QDII基金的投资范围，表述不准确的是(　　)。

  A．银行存款

  B．住房按揭支持证券

  C．所有的公募基金

  D．经中国证监会认可的国际金融组织发行的证券

【答案】C

【解析】C项，根据有关规定，除中国证监会另有规定外，QDII基金可投资于在已与中国证监会签署双边监管合作谅解备忘录的国家或地区证券监管机构登记注册的公募基金，而非所有的公募基金。

11．目前，我国托管资产的场内资产清算主要采用两种模式，包括____和____。(　　)

  A．共同对手方结算模式；逐笔清算模式

  B．托管人结算模式；券商结算模式

  C．净额交收模式；全额交收模式

  D．货银对付模式；轧差交收模式

【答案】B

【解析】目前，我国托管资产的场内资金清算主要采用两种模式：①托管人结算模式，指托管资产场内交易形成的交收资金由托管人作为结算参与人与中国结算公司进行净额交收，然后由托管人负责与托管资产组合进行二级清算；②券商结算模式，也称第三方存管模式，是指托管资产场内交易形成的交收资金由证券公司(即经纪人)作为结算参与人与中国结算公司进行交收，然后由证券公司负责与其客户进行二级清算，客户的交易资金完全独立保管于存管银行，而不存放在证券公司。

12．以下关于估值责任的表述，错误的是(　　)。

A．基金管理人在计算份额净值时参考估值工作小组意见的，则可免除其估值责任

B．基金托管人应该审阅基金管理人采用的估值原则和程序

C．基金托管人对管理人的估值结果负有复核责任

D．基金估值的责任人是基金管理人

【答案】A

【解析】我国基金资产估值的责任人是基金管理人，但基金托管人对基金管理人的估值结果负有复核责任。托管人在复核、审查基金资产净值以及基金份额申购、赎回价格之前，应认真审阅基金管理公司采用的估值原则和程序。基金管理公司和托管人在进行基金估值、计算基金份额净值及相关复核工作时，可参考工作小组的意见，但是并不能免除各自的估值责任。

13．目前我国交易所上市交易的以下品种，通常不采用市价估值的是( )。

A．股票　　　 B．可转债　　　 C．企业债　　　 D．权证

【答案】C

【解析】交易所上市交易的债券按第三方估值机构提供的当日估值净价估值，第三方估值机构提供的估值价格与交易所收盘价存在差异的，若基金管理人认定交易所收盘价更能体现公允价值，应采用收盘价。AD两项，以其估值日在证券交易所挂牌的市价进行估值；B项，对在交易所上市交易的可转换债券按当日收盘价作为估值全价。

14．关于债券组合构建，以下说法错误的是( )。

A．债券组合构建不需要考虑杠杆率

B．债券组合构建需要决定不同信用等级、行业类别上的配置比例

C．债券组合构建需要考虑市场风险和信用风险

D．债券组合构建需要选择个券

【答案】A

【解析】A项，不同于股票投资组合，债券投资组合构建还需要考虑信用结构、期限结构、组合久期、流动性、杠杆率等因素。有些机构投资者会在投资政策说明中限制非投资级债券的比例。期限结构、组合久期的选择则与投资经理对市场利率变化的预期相关。投资经理还需要根据投资者的资金需求，对组合流动性做出安排。

15．公募基金的托管人以( )名义在中国登记结算公司开立结算备付金账户，用于基金场内证券交易的资金交收。

A．基金管理人　　　　　　 B．基金托管人和基金联名

C．基金托管人　　　　　　 D．公募基金

【答案】C

【解析】托管人以自身名义在中国登记结算公司上海分公司、深圳分公司分别开立结算备付金账户，用于与中国结算公司之间完成最终不可撤销的证券与资金交收，净额交收资金通过PROP和D-COM系统划转。

16．关于交易成本，以下表述错误的是( )。

A．印花税是根据国家税法规定，在股票成交后对买卖双方投资者按照规定的税率分别征收的现金

B．证券公司对于不同的投资者往往会采用不同的交易佣金费率

C. 在证券交易结束后还需要支付证券登记结算机构一定费用，这部分费用称为过户费

D. 佣金是指交易成功后，投资者根据交易笔数付给经纪人的费用

【答案】D

【解析】D 项，佣金是指交易成功后，投资者根据交易额，按照一定比例付给经纪人的费用，是证券交易中最普遍、最清晰的成本。

17. 债券市场价格越____债券面值，期限越____，则当期收益率就越偏离到期收益率。（ ）

  A. 偏离；短 B. 接近；短 C. 接近；长 D. 偏离；长

【答案】A

【解析】债券当期收益率与到期收益率两者之间的关系如下：①债券市场价格越接近债券面值，期限越长，则其当期收益率就越接近到期收益率；②债券市场价格越偏离债券面值，期限越短，则当期收益率就越偏离到期收益率。

18. 用复利法计算，一次性支付的现值公式为（ ）。

  A. $FV=PV/(1+i \cdot n)$ B. $PV=FV/(1+i)^n$

  C. $FV=PV/(1+i)^n$ D. $PV=FV/(1+i \cdot n)$

【答案】B

【解析】现在值即现值，是指将来货币金额的现在价值。用复利法计算的终值的计算公式 $FV=PV×(1+i)^n$，转换为求 PV，得一次性支付的现值计算公式为：$PV=FV/(1+i)^n$。

19. 银行间债券市场的公开市场一级交易商是指与（ ）进行交易的债券二级市场参与者。

  A. 上海清算所   B. 中央结算公司

  C. 各家商业银行   D. 中国人民银行

【答案】D

【解析】银行间债券市场的交易制度包括公开市场一级交易商制度、做市商制度和结算代理制度。公开市场一级交易商制度是指中国人民银行根据规定遴选符合条件的债券二级市场参与者作为中国人民银行的对手方，与之进行债券交易，从而配合中国人民银行货币政策目标的实现。

20. 关于市场风险的管理措施以下说法错误的是（ ）。

  A. 关注投资组合的风险调整后收益

  B. 进行流动性压力测试，建立流动性预警机制

  C. 密切关注宏观经济指标和趋势，重大经济政策动向，评估宏观因素变化可能带来的系统性风险

  D. 密切关注行业周期性、市场竞争等因素，构建股票投资组合，分散非系统性风险

【答案】B

【解析】市场风险的管理措施主要包括：①密切关注宏观经济指标和趋势，重大经济政策动向，重大市场行动，评估宏观因素变化可能给投资带来的系统性风险，定期监测投资组合的风险控制指标，提出应对策略。②密切关注行业的周期性、市场竞争、价格、政

策环境和个股的基本面变化，构造股票投资组合，分散非系统性风险。③关注投资组合的风险调整后收益。④加强对场外交易的监控，确保所有交易在公司的管理范围之内。⑤加强对重大投资的监测。⑥可运用定量风险模型和优化技术，分析各投资组合市场风险的来源和暴露。可利用敏感性分析，找出影响投资组合收益的关键因素。可运用情景分析和压力测试技术，评估投资组合对大幅和极端市场波动的承受能力。B 项属于流动性风险的管理措施。

21. 主动管理股票型基金(　　)。

A. 个股选择和权重不受基金合同等的约束

B. 管理目标是跟踪指数本身，将跟踪误差控制在一定范围

C. 管理目标是超越业绩比较基准，获取超额收益

D. 大类资产配置比例不受基金合同等的约束

【答案】C

【解析】与被动投资相比，主动投资的目标是扩大主动收益(即相对于基准的超额收益)，缩小主动风险，提高信息比率。B 项是被动投资的特点；A、D 两项，基金投资组合构建在大类资产、行业、风格以及个股几个层次上都可能受到基金合同、投资政策、基金经理能力等多方面的约束。

22. 交易员的职责，不包括(　　)。

A. 以对投资有利的价格进行证券交易

B. 及时在市场异动中做出决策

C. 执行基金经理制定的交易指令

D. 向基金经理及时反馈市场信息

【答案】B

【解析】交易部是基金投资运作的具体执行部门，负责投资组合交易指令的审核、执行与反馈。在实际操作中，交易部的交易员充当着重要角色，一方面要以对投资有利的价格进行证券交易；另一方面要向基金经理及时反馈市场信息。基金公司会对交易员进行定期评估与考核，考核内容包括投资指令的完成情况与质量、合规及公平交易等内容。

23. 通过对____和____的比较分析，可以了解投资者对该基金的认可程度。(　　)

A. 基金盈利能力；持有人结构

B. 基金份额变动情况；持有人结构

C. 基金份额变动情况；基金盈利能力

D. 基金分红能力；持有人结构

【答案】B

【解析】通过对基金份额变动情况和持有人结构的比较分析，可以了解投资者对该基金的认可程度。一般来说，如果基金份额变动较大，则会对基金管理人的投资有不利影响；反之，则有助于基金投资的稳定。如果基金持有人中个人投资者较多，则该基金的规模相对会稳定，如果基金持有人中机构投资者较多，表明机构比较认可该基金的投资。

24. 关于我国证券交易所，以下说法错误的是(　　)。

A. 证券交易所应当制造公开、公平、公正的市场环境，保证证券交易所的职能正常发挥

B. 证券交易所作为进行证券交易的场所，其本身不持有证券，也不进行证券的买

卖，但可以决定证券交易的价格

　　C．证券交易所是为证券集中交易提供场所和设施，组织和监督证券交易，实行自律管理的法人

　　D．证券交易所的设立和解散，由国务院决定

【答案】B

【解析】在我国，根据《证券法》的规定，证券交易所是为证券集中交易提供场所和设施，组织和监督证券交易，实行自律管理的法人。证券交易所的设立和解散，由国务院决定。证券交易所作为进行证券交易的场所，其本身不持有证券，也不进行证券的买卖，更不能决定证券交易的价格。证券交易所应当创造公开、公平、公正的市场环境，保证证券交易所的职能正常发挥。

　　25．关于混合型基金投资风险，以下表述正确的是(　　)。

　　A．混合型基金的投资风险主要取决于股票和债券配置的比例

　　B．混合型基金的预期收益高于股票型基金

　　C．混合型基金的风险高于股票型基金

　　D．混合型基金的预期收益低于债券型基金

【答案】A

【解析】混合基金同时以股票、债券等为投资对象，通过对不同金融工具进行投资实现投资收益与风险的平衡。混合基金的投资风险主要取决于股票与债券配置的比例。一般而言，偏股型基金、灵活配置型基金的风险较高，但预期收益率也较高；偏债型基金的风险较低，预期收益率也较低；股债平衡型基金的风险与收益则较为适中。混合基金通过投资于股市和债市，灵活调整资产配置，可以应对不同市场环境。

　　26．下列各类证券的持有人享有投票权的是(　　)。

　　A．期权　　　　　B．优先股　　　　C．普通股　　　　D．债券

【答案】C

【解析】不同类型证券的现金流量权和投票权不一样，如表1所示。

表1　不同类型证券的现金流量权和投票权

证　券	现金流量权	投票权
普通股	按公司表现和董事会决议获得分红	按持股比例投票
优先股	获得固定股息	无
债券	获得承诺的现金流(本金+利息)	无

　　27．在基金公司，通常对交易所上市面上股票的投资指令的执行流程所包含的环节和顺序是(　　)。

　　Ⅰ．基金经理通过交易系统向交易室下达交易指令；

　　Ⅱ．基金经理通过交易系统直接向券商下达交易指令；

　　Ⅲ．基金经理通过交易系统直接向交易所下达交易指令；

　　Ⅳ．系统或相关人员审核投资指令的合法合规性，拦截违规指令；

　　Ⅴ．交易员收到指令后根据指令要求和市场情况完成交易。

A．Ⅲ、Ⅳ   B．Ⅰ、Ⅳ、Ⅴ
C．Ⅰ、Ⅴ   D．Ⅱ、Ⅲ

【答案】B

【解析】交易指令在基金公司内部执行步骤如下：①在自主权限内，基金经理通过交易系统向交易室下达交易指令。②交易系统或相关负责人员审核投资指令(价格、数量)的合法合规性，违规指令将被拦截，反馈给基金经理。其他指令被分发给交易员。③交易员接收到指令后有权根据自身对市场的判断选择合适时机完成交易。

28．关于基金业绩评价，以下表述错误的是(   )。

A．不同投资目标与范围的基金不具备可比性

B．投资目标与范围不同的基金可以一起评价和比较

C．基金评价可以为基金管理人提高投资管理能力提供参考

D．基金评价最终需要回答的问题是基金业绩来源于投资技能还是单纯的运气

【答案】B

【解析】B项，投资目标与范围不同的基金，其投资策略、业绩比较基准都可能不同。货币基金主要投资于货币市场，风险较低，收益也较为稳定；指数基金则以指数成分股为投资对象，其收益率变化应该与相应的指数保持一致。很显然，货币基金和指数基金作为两种不同投资方向的基金不具备可比性。同样是股票基金，投资于中小盘的与投资于大盘的基金，业绩也不具备可比性。因此，在进行业绩比较时必须考虑投资目标、投资范围的不同。

29．即期利率与远期利率的区别在于(   )。

A．计息方式不同   B．收益不同

C．计息日起点不同   D．适用的债券种类不同

【答案】C

【解析】即期利率是金融市场中的基本利率，常用 S_t 表示，是指已设定到期日的零息票债券的到期收益率，它表示的是从现在(t=0)到时间 t 的收益。远期利率指的是资金的远期价格，它是指隐含在给定的即期利率中从未来的某一时点到另一时点的利率水平。远期利率和即期利率的区别在于计息日起点不同，即期利率的起点在当前时刻，而远期利率的起点在未来某一时刻。

30．关于风险指标，以下表述正确的是(   )。

A．风险是一个事后概念

B．事后指标通常用来衡量和预测目前组合在将来的表现和风险情况

C．损失是一个事后概念

D．损失是一个事前概念

【答案】C

【解析】风险是损失的可能，或潜在的损失，不等于损失本身。风险是一个事前概念，损失是一个事后概念。风险指标可以分成事前和事后两类。事后指标通常用来评价一个组合在历史上的表现和风险情况，而事前指标则通常用来衡量和预测目前组合在将来的表现和风险情况。

31．某投资者信用账户中有现金40万元保证金，该投资者选定证券A进行证券卖出。

证券 A 的最近成交价为每股 8 元，该投资者融券卖出 10 万股。第二天，该股票价格上升到每股 10 元，不考虑利息和费用，该投资者需要追加(　　)保证金才能持续 130%的担保比例。

　　A．不需要追加　　　　　　　　B．10 万元

　　C．5 万元　　　　　　　　　　D．50 万元

【答案】B

【解析】该投资者进行的是融券业务。维持担保比例=(现金+信用证券账户内证券市值总和)/(融资买入金额+融券卖出证券数量×当前市价+利息及费用总和)。设投资者需要追加 x 万元的保证金，列式(40+x+8×10)/(10×10)=130%，可解得 x=10，即该投资者需要追加 10 万元的保证金才能持续 130%的担保比例。

32．以下关于回转交易的说法错误的是(　　)。

　　A．权证交易当日不能进行回转交易

　　B．专项资产管理计划收益权份额协议交易实行当日回转交易

　　C．B 股实行次交易日起回转交易

　　D．债券竞价交易实行当日回转交易

【答案】A

【解析】证券的回转交易是指投资者买入的证券，经确认成交后，在交收完成前全部或部分卖出。根据我国现行的有关交易制度规定，债券竞价交易和权证交易实行当日回转交易，即投资者可以在交易日的任何营业时间内反向卖出已买入但未完成交收的债券和权证；B 股实行次交易日起回转交易。深圳证券交易所对专项资产管理计划收益权份额协议交易也实行当日回转交易。

33．以下可以用来描述不同随机变量之间联系的是(　　)。

　　A．均值　　　　B．方差　　　　C．相关系数　　　　D．中位数

【答案】C

【解析】在金融市场上，常用相关变量来对随机变量之间的联系进行描述。相关系数是从资产回报相关性的角度分析两种不同证券表现的联动性。

34．(　　)一般指短期的、具有高流动性的低风险证券。

　　A．货币市场工具　　　　　　　B．债券

　　C．股票　　　　　　　　　　　D．基金

【答案】A

【解析】货币市场工具一般指短期的(1 年之内)、具有高流动性的低风险证券，具体包括银行回购协议、定期存款、商业票据、银行承兑汇票、短期国债、中央银行票据等。

35．关于风险和收益关系的说法，错误的是(　　)。

　　A．企业债与同期限、同息票率的国债相比存在信用风险溢价

　　B．企业债价格低于同面值、同期限、同息票率的国债

　　C．企业债的风险高预期收益低

　　D．企业债收益率高于同期限、同息票率的国债

【答案】C

【解析】只要投资者认识到某一种风险的存在，且无法回避，那么投资者就会对承担这种风险要求相应的风险报酬。比如投资者会要求对承担信用风险进行补偿，这导致市场

上信用风险较高的企业债券与同期限、同息票率的国债相比价格更低,收益率更高,这个高出的收益率称为信用风险溢价。

36. 标准差越大,则数据分布越____,波动性和不可预测性越____。( )

A. 集中;弱　　B. 分散;弱　　C. 集中;强　　D. 分散;强

【答案】D

【解析】方差和标准差可以反映数据分布的离散程度。标准差越大,则表明数据分布越分散,波动性和不可预测性也就越强。

37. 为防范证券结算风险,我国建立了( ),用于垫付或弥补因违约交收、技术故障、操作失误、不可抗力等造成的证券结算机构的损失。

A. 证券结算风险基金　　　　　　B. 证券交易风险基金

C. 管理风险准备金　　　　　　　D. 投资者保护基金

【答案】A

【解析】《证券法》规定,证券登记结算机构是为证券交易提供集中登记、存管与结算服务,不以营利为目的的法人。为防范证券结算风险,我国设立了证券结算风险基金,用于垫付或弥补因违约交收、技术故障、操作失误、不可抗力等造成的证券登记结算机构的损失。

38. 以下不属于可转换债券的基本要素的是( )。

A. 回售条款　　B. 赎回条款　　C. 市场利率　　D. 转换期限

【答案】C

【解析】可转换债券简称可转债,是指在一段时期内,持有者有权按照约定的转换价格或转换比率将其转换成普通股股票的公司债券。可转换债券的基本要素包括标的股票、票面利率、转换期限、转换价格、转换比例、赎回条款、回售条款等。

39. 每经过一个计息期,要将所生利息加入本金再计算利息的是( )。

A. 单利　　　　B. 浮动利率　　C. 固定利率　　D. 复利

【答案】D

【解析】复利,是指不仅本金要计利息,利息也要计利息,也就是通常所说的"利滚利"。用复利法计算时,每期期末计算的利息加入本金形成新的本金,再计算下期的利息,逐期滚利。

40. 关于基金业绩比较基准,以下表述错误的是( )。

A. 事先确定的业绩比较基准可以为基金经理投资管理提供指引

B. 事后业绩评估时可以比较基金的收益与比较基准之间的差异

C. 基金业绩比较基准的选取是随机的

D. 基金的相对收益就是基金相对于一定的业绩比较基准的收益

【答案】C

【解析】C 项,所有的基金都需要选定一个业绩比较基准,业绩比较基准不仅是考核基金业绩的工具,也是投资经理进行组合构建的出发点。指数基金的业绩比较基准是其跟踪的指数本身,其组合构建的目标就是将跟踪误差控制在一定范围内。其他类型的基金在选定业绩比较基准的时候,需要充分考虑其投资目标、风格的影响。在选择业绩比较基准的时候要尽可能地体现投资目标和投资风格,否则业绩比较基准就失去了其参考价值。

41．某基金年度平均收益率为 20%，假设无风险收益率为 3%(年化)，该基金的年化波动率为 25%，贝塔系数为 0.85，则该基金的特雷诺比率为(　　)。

　　A．0.68　　　　　B．0.8　　　　　C．0.2　　　　　D．0.25

【答案】C

【解析】特雷诺比率(T_p)表示的是单位系统风险下的超额收益率。用公式表示为

$$T_\text{p} = \frac{\overline{R}_\text{p} - \overline{R}_\text{f}}{\beta_\text{p}}$$

式中，T_p 表示特雷诺比率；$\overline{R}_\text{p}$ 表示基金的平均收益率；$\overline{R}_\text{f}$ 表示平均无风险收益率；β_p 表示系统风险。本题，代入数值可得特雷诺比率=(20%−3%)÷0.85=0.2。

42．目前，我国债券市场以(　　)为主。

　　A．深圳证券交易所　　　　　　B．银行间债券市场

　　C．商业银行柜台市场　　　　　D．上海证券交易所

【答案】B

【解析】1997 年建立的银行间债券市场，经过近 20 年的发展，交易工具日益丰富，投资主体迅速扩大，交易结算量成倍递增，已发展成为具有资本市场和货币市场双重功能的场外债券市场，成为中国债券市场的主体。

43．某大学基金会的投资目标是资产的长期保值增值。该基金会当前有 20%的资产配置于国内股票，80%的资产配置于国内债券。为了分散风险，提高收益，该基金会考虑了如下措施：

　　Ⅰ．将部分资产配置于国外股票；

　　Ⅱ．将部分资产配置于房地产投资；

　　Ⅲ．将部分资产配置于私募股权投资；

　　Ⅳ．将所有资产配置于国内股票；

　　Ⅴ．将所有资产配置于国内债券。

以上哪些措施可以起到分散风险提高收益的目的？(　　)

　　A．Ⅳ、Ⅴ　　　　　　　　　　B．Ⅰ、Ⅲ、Ⅴ

　　C．Ⅰ、Ⅱ、Ⅲ、Ⅳ　　　　　　D．Ⅰ、Ⅱ、Ⅲ

【答案】D

【解析】为降低投资风险，一些国家的法律、法规规定基金除另有规定外，一般需要以组合投资的方式进行基金的投资运作，多元化组合投资可以达到分散风险、提高收益的目的。Ⅳ和Ⅴ均属于"把鸡蛋放在一个篮子里面"的行为，单一的投资产品无法达到分散风险的目的。

44．关于被动投资指数复制和调整的说法，错误的是(　　)。

　　A．完全复制、抽样复制和优化复制指数方法所需要样本股票数量依次递增，跟踪误差依次递减

　　B．被动投资复制指数会产生复制成本

　　C．指数复制可以采用完全复制、抽样复制和优化复制等方法

　　D．根据抽样方法的不同，抽样复制可以分为市值优先、分层抽样等方法

【答案】A

【解析】A 项，根据市场条件的不同，通常有三种指数复制方法，即完全复制、抽样复制和优化复制。三种复制方法所使用的样本股票的数量依次递减，但是跟踪误差通常依次增加。

45. 按行权时间分类，( )可以在权证失效日之前的任意交易日行权。

    A. 欧式权证　　　　　　　　　　B. 百慕大式权证

    C. 美式权证　　　　　　　　　　D. 备兑权证

【答案】C

【解析】按行权时间分类，权证可分为美式权证、欧式权证、百慕大式权证等。美式权证可在权证失效日之前任何交易日行权，欧式权证仅可在失效日当日行权，百慕大式权证可在失效日之前一段规定时间内行权。

46. 下列股票估值方法不属于相对价值法的是( )。

    A. 市盈率模型　　　　　　　　　　B. 企业价值倍数

    C. 市销率模型　　　　　　　　　　D. 经济附加值模型

【答案】D

【解析】股票估值可以分为内在价值法和相对价值法两种基本方法。其中，相对价值法是使用一家上市公司的市盈率、市净率、市售率、市现率等指标与其竞争者进行对比，以决定该公司价值的方法，包括市盈率模型、市净率模型、市现率模型、市销率模型和企业价值倍数。

47. 投资政策说明书的内容不包括( )。

    A. 业绩比较基准　　　　　　　　　　B. 确定收益

    C. 投资回报率目标　　　　　　　　　　D. 投资决策流程

【答案】B

【解析】投资政策说明书的内容一般包括投资回报率目标、投资范围、投资限制(包括期限、流动性、合规等)、业绩比较基准。有些机构还将投资决策流程、投资策略、交易机制等内容纳入投资政策说明书。

48. 下列关于衍生工具的说法，错误的是( )。

    A. 按产品形态可以分为独立衍生工具、嵌入式衍生工具

    B. 按合约特点可以分为远期合约、期货合约、期权合约、互换合约、结构化金融衍生工具

    C. 独立衍生工具指期权合约、期货合约或者互换合约

    D. 远期合约、期货合约、互换合约、结构化金融衍生工具常被称为基础性衍生模块

【答案】D

【解析】衍生工具按其自身的合约特点可以分为远期合约、期货合约、期权合约、互换合约和结构化金融衍生工具五种，远期合约、期货合约、期权合约、互换合约是四种基本的衍生工具，也常被称作"基础性衍生模块"。按照衍生工具的产品形态分类，衍生工具可以分为独立衍生工具和嵌入式衍生工具。其中独立衍生工具指本身即为独立存在的金融合约，如期权合约、期货合约或者互换合约等。

49. 以下反映货币市场基金风险的指标不包括( )。

A．转债投资比例　　　　　　　B．投资组合平均剩余期限

C．浮动利率债券投资情况　　　D．融资比例

【答案】A

【解析】货币基金会面临利率风险、购买力风险、信用风险、流动性风险。用以反映货币市场基金风险的指标有投资组合平均剩余期限、融资比例、浮动利率债券投资情况等。

50．关于做市商与经纪人的相同点和区别，下面的表述错误的是(　　)。

A．一般情况下，做市商参与交易，经纪人不参与交易

B．经纪人能为市场提供流动性，做市商不能

C．经纪人可以为做市商服务

D．做市商的利润主要来自于证券买卖差价，经纪人的利润主要来自佣金

【答案】B

【解析】做市商与经纪人两者既有联系又相互区别，当做市商之间进行资金或证券拆借时，经纪人可以为做市商服务。做市商与经纪人的区别主要体现为：①市场角色不同。做市商在报价驱动市场中处于关键性地位，参与市场与投资者进行买卖双向交易，而经纪人则是在交易中执行投资者的指令，不参与交易。②利润来源不同。做市商的利润主要来自于证券买卖差价，经纪人的利润则主要来自于给投资者提供经纪业务的佣金。③市场流动性贡献不同。在报价驱动市场中，做市商是市场流动性的主要提供者和维持者，而在指令驱动市场中，市场流动性是由投资者的买卖指令提供的，经纪人只是执行这些指令。

51．关于基金资产估值需要考虑的因素，以下表述错误的是(　　)。

A．交易所上市的股指期货合约以估值当日结算价进行估值

B．交易活跃的证券，直接采用交易价格对其估值

C．我国封闭式基金每个交易日估值，每周披露一次基金份额净值

D．海外基金的估值频率较低，一般是每月估值一次

【答案】D

【解析】D项，海外的基金多数是每个交易日估值，但也有一部分基金是每周估值一次，有的甚至每半个月、每月估值一次。

52．关于全球投资业绩标准(GIPS)，以下说法错误的是(　　)。

A．GIPS标准可以提高业绩报告的透明度，确保在一致、可靠、公平且可比的基础上报告投资业绩数据

B．GIPS标准要求不同期间的收益率可以算术平均方式相连接

C．GIPS标准计算收益率时须采用经现金流调整后的时间加权收益率

D．GIPS标准确保不同的投资管理机构的投资业绩具有可比性

【答案】B

【解析】B项，全球投资业绩标准(GIPS)要求，计算收益率时必须采用经现金流调整后的时间加权收益率。不同期间的回报率必须以几何平均方式相连接。

53．关于个人投资者买卖基金的印花税，以下说法正确的是(　　)。

A．买入时暂不征收印花税，卖出时才征收印花税

B．卖出时暂不征收印花税，买入时才征收印花税

C．双边征收印花税

D. 暂免征收印花税

【答案】D

【解析】对于投资者买卖基金产生的税收可分为：①机构投资者买卖基金的税收，包括营业税、印花税和所得税；②个人投资者投资基金的税收，包括印花税和所得税。其中，不论对于个人投资者还是机构投资者，买卖基金份额均暂免征收印花税。

54. 承担审查基金资产净值和基金份额净值的责任人是( )。

　　A. 基金销售机构　　　　　　　B. 注册登记机构

　　C. 基金审计的会计事务所　　　D. 基金托管人

【答案】D

【解析】依据《证券投资基金法》的规定，基金托管人职责包括：①安全保管基金财产；②按照规定开设基金财产的资金账户和证券账户；③对所托管的不同基金财产分别设置账户，确保基金财产的完整与独立；④保存基金托管业务活动的记录、账册、报表和其他相关资料；⑤按照基金合同的约定，根据基金管理人的投资指令，及时办理清算、交割事宜；⑥办理与基金托管业务活动有关的信息披露事项；⑦对基金财务会计报告、中期和年度基金报告出具意见；⑧复核、审查基金管理人计算的基金资产净值和基金份额申购、赎回价格；⑨按照规定召集基金份额持有人大会；⑩按照规定监督基金管理人的投资运作；⑪中国证监会规定的其他职责。

55. 关于远期合约，以下表述错误的是( )。

　　A. 远期合约是一种标准化合约

　　B. 远期合约不能形成统一的市场价格，与期货合约相比，市场的效率偏低

　　C. 远期合约是一种最简单的衍生品合约

　　D. 远期合约流动性通常较差

【答案】A

【解析】A 项，远期合约是一种非标准化的合约，一般不在交易所进行交易，而是在金融机构之间或金融机构与客户之间通过谈判后签署的。

56. 关于风险分散化，以下说法错误的是( )。

　　A. 若两种资产的收益具有相反的波动规律，则两种资产组合后的风险降低

　　B. 资产收益中的系统风险无法通过组合进行分散

　　C. 资产收益中的非系统风险无法通过组合进行分散

　　D. 若两种资产的收益具有同样的波动规律，则不允许卖空情况下，投资者无法利用这样的两种资产构建出预期收益率相同而风险更低的投资组合

【答案】C

【解析】C 项，非系统性风险又称特定风险、异质风险、个体风险等，往往是由与某个或少数的某些资产有关的一些特别因素导致的。这些因素只对某个或某些资产的收益造成影响，而与其他资产的收益无关。因此，非系统性风险是可以通过分散化投资来降低的风险。当投资组合中包含的资产数量增加时，每个资产在其中所占比重下降，则个别因素对整个投资组合收益率的影响程度就降低了，并且有可能被其他特别因素的影响所抵消。

57. 关于主动投资和被动投资的说法，错误的是( )。

　　A. 被动投资的目标是减少跟踪偏离度和跟踪误差

B. 主动投资的目标是扩大主动收益，缩小主动风险，提高信息比率

C. 被动投资是在市场有效假定下的一种投资方式

D. 主动投资是在市场有效假定下的一种投资方式

【答案】D

【解析】主动投资又称积极投资，它基于这样一种信念：通过耗费时间和精力的积极策略获取超额收益是可能的，并且这些收益可能只在市场定价无效的条件下存在。而被动投资是建立在市场有效假定下的一种投资方式，即复制市场基准的收益与风险，而不试图跑赢市场的策略。

58. 关于债券利率风险，以下表述正确的是( )。

A. 当市场利率上升时，债券价格上升

B. 债券价格与市场利率变动方向一致

C. 债券价格与市场利率变动呈反方向变动

D. 当市场利率上升时，债券价格不变

【答案】C

【解析】债券的价格与市场利率变动密切相关，且呈反方向变动。当市场利率上升时，大部分债券的价格会下降；当市场利率降低时，债券的价格通常会上升。

59. 担任 QDII 基金境外托管人的机构，必须满足在最近( )没有收到监管机构的重大处罚。

A. 半年　　　　B. 三年　　　　C. 五年　　　　D. 一年

【答案】C

【解析】境内机构投资者可以委托符合下列条件的投资顾问进行境外证券投资：①在境外设立，经所在国家或地区监管机构批准从事投资管理业务；②所在国家或地区证券监管机构已与中国证监会签订双边监管合作谅解备忘录，并保持着有效的监管合作关系；③经营投资管理业务达 5 年以上，最近一个会计年度管理的证券资产不少于 100 亿美元或等值货币；④有健全的治理结构和完善的内控制度，经营行为规范，最近 5 年没有受到所在国家或地区监管机构的重大处罚，没有重大事项正在接受司法部门、监管机构的立案调查。

60. 所有境外投资者对单个上市公司 A 股的持股比例总和，不得超过该上市公司股份总数的( )。

A. 20%　　　　B. 50%　　　　C. 30%　　　　D. 10%

【答案】C

【解析】境外投资者的境内证券投资，应当遵循下列持股比例限制：①单个境外投资者通过合格投资者持有一家上市公司股票的，持股比例不得超过该公司股份总数的 10%；②所有境外投资者对单个上市公司 A 股的持股比例总和，不超过该上市公司股份总数的 30%。

61. 在有异常值的情况下，中位数和均值哪个评价结果更合理和贴近实际？( )

A. 中位数　　　　　　　　　B. 中位数和均值无区别

C. 不确定　　　　　　　　　D. 均值

【答案】A

【解析】中位数能够免疫极端值的影响，较好地反映投资策略的真实水平；而平均数(或

均值)则很容易受到极端值的冲击，使其对于数据的判别效果产生较大误差。

62. 某 3 年期债券的面值为 1000 元，票面利率为 8%，每年付息一次，现在市场收益率为 10%，其市场价格为 950.25 元，则其久期为(   )。

    A. 2.78 年   B. 3.21 年   C. 1.95 年   D. 1.5 年

【答案】A

【解析】由久期的计算公式：$D_{mac}=\dfrac{\sum\limits_{t=1}^{T}\dfrac{c_t}{(1+y)^t}\times t}{P}$，可得久期

$$D_{max}=\dfrac{\dfrac{1000\times 8\%}{1+10\%}\times 1+\dfrac{1000\times 8\%}{(1+10\%)^2}\times 2+\dfrac{1000\times 8\%+1000}{(1+10\%)^3}\times 3}{950.25}\approx 2.78\ (年)。$$

63. 在剩余财产的清算和股利分配时，(   )的索取权排在最后。

    A. 累计优先股   B. 普通股

    C. 资本性债券   D. 非累计优先股

【答案】B

【解析】各类资本的清偿顺序为：①债权资本。它是一种借入资本，代表了公司的合约义务，因此债券持有者/债权人拥有公司资产的最高索取权。②优先股股东。在公司解散或破产清算时，优先股股东优先于普通股股东分配公司剩余财产。③普通股股东是最后一个被偿还的，剩余资产在普通股股东中按比例分配。

64. 假设某投资者持有 10 000 份基金 A，T 日该基金发布公告，拟以 T+2 日为除权日进行利润分配，每 10 份分配现金 0.5 元，T+2 日该基金份额净值为 1.635 元，除权后该基金的基金净值为____元，该投资者可分得现金股利____元。(   )

    A. 1.135；5000   B. 1.635；5000

    C. 1.630；500   D. 1.585；500

【答案】D

【解析】每 10 份分配现金 0.5 元，则每一份基金可分得的现金股利为：0.5÷10=0.05(元)。除权后该基金的基金净值为：1.635-0.05=1.585(元)；投资者可分得的现金股利为：10000×0.05=500(元)。

65. 股份有限公司所有者权益不包括(   )。

    A. 资本公积   B. 股本   C. 盈余公积   D. 利润总额

【答案】D

【解析】所有者权益又称股东权益或净资产，是指企业总资产中扣除负债所余下的部分，表示企业的资产净值，即在清偿各种债务以后，企业股东所拥有的资产价值。所有者权益包括以下四个部分：①股本，即按照面值计算的股本金；②资本公积，包括股票发行溢价、法定财产重估增值、接受捐赠资产、政府专项拨款转入等；③盈余公积，又分为法定盈余公积和任意盈余公积；④未分配利润，是指企业留待以后年度分配的利润或待分配利润。

66. (   )是由中央银行发行的用于调节商业银行超额准备金的短期债务凭证。

    A. 中央银行票据   B. 商业票据

    C. 短期国债   D. 银行承兑汇票

【答案】A

【解析】中央银行票据是由中央银行发行的用于调节商业银行超额准本金的短期债务凭证，简称央行票据或央票。中国人民银行通过与商业银行进行票据的交易改变商业银行超额准备金的数量(商业银行一般会配合中国人民银行的行为)，从而影响整个市场的货币供给水平。

67. 关于债券到期收益率，以下表述错误的是(   )。

A. 债券市场价格与到期收益率呈反方向增减

B. 在其他因素相同的情况下，固定利率债券比零息债券的到期收益率更低

C. 票面利率与债券到期收益率呈同方向增减

D. 再投资收益率的变化会影响投资者实际的持有到期收益率

【答案】B

【解析】B 项，不同的计息方式会使得投资者获得利息的时间不同，在其他因素相同的情况下，固定利率债券比零息债券的到期收益率要高。

68. 当一个行业技术已经成熟，产品的市场基本形成并不断扩大，公司利润开始逐步上升，股价逐步上涨时，表明该行业处于生命周期的(   )。

A. 成长期　　　B. 初创期　　　C. 衰退期　　　D. 成熟期

【答案】A

【解析】任何一个行业都要经历一个生命周期：①初创期。在初创期，大量新技术被采用，新产品被研制但尚未大批量生产，销售收入和收益急剧膨胀。公司的垄断利润很高，但风险也较大，公司股价波动也较大。②成长期。在成长期，各项技术已经成熟，产品的市场也基本形成并不断扩大，公司利润开始逐步上升，公司股价逐步上涨。③成熟期。在成熟期，市场基本达到饱和，但产品更加标准化，公司的利润可能达到高峰。④衰退期。在这个阶段，行业的增长速度低于经济增速，或者萎缩。

69. (   )高，表明企业有较强的利用资产创造利润的能力，企业在增加收入和节约资金使用方面取得了良好的效果。

A. COE　　　B. ROA　　　C. ROE　　　D. ROS

【答案】B

【解析】评价企业盈利能力的比率有很多，其中最重要的有三种：销售利润率(ROS)、资产收益率(ROA)、净资产收益率(ROE)。其中，资产收益率是应用最为广泛的衡量企业盈利能力的指标之一。资产收益率高，表明企业有较强的利用资产创造利润的能力，企业在增加收入和节约资金使用等方面取得了良好的效果。

70. 每计息期的利息额相等的利息计算方法为(   )。

A. 复利　　　　　　　　　　B. 有时单利有时复利

C. 单利　　　　　　　　　　D. 可能单利也可能复利

【答案】C

【解析】单利是计算利息的一种方法，按照这种方法，只要本金在计息周期中获得利息，无论时间多长，所生利息均不加入本金重复计算利息。复利是计算利息的另一种方法，按照这种方法，每经过一个计息期，要将所生利息加入本金再计利息。

71. 在两个风险资产构成的投资组合中加入无风险资产，其可行投资组合集将发生变

化,下列说法中错误的是( )。

  A. 风险最小的可行投资组合风险为零

  B. 可行投资组合集的上下沿为射线

  C. 可行投资组合集是一片区域

  D. 可行投资组合集的上下沿为双曲线

【答案】D

【解析】相比于仅有风险资产的可行投资组合集,加入无风险资产后的可行投资组合集的重要区别在于两个方面:①由于无风险资产的引入,风险最小的可行投资组合风险为零;②在标准差-预期收益率平面中,可行投资组合集的上沿及下沿为射线,而不是双曲线。

72. 我国场内股票交易的买卖双方支付的过户费属于( )的收入。

  A. 证券交易所   B. 中国结算公司

  C. 证券监督管理机构   D. 证券经纪商

【答案】B

【解析】过户费是委托买卖的股票、基金成交后,买卖双方为变更证券登记所支付的费用。这笔收入属于中国结算公司的收入,由证券经纪商在同投资者清算交收时代为扣收。

73. 下列有关债券种类的说法,错误的是( )。

  A. 按发行主体分类,债券可分为政府债券、金融债券、公司债券等

  B. 按债券持有人收益方式分类,债券可以分为固定利率债券、浮动利率债券等

  C. 按计息和付息方式分类,债券可以分为息票债券、贴现债券和永续债券

  D. 按偿还期限分类,债券可以分为短期债券、中期债券和长期债券

【答案】C

【解析】C项,按计息与付息方式分类,债券可分为息票债券和贴现债券。息票债券是指债券发行时规定,在债券存续期内,在约定的时间以约定的利率按期向债券持有人支付利息的中、长期债券;贴现债券则是无息票债券或零息债券,这种债券在发行时不规定利率,券面也不附息票,发行人以低于债券面额的价格出售债券,即折价发行,债券到期时发行人按债券面额兑付。

74. ( )同时考虑"税盾效应"和"破产成本",认为最佳资本结构存在且应该是负债和所有者权益之间的一个均衡点。

  A. 代理理论   B. 权衡理论

  C. 无税 MM 理论   D. 有税 MM 理论

【答案】B

【解析】权衡理论认为,随着企业债务增加而提高的经营风险和可能产生的破产成本,会增加企业的额外成本,而最佳的资本结构应当是负债和所有者权益之间的一个均衡点,这一均衡点 D^* 就是最佳负债比率(如图1所示)。在图1中,K 表示公司的负债水平,V 表示公司价值,V_e 表示在"税盾效应"下无破产成本的企业价值,V_u 表示无负债时的公司价值,V_s 表示存在"税盾效应"同时存在破产成本的企业价值,F_A 表示公司的破产成本,T_B 表示"税盾效应"给企业带来的价值增值,D^* 表示公司的最佳负债水平。

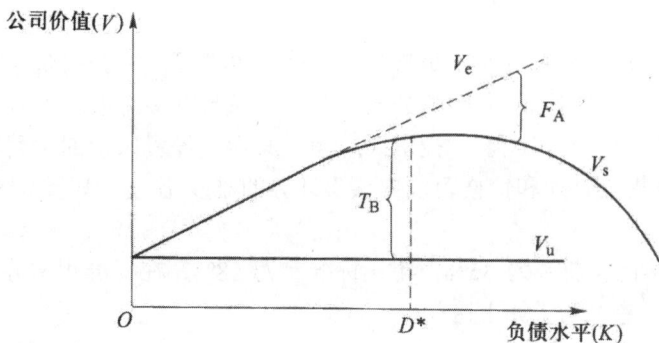

图 1　权衡理论中的公司最佳负债水平

75. 投资者 A 于 T 日(周五)赎回货币基金,那么该投资者享有(　　)利润。
    A. T 日、T+1 日、T+2 日、T+3 日　　B. T 日、T+1 日
    C. T 日　　　　　　　　　　　　　　D. T 日、T+1 日、T+2 日

【答案】D

【解析】投资者于周五申购的基金份额不享有周五和周六、周日的收益;于周五赎回
的基金份额则享有周五和周六、周日的收益。题中,投资者于 T 日(周五)赎回货币基金,因
此享有 T 日(周五)、T+1 日(周六)和 T+2 日(周日)的收益。

76. 关于β系数,以下表述错误的是(　　)。
    A. β系数的绝对值越大,表明证券或组合对市场指数的熟悉性越强
    B. β系数可以用来衡量证券承担系统风险水平的大小
    C. 反映证券或组合的收益水平对市场平均收益水平变化的敏感性
    D. β系数是对放弃即期消费的补偿

【答案】D

【解析】贝塔系数(β)是评估证券或投资组合系统性风险的指标,反映的是投资对象对
市场变化的敏感度。D 项,无风险利率是由时间创造的,是对放弃即期消费的补偿。

77. 复核无误的基金份额净值,由(　　)对外公布。
    A. 基金托管人　　　　　　　　　　　B. 基金销售机构
    C. 基金注册登记机构　　　　　　　　D. 基金管理人

【答案】D

【解析】基金托管人按基金合同规定的估值方法、时间、程序对基金管理人的计算结
果进行复核,复核无误后签章返回给基金管理人,由基金管理人对外公布,并由基金注册
登记机构根据确认的基金份额净值计算申购、赎回数额。

78. 以下关于风险的说法正确的是(　　)。
    Ⅰ. 风险来源于不确定性;
    Ⅱ. 风险是未来的不确定事件可能对公司带来的影响;
    Ⅲ. 风险分商业风险、操作风险、投资风险等;
    Ⅳ. 风险有多种表现形式。
    A. Ⅰ、Ⅱ、Ⅲ　　　　　　　　　　　B. Ⅰ、Ⅱ、Ⅲ、Ⅳ
    C. Ⅰ、Ⅱ　　　　　　　　　　　　　D. Ⅱ、Ⅲ

【答案】B

【解析】风险来源于不确定性，是未来的不确定事件可能对公司带来的影响。有的风险会影响公司的声誉，有的风险会影响公司的利润。风险有多种表现形式，并无统一的分类方法，包括商业风险、操作风险、投资风险等。其中，投资风险的主要因素包括：市场价格(市场风险)，在规定时间和价格范围内买卖证券的难度(流动性风险)，借款方还债的能力和意愿(信用风险)。

79．某基金的年化收益率为 35%，年化标准差为 28%，在标准正态分布下，该基金年度收益率在 67%的可能下处于如下区间(　　)。

　　　　A．70%～35%　　　B．63%～7%　　　　C．28%～28%　　　D．28%～35%

【答案】B

【解析】根据标准正态分布表，1 个标准差的偏离概率是 67%。设年度净值增长率落在区间 a～b。则有$(a-35\%)÷28\%=1$；$(b-35\%)÷28\%=-1$；可解得，$a=63\%$，$b=7\%$。因此，收益率应为 63%～7%。

80．目前我国货币基金管理费率通常不高于(　　)。

　　　　A．0.33%　　　　　B．0.75%　　　　　C．1.5%　　　　　　D．1%

【答案】A

【解析】目前，我国股票基金大部分按照 1.5%的比例计提基金管理费，债券基金的管理费率一般低于 1%，货币市场基金的管理费率不高于 0.33%。

81．能够全面反映基金在一定时期内经营成果的财务指标是(　　)。

　　　　A．期末可供分配利润　　　　　　　　B．本期利润

　　　　C．未分配利润　　　　　　　　　　　D．本期已实现收益

【答案】B

【解析】本期利润是基金在一定时期内全部损益的总和，包括计入当期损益的公允价值变动损益。该指标既包括了基金已经实现的损益，也包括了未实现的估值增值或减值，是一个能够全面反映基金在一定时期内经营成果的指标。

82．关于债券利率风险的描述，以下错误的是(　　)。

　　　　A．浮动利率债券在市场利率下行的环境中具有较低的利率风险

　　　　B．利率风险是指利率变动引起债券价格波动的风险

　　　　C．债券的价格与利率呈反向变动关系

　　　　D．浮动利率债券的利息在支付日根据当前基准利率重新设定

【答案】A

【解析】利率风险是指利率变动引起债券价格波动的风险。债券的价格与利率呈反向变动关系：利率上升时，债券价格下降；而当利率下降时，债券价格上升。这种风险对固定利率债券和零息债券来说特别重要。债券价格受市场利率影响，而浮动利率债券的利息在支付日根据当前市场利率重新设定，从而在市场利率上升的环境中具有较低的利率风险，而在市场利率下行的环境中具有较高的利率风险。

83．股票 A、B、C 具有相同的预期收益和风险，股票之间的相关系数如下：A 和 B 的相关系数为 0.8，B 和 C 的相关系数为 0.2，A 和 C 的相关系数为-0.4，哪种等权重投资组合的风险最低？(　　)

　　A．股票 B 和 C 组合　　　　　　B．股票 A 和 C 组合

　　C．股票 A 和 B 组合　　　　　　D．无法判断

【答案】B

【解析】两项资产之间的相关性越小，其投资组合可分散的投资风险的效果越大。即相关系数值越小，投资组合的风险越低。

84．人民币利率互换是指交易双方同意在约定期限内，根据人民币本金交换现金流的行为，交易双方的现金流分别根据(　　)计算。

　　A．浮动利率、固定利率　　　　　B．固定利率、贷款利率

　　C．存款利率、浮动利率　　　　　D．存款利率、贷款利率

【答案】A

【解析】人民币利率互换交易是指交易双方约定在未来的一定期限内，根据约定数量的人民币本金交换现金流的行为，其中一方的现金流根据浮动利率计算，另一方的现金流根据固定利率计算。

85．关于沪港通，以下表述错误的是(　　)。

　　A．沪股通只能买卖规定范围内的上海证券交易所上市的股票

　　B．沪港通试点是 2014 年经批准开始的

　　C．沪港通的双向交易分别以人民币和港币作为结算单位

　　D．沪港通分为沪股通和港股通两部分

【答案】C

【解析】C 项，与 QDII、QFII 不同的是，沪港通的双向交易均以人民币作为结算单位，这在一定程度上促进了人民币的交投量与流转量增加，为人民币国际化打下坚实的基础。

86．用复利法计算第 n 期期末终值的计算公式为(　　)。

　　A．$FV=PV \cdot (1+i \cdot n)$　　　　　B．$FV=PV \cdot (1+i)^n$

　　C．$PV=FV \cdot (1+i \cdot n)$　　　　　D．$PV=FV \cdot (1+i)^n$

【答案】B

【解析】用复利法计算第 n 期期末终值的一般计算公式为：$FV=PV \cdot (1+i)^n$。式中，FV 表示终值，即在第 n 年年末的货币终值；n 表示年限；i 表示年利率；PV 表示本金或现值。

87．关于最大回撤，以下表述错误的是(　　)。

　　A．不同投资组合在不同时间期限内的最大回撤不具有可比性

　　B．最大回撤是从资产最高价格到接下来最低价格的损失

　　C．投资组合的风险越高，最大回撤一定越大

　　D．投资的期限越长，最大回撤可能越大

【答案】C

【解析】一些投资者将控制下行风险作为投资的重要目标。最大回撤这个指标是要将损失控制在相对于其投资期间最大财富的一个固定比例。根据 CFA 协会的定义，最大回撤是从资产最高价格到接下来最低价格的损失。投资的期限越长，这个指标就越不利，因此在不同的基金之间使用该指标的时候，应尽量控制在同一个评估期间。

88．目前银行间债券市场债券结算主要采用(　　)的方式。

　　A．券款对付　　　B．纯券过户　　　C．见款付券　　　D．见券付款

【答案】A

【解析】根据《银行间债券市场债券登记托管结算管理办法》的规定，债券结算可采用纯券过户、见券付款、见款付券、券款对付四种结算方式。根据中国人民银行2013年12号文的规定，目前银行间债券市场债券结算主要采用券款对付的方式。

89. 基金会计核算主体为(   )。

A. 基金销售机构　　　　　　B. 证券投资基金

C. 基金管理人　　　　　　　D. 基金托管人

【答案】B

【解析】会计主体是会计为之服务的特定对象。企业会计核算以企业为会计核算主体，基金会计则以证券投资基金为会计核算主体。

90. 关于投资决策委员会，以下表述错误的是(   )。

A. 投资决策委员会是基金公司管理基金投资的最高决策机构

B. 投资决策委员会审定公司投资管理制度和流程

C. 投资决策委员会对基金公司的重大投资活动进行管理

D. 投资决策委员会负责制定投资组合的具体方案，向交易部下达投资指令

【答案】D

【解析】D项，投资部负责根据投资决策委员会制定的投资原则和计划制定投资组合的具体方案，向交易部下达投资指令。

91. 假设某基金持有的股票总市值为2000万元，持有的债券总市值为1000万元，应收债券利息280为万元，银行存款余额为50万元，对托管和管理人应付未付的报酬为11万元，应付税费为19万元，基金总份额为2000万份。当日基金份额净值为(   )元。

A. 1.5　　　　B. 1.65　　　　C. 1.68　　　　D. 1.64

【答案】B

【解析】由基金份额净值的计算公式：基金份额净值 $= \dfrac{\text{基金资产净值}}{\text{基金总份额}}$，可得基金份额

净值 $= \dfrac{2000+1000+280+50-11-19}{2000} = 1.65(\text{元})$。

92. 下列投资中，属于另类投资形式的有(   )。

Ⅰ. 私募股权；

Ⅱ. 不动产；

Ⅲ. 大宗商品；

Ⅳ. 艺术品；

Ⅴ. 股票。

A. Ⅰ、Ⅱ、Ⅲ、Ⅳ、Ⅴ　　　　B. Ⅰ、Ⅱ、Ⅲ、Ⅳ

C. Ⅰ、Ⅳ、Ⅴ　　　　　　　　D. Ⅰ、Ⅲ、Ⅴ

【答案】B

【解析】另类投资，是指传统公开市场交易的权益资产、固定收益类资产和货币类资产之外的投资类型。除了私募股权、不动产、大宗商品等主流形式外，另类投资还包括黄金投资、碳排放权交易、艺术品、收藏品投资等方式。

93．期货市场风险管理的功能是通过(　　)实现的。

  A．卖空   B．买空   C．建仓   D．套期保值

【答案】D

【解析】期货市场的最基本的功能就是风险管理，具体表现为利用商品期货管理价格风险，利用外汇期货管理汇率风险，利用利率期货管理利率风险，以及利用股指期货管理股票市场系统性风险。如果要规避未来标的资产价格上升的风险，可在期货市场上买入对应的标的资产期货合约(买入套期保值)；反之，如果要规避未来标的资产价格下降的风险，则可在期货市场上卖出对应的标的资产期货合约(卖出套期保值)。

94．债券的发行人包括(　　)。

  Ⅰ．中央政府；

  Ⅱ．地方政府；

  Ⅲ．金融机构；

  Ⅳ．公司；

  Ⅴ．企业。

  A．Ⅰ、Ⅱ、Ⅴ   B．Ⅰ、Ⅲ、Ⅳ

  C．Ⅰ、Ⅱ、Ⅲ、Ⅳ、Ⅴ   D．Ⅱ、Ⅲ、Ⅴ

【答案】C

【解析】债券的发行人包括中央政府、地方政府、金融机构、公司和企业。债券发行人通过发行债券筹集的资金一般都有固定期限，债券到期时债务人必须按时归还本金并支付约定的利息。

95．若没有预期的变现需求，投资者可以适当____流动性要求，以____预期收益。(　　)

  A．降低；提高   B．提高；提高

  C．提高；降低   D．降低；降低

【答案】A

【解析】流动性与收益之间通常存在一个替代关系。对于同类产品，流动性更差的往往具有更高的预期收益率。如果没有预期的变现需求，投资者可以适当降低流动性要求，以提高投资的预期收益率，但是也必须结合考虑自己的投资情况为非预期的变现需求做出预防性安排。

96．我国银行间债券市场的现券交易品种不包括(　　)。

  A．可转债   B．资产支持证券

  C．企业债   D．超短期融资债券

【答案】D

【解析】我国债券现券包括国债、企业债、公司债、可转换公司债券、中小企业私募债、资产支持证券、政策性金融债、分离交易的可转换公司债券、可转债回售、企业债回售、公司债回售等。

97．根据人民银行的规定，目前我国银行间质押式回购的最长期限是(　　)。

  A．一个月 B．六个月 C．一年 D．三个月

【答案】C

【解析】质押式回购是交易双方进行的以债券为权利质押的一种短期资金融通业务。

中国人民银行规定，质押式回购期限最长为 1 年，在 1 年之内由投资者双方自行商定回购期限。在目前我国债券市场的质押式回购中，1 天和 7 天回购是交易量最大、最为活跃的品种。

98．某基金根据历史数据计算出来的贝塔系数为 0，则该基金(　　)。

A．净值变化幅度与市场一致　　　　B．净值变化方向与市场一致

C．属于市场中性策略　　　　　　　D．净值变化幅度比市场大

【答案】C

【解析】贝塔系数(β)是评估证券或投资组合系统性风险的指标，反映的是投资对象对市场变化的敏感度。贝塔系数大于 0 时，该投资组合的价格变动方向与市场一致；贝塔系数小于 0 时，该投资组合的价格变动方向与市场相反。贝塔系数等于 1 时，该投资组合的价格变动幅度与市场一致。贝塔系数大于 1 时，该投资组合的价格变动幅度比市场更大。贝塔系数小于 1(大于 0)时，该投资组合的价格变动幅度比市场小；贝塔系数为 0，则属于市场中性策略。

99．某基金 2014 年度期初及期末资产净值如表 2 所示，其中 2014.9.1 分红 2500 万元，请问 2013.12.31～2014.9.1 期间该基金的收益率为(　　)。

表 2　某基金 2014 年度期初及期末资产净值

期初(2013.12.31) 资产净值(百万元)	(2014.9.1) 资产净值(百万元)	期末(2014.12.31) 资产净值(百万元)
100	125	120

A．10%　　　　　B．-10%　　　　　C．25%　　　　　D．12.5%

【答案】C

【解析】该基金各区间收益率的计算如表 3 所示。

表 3　计算过程

时间区间	期初资产净值 (百万元)	期末资产净值 (百万元)	区间收益率 (%)
2013.12.31～2014.9.1	100	125	25
2014.9.1～2014.12.31	125-25=100	120	20

100．下列说法中错误的是(　　)。

A．远期、期货和大部分互换合约有时被称作双边合约

B．期权合约和远期合约以及期货合约的不同在于它的损益的不对称性

C．信用违约互换合约使买方可以对卖方行使某种权利

D．期权合约和利率互换合约被称为单边合约

【答案】D

【解析】D 项，远期合约、期货合约和大部分互换合约都包括买卖双方在未来应尽的义务。因此，它们有时被称作远期承诺或者双边合约。期权合约和信用违约互换合约只有一方在未来有义务，因此被称作单边合约。

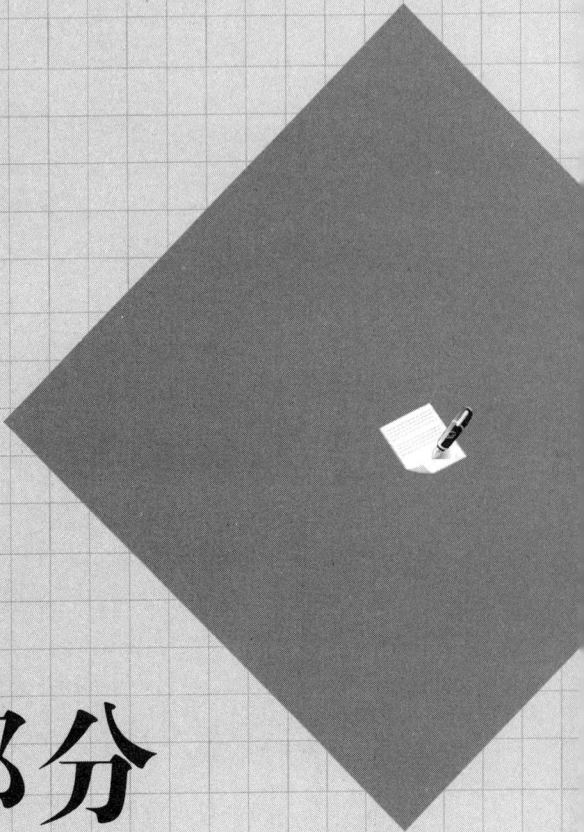

第四部分

模拟试题详解

基金从业资格考试《证券投资基金基础知识》模拟试题及详解(一)

单选题(共 100 题，每小题 1 分，共 100 分)以下备选项中只有一项最符合题目要求，不选、错选均不得分。

1．在对数据集中趋势的测度中，适用于偏斜分布的数值型数据的是(   )。

    A．均值   B．标准差   C．中位数   D．方差

【答案】C

【解析】中位数是用来衡量数据取值的中等水平或一般水平的数值。中位数能够免疫极端值的影响，较好地反映投资策略的真实水平，尤其适用于收入这类偏斜分布的数值型数据。

2．陈小姐将 1 万元用于投资某项目，该项目的预期收益率为 10%，项目投资期限为 3 年，每年支付一次利息，假设该投资人将每年获得的利息继续投资，则该投资人 3 年投资期满将获得的本利和为(   )元。

    A．13 310   B．13 000   C．13 210   D．13 500

【答案】A

【解析】根据复利终值的计算公式，该投资人 3 年投资期满将获得的本利和为：$FV=PV\times(1+i)^n=10\ 000\times(1+10\%)^3=13\ 310(元)$。

3．下列不属于构成利润表的项目是(   )。

    A．营业收入

    B．与营业收入相关的生产性费用、销售费用和其他费用

    C．经营活动产生的现金流量

    D．利润

【答案】C

【解析】利润表由三个主要部分构成：①营业收入；②与营业收入相关的生产性费用、销售费用和其他费用；③利润。利润表的基本结构是收入减去成本和费用等于利润(或盈余)。

4．假设企业年销售收入为 50 万元，年销售成本为 20 万元，企业年初存货是 12 万元，年末存货是 4 万元。为了评价该企业的营运效率，计算出来的存货周转率为(   )。

    A．2.5   B．5   C．6.25   D．12.5

【答案】A

【解析】存货周转率显示了企业在 1 年或者一个经营周期内存货的周转次数。其公式为：存货周转率=年销售成本/年均存货=20÷[(12+4)÷2]=2.5。

5．下列关于现值的说法，正确的是(   )。

    A．当给定终值时，贴现率越高，现值越低

　　B．当给定利率及终值时，取得终值的时间越长，该终值的现值就越高

　　C．在其他条件相同的情况下，按单利计息的现值要低于用复利计息的现值

　　D．利率为正时，现值大于终值

【答案】A

【解析】B项，根据复利现值公式$PV = \dfrac{FV}{(1+i)^n}$可知，当给定利率及终值时，取得终值的时间越长，该终值的现值就越低；C项，单、复利现值公式分别为$PV = \dfrac{FV}{1+i \times t}$、$PV = \dfrac{FV}{(1+i)^n}$，在其他条件相同的情况下，按单利计息的现值要高于用复利计息的现值；D项，利率为正时，现值小于终值。

6．下列公式不正确的是(　　)。

　　A．杜邦恒等式为：净资产收益率=销售利润率×总资产周转率×权益乘数

　　B．费雪方程式可以表述为：实际利率=名义利率-通货膨胀率

　　C．远期利率可以由两个即期利率决定，公式为$f = \dfrac{(1+s_2)^2}{1+s_1} - 1$。

　　D．样本标准差的计算公式为$s = \sqrt{\dfrac{1}{n}\left(\sum\limits_{t=1}^{n}(r_t - \bar{r})^2\right)}$

【答案】D

【解析】D项，样本标准差的计算公式为$s = \sqrt{\dfrac{1}{n-1}\sum\limits_{t=1}^{n}(r_t - \bar{r})^2}$。

7．公司向债权人借入资金的利息与(　　)无关。

　　A．公司的经营风险　　　　　　　　B．债权人的经营风险

　　C．公司的规模　　　　　　　　　　D．公司的利润率

【答案】B

【解析】公司向债权人借入资金，定期向他们支付利息，并在到期日偿还本金。A项，利息的高低与公司经营的风险相关。经营状况稳健的公司支付较低的利息，而风险较高的公司则需要支付较高的利息。CD两项属于公司经营风险的范畴。

8．下列关于股票流动性的叙述，错误的是(　　)。

　　A．流动性是指股票可以通过依法转让而变现的特性

　　B．股票是流动性很强的证券

　　C．股票持有人在收回投资的同时，将股票所代表的股东身份及其各种权益让渡给受让者

　　D．股票持有人一定会以高出原出资额的方式收回投资

【答案】D

【解析】流动性是指股票可以依法自由地进行交易的特征。股票持有人虽然不能直接从股份公司退股，但可以在股票市场上很方便地卖出股票来变现，在收回投资(可能大于或小于原出资额)的同时，将股票所代表的股东身份及其各种权益让渡给受让者。所以，股票是流动性很强的证券。

9．关于股票的清算价值，下列说法正确的是(   )。

    A．股票清仓时，股票所能获得的出售价值

    B．股票的清算价值应与账面价值相等

    C．大多数低于其账面价值

    D．公司破产清算时，其发行的股票的交易价值

【答案】C

【解析】股票的清算价值是公司清算时每一股份所代表的实际价值。理论上，股票的清算价值应与账面价值一致，但实际上并非如此。只有当清算时的资产实际出售额与财务报表上反映的账面价值一致时，每一股的清算价值才会和账面价值一致。但在公司清算时，其资产往往只能压低价格出售，再加上必要的清算费用，故大多数公司股票的清算价值低于其账面价值。

10．关于股票拆分和股票股利，下列说法错误的是(   )。

    A．不改变股东权益   B．可以提高股份流动性

    C．降低被收购的难度   D．向投资者传递公司发展前景良好的信息

【答案】C

【解析】股价较高的公司通过股票拆分或发放股票股利的方式降低股价，可以提高股份流动性，增加股东数量并提高被收购的难度。

11．股票市场价格的最直接影响因素是(   )，其他因素都是通过作用于该因素而影响股票价格。

    A．供求关系   B．公司经营状况

    C．宏观经济因素   D．政治因素

【答案】A

【解析】股票的市场价格由股票的价值决定，但同时受许多其他因素的影响。其中，供求关系是最直接的影响因素，其他因素都是通过作用于供求关系而影响股票价格的。

12．下列关于存托凭证的说法不正确的是(   )。

    A．每张存托凭证一般代表一股股票

    B．存托凭证起源于20世纪20年代的美国证券市场

    C．存托凭证是发行企业为了扩大市场容量，增强筹资能力而产生的

    D．ADR是流通量最大的存托凭证

【答案】A

【解析】A项，每张存托凭证一般代表不止一股而是许多股股票。

13．(   )是指可转债持有者有权在约定的条件触发时按照事先约定的价格将可转债卖回给发行企业的规定。

    A．转换期限   B．转换价格   C．赎回条款   D．回售条款

【答案】D

【解析】回售条款是指可转债持有者有权在约定的条件触发时按照事先约定的价格将可转债卖回给发行企业的规定。一般在股票价格下跌超过转换价格一定幅度时生效。

14．下列不属于权证的结算方式的是(   )。

    A．权证持有人到期买入或卖出标的证券

  B. 到期进行现金交割结算差价

  C. 权证持有人到期放弃行权

  D. 权证卖出方到期放弃行权

【答案】D

【解析】权证是指标的证券发行人或其以外的第三人发行的,约定在规定期间内或特定到期日,持有人有权按约定价格向发行人购买或出售标的证券,或以现金结算方式收取结算差价的有价证券。D项,权证是一种期权,执行价格一旦确定,则在期权有效期内,无论期权标的物的市场价格上升或下降到什么程度,只要期权买方要求执行期权,期权卖方就必须以执行价格履行相应的义务。

15. 基本面分析中宏观经济指标不包括( )。

  A. 国内生产总值   B. 预测宏观经济政策的变化

  C. 通货膨胀   D. 预算赤字

【答案】B

【解析】对宏观经济的分析,主要是分析宏观经济指标,预测经济周期和宏观经济政策的变化。宏观经济指标主要有:国内生产总值、通货膨胀、利率、汇率、预算赤字、失业率、采购经理指数。

16. 某公司上年年末支付每股股息为 2 元,预期回报率为 15%,未来 3 年中股息的超常态增长率为 20%,随后的增长率为 8%,则股票的价值为( )元。

  A. 30   B. 34.29   C. 41.6   D. 48

【答案】C

【解析】由可变增长股利贴现模型公式得:

$$V = \sum_{t=1}^{3} 2 \times \frac{(1+20\%)^t}{(1+15\%)^t} + \frac{1}{(1+15\%)^3} \times \frac{2 \times (1+20\%)^3 \times (1+8\%)}{15\% - 8\%} = 41.6(元)$$

17. 一般来说,在其他条件相同的情况下,流动性较强的债券收益率( )。

  A. 较高   B. 较低   C. 无法判断   D. 没有差异

【答案】B

【解析】投资者要求对承担流动性风险进行补偿,这导致市场上期限较长的债券收益率通常比期限较短的债券收益率更高,因为期限较长的债券比期限较短的债券流动性更差。这个高出的收益率称为流动性溢价。

18. 对于债券收益率曲线不同形状的解释产生了不同的期限结构理论,不包括( )。

  A. 流动性陷阱理论

  B. 市场分割理论

  C. 优先置产理论

  D. 预期理论

【答案】A

【解析】收益率曲线是描述到期收益率和到期期限之间关系的曲线,反映了市场的利率期限结构。对于收益率曲线不同形状的解释产生了不同的期限结构理论,主要包括预期理论、市场分割理论与优先置产理论。流动性陷阱是凯恩斯提出的一种假说,指当一段时间内即使利率降到很低水平,市场参与者对其变化不敏感,对利率调整不再做出反应,导致货币政策失效。

19．大额可转让定期存单的特征不包括(　　)。

　　A．可以转让流通　　　　　　　B．金额较大

　　C．不记名　　　　　　　　　　D．能提前支取

【答案】D

【解析】大额可转让定期存单是银行发行的具有固定期限和一定利率的，且可以在二级市场上转让的金融工具。大额可转让定期存单原则上不能提前支取，只能在二级市场上转让。

20．关于债券发行主体，下列论述不正确的是(　　)。

　　A．政府债券的发行主体是政府

　　B．公司债券的发行主体是股份公司

　　C．政策性金融债券的发行主体是政府

　　D．金融债券的发行主体是银行或非银行的金融机构

【答案】C

【解析】政策性金融债的发行人是政策性金融机构，即国家开发银行、中国农业发展银行、中国进出口银行。

21．(　　)不是按照债券持有人收益方式分类的债券。

　　A．固定利率债券　　　　　　　B．累进利率债券

　　C．免税债券　　　　　　　　　D．贴现债券

【答案】D

【解析】按债券持有人收益方式分类，债券可分为固定利率债券、浮动利率债券、累进利率债券、免税债券等。

22．面值在每个支付日会根据某一消费价格指数调整来反映通货膨胀变化的债券是(　　)。

　　A．通货膨胀联结债券　　　　　B．结构化债券

　　C．可赎回债券　　　　　　　　D．浮动利率债券

【答案】A

【解析】通货膨胀通过影响债券现金流而降低投资者的购买力，而大多数通货膨胀联结债券的面值(而不是票面利率)在每个支付日会根据某一消费价格指数调整来反映通货膨胀的变化。此类债券的利息通过面值的调整也得到相应调整。

23．我国目前债券交易市场体系(　　)。

　　A．以柜台市场为主　　　　　　B．以交易所市场为主

　　C．以银行间市场为主　　　　　D．以场内交易市场为主

【答案】C

【解析】中国债券市场是从 20 世纪 80 年代开始逐步发展起来的，经历了以柜台市场为主、以交易所市场为主和以银行间市场为主三个发展阶段。目前，我国债券市场形成了银行间债券市场、交易所市场和商业银行柜台市场三个基本子市场为主的统一分层的市场体系，其中，银行间债券市场无论是在交易量还是存量方面都占据市场主导地位。

24．某零息债券的面值为 1000 元，期限为 2 年，发行价为 880 元，到期按面值偿还。

该债券的到期收益率为(   )。

  A.6%   B.6.6%   C.12%   D.13.2%

【答案】B

【解析】根据到期收益率的计算公式得到：$880 = \dfrac{1000}{(1+y)^2}$，到期收益率 y=6.6%。

25.影响债券到期收益率的因素是(   )。

  A.市场利率   B.期限

  C.税收待遇   D.票面利率

【答案】D

【解析】到期收益率的影响因素主要有：①票面利率；②债券市场价格；③计息方式；④再投资收益率。

26.下列关于中期票据的说法正确的是(   )。

  A.中期票据可以由金融机构发行

  B.我国的中期票据的期限通常为 1 年或者 3 年

  C.中期票据采用注册发行，最大注册额度不超过企业净资产的 50%

  D.中期票据的发行市场是银行间市场，避免了公司债复杂的审批程序，提高了融资效率

【答案】D

【解析】A 项，中期票据是由具有法人资格的非金融企业在银行间债券市场按照计划分期发行的，约定在一定期限还本付息的有价证券；B 项，中期票据的期限一般为 1 年以上、10 年以下，我国的中期票据的期限通常为 3 年或者 5 年；C 项，中期票据采用注册发行，最大注册额度不超过企业净资产的 40%。

27.同业存款的替代性产品是(   )。

  A.大额可转让定期存单   B.同业存单

  C.商业票据   D.同业拆借

【答案】B

【解析】同业存单是存款类金融机构在全国银行间市场上发行的记账式定期存款凭证，同业存单作为同业存款的替代性产品，该产品目前仍处在试点初期。

28.以基础产品所蕴含的信用风险或违约风险为合约标的资产的金融衍生工具属于(   )。

  A.货币衍生工具   B.利率衍生工具

  C.信用衍生工具   D.股权类产品的衍生工具

【答案】C

【解析】信用衍生工具是指以基础产品所蕴含的信用风险或违约风险为合约标的资产(准确地说，这是一种结果)的金融衍生工具，用于转移或防范信用风险。这是 20 世纪 90 年代以来发展最为迅速的一类金融衍生工具，主要包括信用互换合约、信用联结票据等。

29.下列关于衍生工具的基本要素，说法有误的是(   )。

  A.所有的衍生工具都会规定一个合约到期日

  B.履约保函可以用来保护交易者免受交易对手风险带来的损失

C．期货合约的交易规模与交易者的资金规模有关

D．所有衍生工具在结算时都进行现金交割

【答案】D

【解析】D 项，一些衍生工具在结算时要求实物交割；其他衍生工具允许计算出现净现金盈亏，用现金结算。

30．下列关于金融衍生工具的叙述，错误的是(　　)。

A．衍生资产价格与标的资产价格具有联动性

B．杠杆性在很大程度上决定了衍生工具所具有的高风险性

C．衍生工具还可能面临信用风险

D．结算风险是指因操作人员人为错误或系统故障或控制失灵导致损失的可能性的风险

【答案】D

【解析】D 项，因操作人员人为错误或系统故障或控制失灵导致损失的风险是运作风险；结算风险是指因交易对手无法按时付款或者按时交割造成损失的风险。

31．价格朝买入合约不利方向变动时，初始保证金除去用于弥补亏损外，剩下的余额须达到的最低水平称为(　　)。

A．交易保证金　　　　　　　　B．初始保证金

C．维持保证金　　　　　　　　D．结算准备金

【答案】C

【解析】国际上各期货交易所保证金分为初始保证金和维持保证金。初始保证金是初次合约成交时应交纳的保证金，相当于我国的交易保证金或保证金；维持保证金是在价格朝买入合约不利方向变动时，初始保证金除去用于弥补亏损外，剩下的余额须达到的最低水平。

32．在金融期货交易中，期货交易者了结交易的方式是(　　)。

A．全部通过对冲平仓

B．少数通过对冲平仓，绝大多数进行实物交割

C．全部进行实物交割

D．少数进行实物交割，绝大多数通过对冲平仓

【答案】D

【解析】交易者进行期货交易的目的有两种——套期保值或者进行投机。这种目的决定了期货交易是一种不以实物商品的交割为目的的交易。期货交易中最后进行实物交割的比例很小，一般只有 1%～3%，绝大多数的期货交易者都以对冲平仓的方式了结交易。

33．关于金融期货与金融期权的比较，下列叙述正确的是(　　)。

A．期货合约和期权合约都通过对冲相抵消

B．金融期货与金融期权交易双方的权利与义务是对称的

C．期货合约用保证金交易，而期权合约不用保证金交易

D．金融期货交易双方均需开立保证金账户，金融期权的买方无须开立保证金账户，也无须缴纳保证金

【答案】D

【解析】A 项，期货合约绝大多数通过对冲相抵消，而期权合约则是买方根据当时的情况判断行权对自己是否有利来决定行权与否；B 项，期货合约包括买卖双方在未来应尽的义务，与此相反，期权合约只有一方在未来有义务；C 项，期货合约通常用保证金交易，因此有明显的杠杆。期权合约中买方需要支付期权费，而卖方则需要缴纳保证金，也会有杠杆效应。

34. 下列关于期权合约的价值的说法有误的是(   )。

    A．一份期权合约的价值等于其内在价值与时间价值之和

    B．期权的内在价值等于资产的市场价格与执行价格之间的差额

    C．期权的时间价值是一种隐含价值

    D．期权的时间价值只与期权的到期时间有关

【答案】D

【解析】期权的时间价值是指在期权有效期内标的资产价格波动为期权持有者带来收益的可能性所隐含的价值。它不仅与期权到期时间有关，也与期权标的资产价格波动情况有关。

35. 关于信用违约互换(CDS)，下列说法错误的是(   )。

    A．导致 2007 年全球性金融危机的最重要衍生金融产品是信用违约互换

    B．信用违约互换中一方当事人向另一方出售的是信誉

    C．最基本的信用违约互换涉及两个当事人

    D．若参考工具发生规定的信用违约事件，则信用保护出售方必须向购买方支付赔偿

【答案】B

【解析】B 项，最基本的信用违约互换涉及两个当事人，双方约定以某一信用工具为参考，一方向另一方出售信用保护，若信用工具发生违约事件，则信用保护出售方必须向购买方支付赔偿。

36. 下列关于利率互换与货币互换说法正确的是(   )。

    A．在不同货币市场具有借款比较优势的双方进行利率互换可以取得双赢结果

    B．货币互换双方在每一个阶段只有一方支付现金给另一方

    C．货币互换在期初和期末分别交换本金

    D．互换双方的互换交易是零和博弈

【答案】C

【解析】A 项，在不同货币市场具有借款比较优势的双方应进行货币互换；B 项，货币互换中双方要以不同货币支付利息及本金，所以在每一个阶段双方都要以不同货币支付现金利息给对方，而不是只有一方支付现金给另一方；D 项，互换双方通过发挥各自的比较优势并进行互换可以达到双方均降低融资成本的目的，这就是互换利益。互换利益是双方合作的结果，由双方共同分享，但具体分享比例由双方谈判决定，未必平均分派。

37. 黄金投资在本质上可以认为是(   )投资。

    A．大宗商品   B．实物   C．艺术品   D．不动产

【答案】A

【解析】黄金投资在本质上可以认为是大宗商品投资，但同时黄金投资又体现出货币

金融产品的特性。

38. 下列关于另类投资的特点，表述错误的是( )。

    A. 提高收益   B. 分散风险

    C. 缺乏监管和信息透明度   D. 流动性较强

【答案】D

【解析】另类投资产品具有其独特的优势，同时也具有一定的局限性。其中，另类投资的优点有提高收益和分散风险；局限性包括：①缺乏监管和信息透明度；②流动性较差，杠杆率偏高；③估值难度大，难以对资产价值进行准确评估。

39. 下列不属于国内外的私募股权投资机构类型的是( )。

    A. 专业化的私募投资基金

    B. 大型多元化金融机构下设的直接投资部门

    C. 具有政府背景的投资基金

    D. 大型企业的风险管理部门

【答案】D

【解析】国内外的私募股权投资机构类型除了A、B、C三项外，还有：①在国内，由中方机构发起、外资进行入股，专门从事股权投资及管理业务的机构；②大型企业的投资基金部门，这些部门主要为它们的母公司制定并执行与其发展战略相匹配的投资组合战略。

40. 风险资本的主要目的是( )。

    A. 取得对企业的长久控制权

    B. 获得企业的利润分配

    C. 通过资本的退出，从股权增值当中获取高回报

    D. 保值增值

【答案】C

【解析】风险资本的主要目的并不是取得对企业的长久控制权以及获得企业的利润分配，而在于通过资本的退出，从股权增值当中获取高回报。因此，成功的退出在整个项目当中也是至关重要的，有助于将所获利润投入新的投资项目当中，进行下一批项目。

41. 关于并购投资的表述错误的是( )。

    A. 主要对象是成熟且具有稳定现金流并且呈现出稳定增长趋势的企业

    B. 通过控股来确立市场地位，提升企业的内在价值

    C. 管理层收购是应用最广泛的形式

    D. 是指专门进行企业并购的基金

【答案】C

【解析】并购投资包含多种不同类型，如杠杆收购、管理层收购等形式。杠杆收购是应用最广泛的形式。

42. 不动产投资的特点是( )。

    A. 同质性   B. 高流动性   C. 高收益性   D. 不可分性

【答案】D

【解析】不动产投资具有异质性、不可分性、流动性差等特点。

43. 关于个人投资者，下列说法错误的是( )。

A. 不同机构将个人投资者划分为相同的类别并采用相同的类别界限

B. 基金销售机构常常对不同类型的投资者提供不同类型的投资服务

C. 不同类型客户的资产常常被建议投往不同类型的基金产品

D. 一般而言，拥有更多财富的个人投资者，风险承受能力也更强

【答案】A

【解析】A 项，个人投资者的划分没有统一标准，每个基金销售机构都会采用独有的方法来设置投资者类别以及类别之间的界限。不同机构即使将个人投资者划分为相同的类别，也有可能采用不同的类别界限。

44．下列关于机构投资者的说法正确的是(　　)。

A. 机构投资者有相同的投资约束

B. 基金的机构投资者相比于个人投资者，资本实力更为雄厚且投资能力更为专业

C. 规模越大，内部管理的成本相对于投资额度的比例就越高

D. 根据内部专家意见来选择投资经理

【答案】B

【解析】A 项，机构投资者具有很多不同的类型，它们具有各不相同的投资要求及投资约束；C 项，规模越大，内部管理的成本相对于投资额度的比例就越低；D 项，可能根据内部专家意见来选择投资经理，也可能寻求外部顾问的意见。

45．投资者的(　　)取决于其风险承受能力和意愿。

A. 风险容忍度　　　　　　　B. 投资期限

C. 收益要求　　　　　　　　D. 流动性需求

【答案】A

【解析】投资者的风险容忍度取决于其风险承受能力和意愿。其中，风险承受能力取决于投资者的境况，风险承担意愿则取决于投资者的风险厌恶程度。

46．(　　)是制定投资政策说明书的关键环节。

A. 分析投资者财务状况

B. 分析投资者需求

C. 分析投资限制

D. 分析投资者偏好

【答案】B

【解析】投资者在投资期限、收益要求、风险容忍度、流动性要求等方面存在差异，因而产生了多样化的投资需求。投资管理人应基于投资者的需求、财务状况、投资限制、偏好等为投资者制定投资政策说明书。分析投资者需求是制定投资政策说明书的关键环节。

47．下列关于风险分散化的表述中，不正确的是(　　)。

A. 两种预期收益具有同样的波动规律的资产在不允许卖空的情况下无法构建出预期收益率相同而风险更低的投资组合

B. 两种资产的收益波动存在相反趋势时，风险分散效果较好

C. 通过分散化可以将资产收益的风险降低到 0

D. 投资组合中包含的资产数量越多，风险降低的效果就越显著

【答案】C

【解析】C 项，由于无法分散化的系统性风险的存在，随着资产数量的增加，投资组合的风险会逐渐降到某个稳定的水平，该水平取决于无法分散化的系统性风险。

48．下列关于证券投资的预期收益率与风险之间的关系不正确的是(　　)。

　　A．证券的风险—收益率特性会随着各种相关因素的变化而变化

　　B．正向联动关系

　　C．预期收益率越高，承担的风险越大

　　D．反向联动关系

【答案】D

【解析】D 项，在金融市场上，风险与收益常常是相伴而生的。高风险意味着高预期收益，而低风险意味着低预期收益。这是由投资者回避风险的特征所决定的。

49．在每一风险水平上能够取得(　　)收益的投资组合的集合，即构成有效市场前沿。

　　A．最高　　　　B．最低　　　　C．平均　　　　D．预期

【答案】A

【解析】有效前沿是由全部有效投资组合构成的集合。如果一个投资组合在所有风险相同的投资组合中具有最高的预期收益率，或者在所有预期收益率相同的投资组合中具有最小的风险，那么这个投资组合就是有效的。

50．根据投资组合理论，如果甲的风险承受力比乙大，那么(　　)。

　　A．甲的最优证券组合比乙得好

　　B．甲的最优证券组合风险水平比乙低

　　C．甲的无差异曲线的弯曲程度比乙大

　　D．甲的最优证券组合的期望收益率水平比乙高

【答案】D

【解析】无差异曲线向上弯曲的程度大小反映投资者承受风险的能力强弱，曲线越陡，投资者对风险增加要求的收益补偿越高，投资者对风险的厌恶程度越强烈；曲线越平坦，投资者的风险厌恶程度越弱。投资者的最优证券组合为无差异曲线簇与有效边界的切点所表示的组合。由于甲的风险承受能力比乙大，因此甲的无差异曲线更平坦，与有效边界的切点对应的收益率更高，风险水平更高。

51．根据资本资产定价模型，市场价格偏高的证券将会(　　)。

　　A．位于证券市场线上方　　　　　B．位于资本市场线上

　　C．位于证券市场线下方　　　　　D．位于证券市场线上

【答案】C

【解析】证券市场线表示最优资产组合的风险与收益的关系；市场价格偏高的证券的预期收益率偏低，所以位于证券市场线的下方。

52．假设资本资产定价模型成立，某股票的预期收益率为 16%，贝塔系数(β)为 2，如果市场预期收益率为 12%，市场的无风险利率为(　　)。

　　A．6%　　　　　B．7%　　　　　C．5%　　　　　D．8%

【答案】D

【解析】在资本资产定价模型下，计算公式为：$E(r_i)=r_F+[E(r_M)-r_F]\beta$，可知，$16\%=r_F+2\times(12\%-r_F)$，解得 $r_F=8\%$。

53. 关于有效市场理论的表述，正确的是(   )。

    A．信息有效的市场中投资工具的价格不能反映基本面信息

    B．在有效市场投资可以根据已知信息获利

    C．如果有效市场理论成立，则应采取消极的投资管理策略

    D．在有效市场中股票价格是可以预测的

【答案】C

【解析】A 项，一个信息有效的市场，投资工具的价格应当能够反映所有可获得的信息，包括基本面信息、价格、风险信息等；B 项，相信市场定价有效的投资者认为，系统性地跑赢市场是不可能的，除了靠一时的运气战胜市场之外；D 项，在一个弱有效的证券市场上，任何为了预测未来证券价格走势而对以往价格、交易量等历史信息所进行的技术分析都是徒劳的。

54. 基金公司的(   )是为基金投资运作提供支持，主要从事宏观、行业和上市公司投资价值研究分析的部门。

    A．交易部   B．投资部

    C．风险管理部   D．研究部

【答案】D

【解析】研究部是基金投资运作的基础部门，通过对宏观经济形势、行业状况、上市公司等进行详细分析和研究，提出行业资产配置建议，并选出具有投资价值的上市公司建立股票池，向基金投资决策部门提供研究报告及投资计划建议。A 项，交易部是基金投资运作的具体执行部门，负责投资组合交易指令的审核、执行与反馈，它属于基金公司的核心保密区域，执行最严格的保密要求；B 项，投资部负责根据投资决策委员会制定的投资原则和计划制定投资组合的具体方案，向交易部下达投资指令；C 项，风险管理部负责对公司运营过程中产生的或潜在的风险进行有效管理。

55. 按照我国证券交易所的现行规定，指令驱动的成交原则是(   )。

    A．价格优先、数量优先   B．价格优先、客户优先

    C．时间优先、数量优先   D．价格优先、时间优先

【答案】D

【解析】指令驱动的成交原则如下：①价格优先原则；②时间优先原则。在某些特定情况下，还有其他优先原则可以遵循，如成交量最大原则等。

56. 做市商可以分为(   )。

    A．买方做市商和卖方做市商   B．一般做市商和综合做市商

    C．特定做市商和多元做市商   D．要价做市商和出价做市商

【答案】C

【解析】做市商可以分为两种：①特定做市商，一只证券只由某个特定的做市商负责交易；②多元做市商，每只证券同时拥有多家做市商进行做市交易。

57. 《上海证券交易所交易型开放式指数基金流动性服务业务指引》关于流动性服务商提供流动性服务的规定正确的是(   )。

    A．买卖报价的最大价差不超过 2%

    B．上交所批准的流动性服务商可以为一只或多只 ETF 提供流动性服务

C．连续竞价参与率不低于 80%

D．集合竞价参与率不低于 60%

【答案】B

【解析】流动性服务商提供流动性服务，应当遵守下列规定：①买卖报价的最大价差不超过 1%；②最小报价数量不低于 10 000 份；③连续竞价参与率不低于 60%；④集合竞价参与率不低于 80%。被上交所批准的流动性服务商可以为一只或多只 ETF 提供流动性服务。

58．以接近客户委托时的市场成交价格来完成交易的最优化算法是(　　)。

A．执行偏差算法　　　　　　　　B．跟量算法

C．时间加权平均价格算法　　　　D．成交量加权平均价格算法

【答案】A

【解析】执行偏差算法是在尽量不造成大的市场冲击的情况下，尽快以接近客户委托时的市场成交价格来完成交易的最优化算法。

59．属于投资交易过程中的隐性成本的是(　　)。

A．佣金　　　　B．对冲费用　　　　C．印花税　　　　D．过户费

【答案】B

【解析】隐性成本是指由于经济周期、市场波动等因素，基金管理人需要定期或不定期地对现有投资组合进行调整，在交易的过程中产生的多种交易成本。除了对冲费用，投资交易过程中的隐性成本还有买卖价差、市场冲击、机会成本等。

60．2008 年金融危机使全球经济处于低迷状态，这种状态同样影响并波及基金市场。这主要体现了市场风险中的(　　)。

A．利率风险　　　　　　　　　　B．汇率风险

C．购买力风险　　　　　　　　　D．经济周期性波动风险

【答案】D

【解析】经济发展有一定周期性，由于基金投资的是金融市场已存在的金融工具，所以基金便会追随经济总体趋向而发生变动。如当经济处于低迷时期，基金行情也会随之处于低迷状态。

61．计算夏普指数需要的基础变量不包括(　　)。

A．无风险收益率　　　　　　　　B．投资组合的总风险

C．投资组合收益率　　　　　　　D．投资组合的系统风险

【答案】D

【解析】夏普指数又称夏普比率，以标准差作为基金风险的度量，给出了基金份额标准差的超额收益率。用公式可表示为

$$S_p = \frac{\bar{R}_p - \bar{R}_f}{\sigma_p}$$

式中，S_p 表示夏普指数；$\bar{R}_p$ 表示基金的平均收益率；$\bar{R}_f$ 表示基金的平均无风险利率；σ_p 表示基金的标准差。夏普指数越大，绩效越好。由于夏普指数调整的是全部风险，因此，当某基金就是投资者的全部投资时，可以用夏普指数作为绩效衡量的适宜指标。

62．下列哪项不属于衡量收益的不确定性的指标？(　　)

A．贝塔系数   B．下行风险

C．跟踪误差   D．期望收益

【答案】D

【解析】收益的不确定性即风险，衡量风险的指标包括方差、标准差、跟踪误差、贝塔系数以及下行风险等。

63．在持有期为 10 天、置信水平为 99%的情况下，若所计算的风险价值为 10 万元，则表明该银行的资产组合(   )。

A．在 10 天中的收益有 99%的可能性不会超过 10 万元

B．在 10 天中的收益有 99%的可能性会超过 10 万元

C．在 10 天中的损失有 99%的可能性不会超过 10 万元

D．在 10 天中的损失有 99%的可能性会超过 10 万元

【答案】C

【解析】风险价值是指在一定的持有期和给定的置信水平下，利率、汇率等市场风险要素发生变化时可能对某项资金头寸、资产组合或投资机构造成的潜在最大损失。由于该资产组合的持有期为 10 天，置信水平为 99%，风险价值为 10 万元，意味着在 10 天中的损失有 99%的可能性不会超过 10 万元。

64．下列关于蒙特卡洛模拟法的表述错误的是(   )。

A．需要有风险因子的概率分布模型

B．以大量的历史数据为基础，对数据的依赖性强

C．组合价值的模拟分布将会收敛于组合的真实分布

D．被认为是最精准贴近的计算 VaR 值方法

【答案】B

【解析】蒙特卡洛模拟法在估算之前，需要有风险因子的概率分布模型，继而重复模拟风险因子变动的过程。蒙特卡洛模拟每次都可以得到组合在期末可能出现的值，在进行足够数量的模拟之后，组合价值的模拟分布将会收敛于组合的真实分布，继而求出最后的组合 VaR 值。蒙特卡洛模拟法虽然计算量较大，但这种方法被认为是最精准贴近的计算 VaR 值方法。B 项属于历史模拟法的缺点。

65．下列关于债券基金利率风险，说法错误的是(   )。

A．市场利率上升时，大部分债券的价格会下降

B．债券的到期日越长，债券价格受市场利率的影响就越大

C．债券基金的平均到期日越长，债券基金的利率风险越高

D．债券基金的平均到期日可用于衡量利率变动对基金净值变动的影响

【答案】D

【解析】一只债券基金的平均到期日只对债券平均偿还本金的时间进行考察，因此并不能很好地衡量利率变动对基金净值变动的影响。久期可用于衡量债券基金的利率风险。债券基金的久期越长，净值的波动幅度就越大，所承担的利率风险就越高。久期乘以利率变化即为利率变动对债券基金净值的影响。

66．下列(   )是计算基金信息比率没有用到的变量。

A．基金的 β 值

B．基准组合收益率

C．基准组合的跟踪偏离度

D．业绩比较基准收益

【答案】A

【解析】信息比率(IR)计算公式与夏普比率类似，但引入了业绩比较基准的因素，因此是对相对收益率进行风险调整的分析指标。用公式可以表示为

$$IR = \frac{R_p - R_b}{\sigma_{p-b}}$$

式中，R_p表示投资组合收益，R_b表示业绩比较基准收益，两者之差为超额收益；σ_{p-b}表示跟踪误差。其中，跟踪误差是证券组合相对基准组合的跟踪偏离度的标准差。

67．时间加权收益率衡量的是基金经理人的(　　)。

A．绝对表现　　　　　　　　B．超常表现

C．相对表现　　　　　　　　D．基准表现

【答案】A

【解析】时间加权收益率是核算绝对收益的指标，反映了1元投资在不取出的情况下(分红再投资)的收益率，给出了基金经理人的绝对表现，但投资者却无法据此判断基金经理人业绩表现的优劣，基金表现的优劣只能通过相对表现才能做出评判。

68．常用于对基金实际收益率衡量的指标是(　　)。

A．移动平均收益率　　　　　B．简单收益率

C．算术平均收益率　　　　　D．几何平均收益率

【答案】D

【解析】在对不同基金多期收益率的衡量和比较上，常常会用到平均收益率指标。平均收益率一般可分为算术平均收益率和几何平均收益率。由于几何平均收益率是通过对时间进行加权来衡量收益的情况，因此克服了算术平均收益率会出现的上偏倾向，几何平均收益率更能反映真实收益情况。

69．时间加权收益率的计算公式的前提假定是(　　)。

A．红利发放后立即存入银行

B．红利发放后立即以无风险利率投资

C．红利发放后立即对本基金进行再投资

D．以上均不正确

【答案】C

【解析】假定红利发放后立即对本基金进行再投资，且红利以除息前一日的单位净值为计算基准立即进行再投资，分别计算每次分红期间的分段收益率，考察期间的时间加权收益率可由分段收益率连乘得到。

70．假设某基金第一年的收益率为5%，第二年的收益率也是5%，则其年几何平均收益率(　　)。

A．小于5%　　　　B．等于5%　　　　C．大于5%　　　　D．无法判断

【答案】B

【解析】根据计算公式，可知几何平均收益率(R_G)为：

$$\overline{R}_G = \left(\sqrt[n]{\prod_{t=1}^{n}(1+R_t)} - 1 \right) \times 100\%$$

$$= (\sqrt{(1+5\%) \times (1+5\%)} - 1) \times 100\% = 5\%$$

71. 基金业绩评价体系不包括下列哪项？（   ）

  A．分类方法   B．指标计算方法

  C．风格判断   D．业绩对比

【答案】D

【解析】基金业绩评价体系包括分类方法、指标计算方法、风格判断和评级等。

72. 某上市公司每 10 股派发现金红利 1.50 元，同时按 10 配 5 的比例向现有股东配股，配股价格为 6.40 元。若该公司股票在除权除息日的前收盘价为 11.05 元，则除权(息)报价应为(   )元。

  A．1.50   B．6.40   C．9.40   D．11.05

【答案】C

【解析】因送股或配股而形成的剔除行为称为除权，因派息而引起的剔除行为称为除息。除权(息)参考价的计算公式为：

$$除权(息)参考价 = \frac{前收盘价 - 现金红利 + 配股价格 \times 股份变动比例}{1 + 股份变动比例}$$

$$= [(11.05 - 0.15) + 6.40 \times 0.5] \div (1 + 0.5) = 9.40(元)$$

73. 关于回转交易，下列说法错误的是(   )。

  A．回转交易是指买入的证券，经确认转交后，在交收完成前卖出的交易

  B．在我国证券交易所的交易品种中，权证实行 T+0 回转交易

  C．目前，我国证券交易所的所有交易品种都不可以进行回转交易

  D．目前，在我国证券交易所的交易品种中，债券竞价交易和 B 股都可以进行回转交易

【答案】C

【解析】A 项，证券的回转交易是指投资者买入的证券，经确认成交后，在交收完成前全部或部分卖出。B、C、D 三项，根据我国现行有关交易制度规定，债券竞价交易和权证交易实行当日回转交易，即投资者可以在交易日的任何营业时间内反向卖出已买入但未完成交收的债券和权证。B 股实行次交易日起回转交易，深圳证券交易所对专项资产管理计划收益权份额协议交易也实行当日回转交易。

74. 交易所交易资金清算不包括(   )。

  A．权证交易   B．股票交易

  C．债券买卖   D．债券回购

【答案】A

【解析】交易所交易资金清算是指基金在证券交易所进行股票、债券买卖及回购交易时所对应的资金清算。

75. 关于投资者参与证券交易所债券质押式回购，下列说法中错误的是(   )。

  A．质押冻结期间债券的利息归证券交易所所有

  B．质押式回购期限最长为 1 年，在 1 年之内由投资者双方自行商定回购期限

  C. 在质押式回购中，交易双方需要商定首期结算金额、到期结算金额和回购债券
数量

  D. 在办理质押式回购业务前，应签订质押式回购主协议

【答案】A

【解析】A 项，质押式回购是交易双方进行的以债券为权利质押的一种短期资金融通
业务。在回购期内，资金融入方出质的债券，回购双方均不得动用。质押冻结期间债券的
利息归出质方所有。

76. 关于证券公司向客户收取的佣金标准，下列表述错误的是(　　)。

  A. 不得高于证券交易金额的 3‰

  B. 交易佣金标准由证券交易所制定

  C. 不得低于代收的证券交易监管费和证券交易所手续费

  D. 交易佣金标准备案一星期内无异议则正式实施

【答案】D

【解析】证券公司向客户收取的佣金(包括代收的证券交易监管费和证券交易所手续费
等)不得高于证券交易金额的 3‰，也不得低于代收的证券交易监管费和证券交易所手续费
等。交易佣金标准由证券交易所制定并报中国证监会和原国家计划和发展委员会备案，备
案 15 天内无异议则正式实施。

77. 在我国，证券交易所是(　　)。

  A. 实行自律管理的法人　　　　　　B. 以营利为目的的法人

  C. 不以证券营利为目的的机关　　　D. 实行自律管理的机关

【答案】A

【解析】根据《中华人民共和国证券法》的规定，证券交易所是为证券集中交易提供
场所和设施，组织和监督证券交易，实行自律管理的法人。

78. 为保证业务的正常运行，下列关于证券登记结算机构应采取的措施的说法，不正
确的是(　　)。

  A. 制定完善的风险防范机制和内部控制制度

  B. 建立完善的操作系统，制定由结算参与人共同遵守的操作标准和规范

  C. 建立完善的结算参与人准入标准和风险评估体系

  D. 对结算数据和技术系统进行备份，制定业务紧急应变程序和操作流程

【答案】B

【解析】根据自律管理的要求，证券登记结算机构须采取以下措施保证业务的正常运
行：①制定完善的风险防范机制和内部控制制度；②建立完善的技术系统，制定由结算
参与人共同遵守的技术标准和规范；③建立完善的结算参与人准入标准和风险评估体系；
④对结算数据和技术系统进行备份，制定业务紧急应变程序和操作流程。

79. 委托买卖的股票、基金成交后，买卖双方为变更证券登记所支付的费用是(　　)。

  A. 过户费　　　　B. 佣金　　　　C. 印花税　　　　D. 经手费

【答案】A

【解析】过户费是委托买卖的股票、基金成交后，买卖双方为变更证券登记所支付的
费用，这笔收入属于中国结算公司的收入，由证券经纪商在同投资者清算交收时代为扣收。

80. 深圳证券交易所权益类证券大宗交易、债券大宗交易(除公司债券外)协议平台的成交确认时间为每个交易日(　　)。

　　A. 9:15 至 11:30　　　　　　　　B. 9:30 至 11:30
　　C. 13:00 至 15:30　　　　　　　　D. 15:00 至 15:30

【答案】D

【解析】深圳证券交易所具体确认成交的时间规定为：①权益类证券大宗交易、债券大宗交易(除公司债券外)，协议平台的成交确认时间为每个交易日 15:00 至 15:30；②公司债券的大宗交易、专项资金管理计划协议交易，协议平台的成交确认时间为每个交易日 9:15 至 11:30、13:00 至 15:30。

81. (　　)是全球第一个股票电子交易市场。

　　A. 纳斯达克证券交易所　　　　　　B. 纽约证券交易所
　　C. 伦敦证券交易所　　　　　　　　D. 法兰克福证券交易所

【答案】A

【解析】纳斯达克证券交易所是一个完全采用电子交易、为新兴产业提供竞争舞台、自我监管、面向全球的证券市场。纳斯达克证券交易所是全美也是世界最大的股票电子交易市场，是世界上主要的股票市场中成长速度最快的市场，而且它是首家电子化的股票市场。

82. 下列关于基金资产估值，表述错误的是(　　)。

　　A. 基金管理人进行基金估值时，可参考估值工作小组的意见，但不能免除其估值责任

　　B. 基金管理人每个工作日对基金资产估值

　　C. 基金资产估值的责任人是基金托管人

　　D. 基金托管人按基金合同规定，对管理人计算的基金份额净值进行复核

【答案】C

【解析】我国基金资产估值的责任人是基金管理人，但基金托管人对基金管理人的估值结果负有复核责任。

83. 依照《证券投资基金会计核算办法》规定，发生的基金运作费用如果影响(　　)小数点后第 4 位的，应采用待摊或预提的方法计入基金损益。

　　A. 基金资产总值　　　　　　　　　B. 基金份额净值
　　C. 基金资产净值　　　　　　　　　D. 基金所有者权益

【答案】B

【解析】基金运作费是指为保证基金正常运作而发生的应由基金承担的费用，包括审计费、律师费、上市年费、分红手续费、持有人大会费、开户费、银行汇划手续费等。按照有关规定，发生的这些费用如果影响基金份额净值小数点后第 4 位，应采用预提或待摊的方法计入基金损益。发生的费用如果不影响基金份额净值小数点后第 4 位，应于发生时直接计入基金损益。

84. 目前，在我国的证券投资基金估值中，通常按照(　　)对上市流通的有价证券进行估值。

　　A. 最低价　　　B. 均价　　　C. 最高价　　　D. 收盘价

【答案】D

【解析】交易所上市的有价证券(包括股票、权证等)以其估值日在证券交易所挂牌的市价进行估值；交易所上市交易的债券按第三方估值机构提供的当日估值净值估值，第三方估值机构提供的估值价格与交易所收盘价存在差异的，若基金管理人认定交易所收盘价更能体现公允价值，应采用收盘价；对在交易所上市交易的可转换债券按当日收盘价作为估值全价；交易所上市的股指期货合约以估值当日结算价进行估值；交易所上市不存在活跃市场的有价证券，采用估值技术确定公允价值。对交易所上市的资产支持证券品种和私募债券，鉴于其交易不活跃，各产品的未来现金流也较难确认，按成本估值。

85. 基金的会计核算对象不包括( )。

A. 负债类
B. 损益类
C. 资产负债共同类
D. 资产损益共同类

【答案】D

【解析】根据《证券投资基金会计核算业务指引》，基金的会计核算对象包括资产类、负债类、共同类、所有者权益类和损益类的核算，涉及基金的投资交易、基金申购赎回、基金持有证券的上市公司行为、基金资产估值、基金费用计提和支付、基金利润分配等基金经营活动。

86. 下列与基金份额净值的计算无关的是( )。

A. 基金总资产
B. 基金总负债
C. 基金总份额
D. 基金持有人数

【答案】D

【解析】基金资产总值是指基金全部资产的价值总和。从基金资产中扣除基金所有负债即是基金资产净值。基金资产净值除以基金当前的总份额，就是基金份额净值。用公式表示为

$$基金资产净值=基金资产-基金负债$$

$$基金份额净值 = \frac{基金资产净值}{基金总份额}$$

87. 全国银行间债券市场交易的债券的估值，采用( )提供的相应品种当日的估值价格。

A. 基金管理公司
B. 基金托管人
C. 第三方估值机构
D. 基金管理人

【答案】C

【解析】全国银行间债券市场交易的债券的估值，采用第三方估值机构提供的相应品种当日的估值价格。

88. 以下基金中，托管费率最高的是( )。

A. 货币市场基金
B. 股票型封闭式基金
C. 债券基金
D. 开放式基金

【答案】B

【解析】目前，我国股票型封闭式基金按照 0.25%的比例计提基金托管费；开放式基金根据基金合同的规定比例计提，通常低于 0.25%；股票基金的托管费率要高于债券基金及货

币市场基金的托管费率。

89. 下列费用中列入基金费用项目的是(　　)。

　　A．审计费、律师费、上市年费、分红手续费、持有人大会费、开户费、银行汇划手续费等

　　B．基金管理人和基金托管人因未履行或未完全履行义务导致的费用支出或基金财产的损失

　　C．基金管理人和基金托管人处理与基金运作无关的事项发生的费用

　　D．基金合同生效前的相关费用，包括但不限于验资费、会计师和律师费、信息披露费等费用

【答案】A

【解析】A 项为基金运作费，在基金财产中列支；B、C、D 三项均为不列入基金费用的项目。

90. 证券投资基金的会计主体是(　　)。

　　A．基金份额持有人　　　　　　　B．基金托管人

　　C．基金管理人　　　　　　　　　D．证券投资基金

【答案】D

【解析】会计主体是会计为之服务的特定对象。企业会计核算以企业为会计核算主体，基金会计则以证券投资基金为会计核算主体。基金会计的责任主体是对基金进行会计核算的基金管理公司和基金托管人，其中前者承担主会计责任。

91. 以下关于基金税收的表述，错误的是(　　)。

　　A．基金买卖股票目前暂不征收印花税

　　B．企业投资从基金分配中获得的收入暂不征收企业所得税

　　C．目前，我国基金卖出股票时按 1‰的税率征收交易印花税

　　D．对基金管理人运用基金买卖股票的差价收入免征营业税

【答案】A

【解析】A 项，基金卖出股票时按照 1‰的税率征收证券(股票)交易印花税，而对买入交易不再征收印花税。

92. 根据《公开募集证券投资基金运作管理办法》规定，封闭式基金年度收益分配比例不得低于基金年度已实现收益的(　　)。

　　A．90%　　　　B．60%　　　　C．80%　　　　D．70%

【答案】A

【解析】根据《公开募集证券投资基金运作管理办法》有关规定，封闭式基金的利润分配，每年不得少于一次，封闭式基金年度利润分配比例不得低于基金年度已实现利润的90%。

93. 基金的利润来源不包括(　　)。

　　A．利息收入　　　　　　　　　B．投资收益

　　C．手续费返还　　　　　　　　D．管理费收入

【答案】D

【解析】基金利润是基金资产在运作过程中所产生的各种利润。基金利润来源主要包

括利息收入、投资收益以及其他收入，其他收入包括赎回费扣除基本手续费后的余额、手续费返还、ETF 替代损益，以及基金管理人等机构为弥补基金财产损失而付给基金的赔偿款项等。

94. 一只基金在利润分配前的份额净值是 1.23 元，假设每份基金分配 0.05 元，进行利润分配后的基金份额净值将会下降到(   )元。

    A. 1.16   B. 1.18   C. 1.23   D. 1.28

【答案】B

【解析】基金进行利润分配会导致基金份额净值的下降。基金利润分配前的份额净值 1.23 元，每份基金分配 0.05 元，则分配后基金份额净值=1.23-0.05=1.18(元)。

95. 下列关于基金分拆和基金分红的说法正确的是(   )。

    A. 选择现金分红方式分红，投资者所拥有的基金份额会发生改变

    B. 基金分红必须选择一个恰当的时机，而基金的分拆时机的选择较为随意

    C. 基金投资者可以更改分红方式和分拆方式

    D. 选择现金分红方式，基金分红后资产规模不会发生改变

【答案】B

【解析】A 项，选择现金分红方式的投资者在获得现金分红的同时，其所拥有的基金份额并不发生改变；C 项，投资者可以在权益登记日之前修改分红方式，即基金投资者可以根据个人的具体情况以及基金行情的变化自主更改分红的方式，而基金的分拆中基金投资者并没有类似的权利；D 项，选择现金分红方式的投资者在获得现金分红的同时，其所拥有的基金份额并不发生改变，但基金分红有大量现金流出，基金的资产规模也会发生改变。

96. (   )，证券投资基金在世界范围内得到普及性的发展。

    A. 20 世纪 90 年代末期   B. 20 世纪 60 年代以后

    C. 20 世纪 80 年代以后   D. 20 世纪 40 年代以后

【答案】C

【解析】从 20 世纪 80 年代开始，随着金融及投资市场出现国际一体化的大发展，基金的运营及销售出现了国际化的趋势。除了基金投资范围国际化，基金注册、基金管理以及基金相关服务跨国化之外，基金的跨国销售也成为大趋势。

97. 下列关于申请合格境外投资者资格应当具备的条件，说法错误的是(   )。

    A. 申请人的从业人员符合所在国家或者地区的有关从业资格的要求

    B. 申请人近 5 年未受到监管机构的重大处罚

    C. 申请人有健全的治理结构和完善的内控制度，经营行为规范

    D. 申请人所在国家或者地区有完善的法律和监管制度

【答案】B

【解析】B 项，申请人有健全的治理结构和完善的内控制度，经营行为规范，近 3 年未受到监管机构的重大处罚。

98. 投资基金国际化的原因不包括(   )。

    A. 经济全球化

    B. 证券市场国际化

C. 投资基金自身所具有的较强渗透力

D. 政府主导基金国际化进程

【答案】D

【解析】投资基金的国际化是伴随着经济全球化、证券市场国际化的发展趋势而出现的。经济全球化进程为投资基金在全球范围内的广泛发展创造了条件；金融市场的国际化趋势又为投资基金的国际化发展奠定了良好的基础。加上投资基金自身所具有的较强渗透力，目前各个国家或地区的基金行业组织都在加强联系，克服投资基金国际上交流的障碍以推动投资基金的国际化发展。

99. 证券投资基金及其管理人应向投资者和潜在投资者披露的信息不包括(　　)。

A. 影响证券投资基金价值的重大事件

B. 基金投资策略

C. 对投资组合收取的各项费用

D. 针对特定投资者的信息

【答案】D

【解析】证券投资基金及其管理人应向投资者和潜在投资者披露影响证券投资基金价值的重大事件，此种披露应能帮助投资者了解该证券投资基金的性质及其风险与收益的关系，从而使投资者在评估基金业绩时不单纯注重收益，而对收益可能导致的风险也给予关注。披露的内容还包括对基金投资策略的披露及对投资组合收取的各项费用的披露。

100. 经合组织在 2005 年发表了《集合投资计划治理白皮书》，下列不属于"市场纪律与市场体系"部分的是(　　)。

A. 应加强对投资者的教育

B. 相关信息应当通过多渠道发放

C. 投资者在权益受损时有向相关机构申诉的权利

D. 在信息传播中，应当充分运用现代化信息技术

【答案】C

【解析】《集合投资计划治理白皮书》共有六个部分：①法律法规框架；②投资者权利；③基金行业经营者的角色；④市场纪律与市场体系；⑤透明度与信息公开；⑥投资基金的内部治理。C项属于"投资者权利"部分。

基金从业资格考试《证券投资基金基础知识》模拟试题及详解(二)

单选题(共 100 题，每小题 1 分，共 100 分)以下备选项中只有一项最符合题目要求，不选、错选均不得分。

1. 面额为 100 元，期限为 10 年的零息债券，按年计息，当市场利率为 6% 时，其目前的价格是(   )元。

    A. 55.84   B. 56.73   C. 59.21   D. 54.69

【答案】A

【解析】零息债券只有在期末才有现金流入，流入金额为面额即 100 元，则该债券目前的价格为：$PV = \dfrac{FV}{(1+i)^n} = \dfrac{100}{(1+0.06)^{10}} = 55.84$(元)。

2. 企业的财务报表中，现金流量表的编制基础是(   )。

    A. 权责发生制   B. 收付实现制

    C. 现收现付制   D. 即收即付制

【答案】B

【解析】现金流量表，也叫账务状况变动表，所表达的是在特定会计期间内，企业的现金(包含现金等价物)的增减变动等情形。该表不是以权责发生制为基础编制的，而是根据收付实现制(即实际现金流入和现金流出)为基础编制的。

3. 根据货币时间价值概念，下列不属于货币终值影响因素的是(   )。

    A. 计息的方法   B. 现值的大小

    C. 利率   D. 市场价格

【答案】D

【解析】第 n 期期末终值的计算公式为：①复利，$FV = PV \cdot (1+i)^n$；②单利，$FV = PV \cdot (1+i \cdot t)$。从这两个公式中可以看出，终值与计息方法、现值的大小和利率相关，而与市场价格无关。

4. A 方案在三年中每年年初付款 100 元，B 方案在三年中每年年末付款 100 元，若利率为 10%，则二者在第三年年末时的终值相差(   )元。

    A. 33.1   B. 31.3   C. 133.1   D. 13.31

【答案】A

【解析】A 方案在第三年年末的终值为：$100 \times [(1+10\%)^3 + (1+10\%)^2 + (1+10\%)] = 364.1$(元)，B 方案在第三年年末的终值为：$100 \times [(1+10\%)^2 + (1+10\%) + 1] = 331$(元)，二者的终值相差为：$364.1 - 331 = 33.1$(元)。

5. 下列关于贴现因子(d)、未来某一时刻现金流(X)、未来某一时刻现金流的现值(PV)

的关系的描述，正确的是( )。

A．PV=$X \cdot d$ B．PV=X/d

C．PV=$X \cdot (1+d)$ D．PV=$X/(1+d)$

【答案】A

【解析】贴现因子 $d_t=1/(1+S_t)^t$，其中 S_t 为即期利率。未来某一时刻现金流的现值=现金流×贴现因子，因此，已知任意现金流$(X_0, X_1, X_2, \cdots, X_k)$与相应的市场即期利率，现值是：$PV=X_0+d_1X_1+d_2X_2+\cdots+d_kX_k$。

6．下列关于即期利率与远期利率的说法，不正确的是( )。

A．远期利率是隐含在给定的即期利率中的一个利率水平

B．远期利率的起点在未来某一时刻

C．即期利率的起点在当前时刻

D．市场越不成熟，利率衍生品的定价越依赖于远期利率

【答案】D

【解析】D 项，在成熟市场中，几乎所有利率衍生品的定价都依赖于远期利率。因为无套利原则更适用于成熟市场，在无套利原则下，即期利率 s 和远期利率 f 存在如下关系：

$$f = \frac{(1+s_2)^2}{1+s_1} - 1$$

7．下列关于优先股与普通股说法错误的是( )。

A．代表对公司的所有权

B．收益不固定

C．正常经营情况下不会偿还给投资人

D．同属于权益资本

【答案】B

【解析】普通股股东有分配盈余及剩余财产的权利。但分配多少股利取决于公司的经营成果、再投资需求和管理者对支付股利的看法。优先股没有到期期限，无须归还股本，每年有一笔固定的股息，是相当于永久年金(没有到期期限)的债券，但其股息一般比债券利息要高一些。

8．下列关于股权投资人与债券投资人说法错误的是( )。

A．不管公司盈利与否，公司债权人均有权获得固定利息且到期收回本金

B．股权投资者只有在公司盈利时才可获得股息

C．清算时，股权投资的清偿顺序先于债权投资

D．股权投资的风险更大，要求更高的风险溢价

【答案】C

【解析】不管公司盈利与否，公司债权人均有权获得固定利息且到期收回本金；而股权投资者只有在公司盈利时才可获得股息。在面临清算时，债权投资的清偿顺序先于股权投资，当剩余价值不够偿还权益资本时，股东只能收回一部分投资；更严重的是，可能损失所有投资。因此，股权投资的风险更大，要求更高的风险溢价，其收益应该高于债权投资的收益。

9．小李观察到最近股票价格由于政治事件发生波动，于是他将手中的股票抛出并换成

了债券，这是因为股票的(　　)增大。

    A．流动性   B．期限性   C．风险性   D．收益性

【答案】C

【解析】风险性是指持有股票可能产生经济利益损失的特性。股票风险的内涵是预期收益的不确定性。股票可能给股票持有者带来收益，但这种收益是不确定的，股东能否获得预期的股息红利收益，完全取决于公司的盈利情况。利大多分，利小少分，无利不分；公司亏损时股东要承担有限责任；公司破产时可能血本无归。股票的市场价格也会受公司的盈利水平、市场利率、宏观经济状况、政治局势等各种因素的影响而变化，如果股价下跌，股票持有者会因股票贬值而蒙受损失。

10．关于股票的永久性，下列说法错误的是(　　)。

    A．股票的有效期与股份公司的存续期间相联系，两者是并存的关系

    B．永久性是指股票所载有权利的有效性是始终不变的

    C．股票持有者可以出售股票而转让其股东身份

    D．对股份公司来说，由于股东不能要求退股，所以通过发行股票募集到的资金，在公司存续期间是一笔稳定的借贷资本

【答案】D

【解析】永久性是指股票所载有权利的有效性是始终不变的。股票代表着股东的永久性投资，当然股票持有者可以出售股票而转让其股东身份，而对股份公司来说，由于股东不能要求退股，所以通过发行股票募集到的资金，在公司存续期间是一笔稳定的自有资本。

11．某可转换债券面值为500元，规定其转换比例为20，则转换价格是(　　)元。

    A．20   B．25   C．30   D．35

【答案】B

【解析】转换价格是指可转换债券转换成每股股票所支付的价格。用公式表示为

$$转换价格 = \frac{可转换债券面值}{转换比例}$$

因此，该可转换债券的面值为500÷20=25(元)。

12．下列关于权证的价值说法错误的是(　　)。

    A．认股权证总是具有价值

    B．认股权证的价值等于其内在价值与时间价值之和

    C．认股权证的内在价值=Max{(普通股市价-行权价格)×行权比例, 0}

    D．当标的资产的市场价格低于行权价格时，权证的内在价值等于0

【答案】A

【解析】当认股权证行权时，标的股票的市场价格一般高于其行权价格。认股权证在其有效期内具有价值。认股权证的价值可以分为两个部分：内在价值和时间价值。一份认股权证的价值等于其内在价值与时间价值之和。

13．技术分析的三项假定不包括(　　)。

    A．市场行为涵盖一切信息

    B．股价具有趋势性运动规律，股票价格沿趋势运动

    C．历史会重演

D．资产价格运动遵循不可预测的模式

【答案】D

【解析】技术分析的三项假定是指：①市场行为涵盖一切信息。一家公司盈利、股利和未来业绩变化的有关信息都会自动反映在公司以往价格上。②股价具有趋势性运动规律，股票价格沿趋势运动。根据技术分析，股票价格沿着趋势运行并倾向于延续下去，直到有事件改变了股票的供求平衡，趋势方告结束。③历史会重演。技术分析隐含的一个重要前提是资产价格运动遵循可预测的模式，并且没有足够的投资者可以识别这种模式，市场多数投资者是根据情绪而不是理智进行投资决策。

14．某公司原有股份数量是 5000 万股，现公司决定实施股票分割，即实施一股分两股的政策，则下列说法错误的是(   )。

    A．每股面值降低　　　　　　　B．股东的持股比例保持不变

    C．股东的各项权益余额保持不变　D．投资者持有的公司的净资产增加

【答案】D

【解析】股票拆分对公司的资本结构和股东权益不会产生任何影响，一般只会使发行在外的股票总数增加，每股面值降低，并由此引起每股收益和每股市价下降，而股东的持股比例和权益总额及其各项权益余额都保持不变。

15．假设某公司在未来无限时期支付的每股股利为 5 元，必要收益率为 10%。当前股票市价为 45 元，则对于该股票投资价值的说法正确的是(   )。

    A．该股票有投资价值　　　　　　B．该股票没有投资价值

    C．依市场情况来确定投资价值　　D．依个人偏好来确定投资价值

【答案】A

【解析】根据零增长模型股票内在价值决定公式，可得：

$$V = \frac{D_0}{K} = \frac{5}{10\%} = 50(元)$$

即：股票内在价值为 50 元，大于股票的市场价格 45 元，说明股票价值被低估，因此有投资价值。

16．ABC 公司是一家上市公司，其发行在外的普通股为 600 万股。利润预测分析显示其下一年度的税后利润为1200 万元人民币。设必要报酬率为 10%，当公司的年度成长率为 6%，并且预期公司会以年度盈余的 70%用于发放股利时，该公司股票的投资价值为(   )元。

    A．35　　　　　　B．36　　　　　　C．40　　　　　　D．48

【答案】A

【解析】分步骤计算如下：①下一年度每股收益=税后利润÷发行股数=1200÷600=2(元)；②每股股利=每股盈余×股利支付率=2×70%=1.4(元)；③股票价值=预期明年股利÷(必要报酬率-成长率)=1.4÷(10%-6%)=35(元)。

17．在货币市场工具中，下列关于回购的表述，正确的是(   )。

    A．回购协议是指资金需求方在出售证券的同时与证券的购买方约定在一定期限后按约定价格购回所卖证券的交易行为

    B．回购协议是一种信用贷款协议

    C．抵押品以企业债券为主

D．证券的购买方为正回购方，证券的出售方为逆回购方

【答案】A

【解析】B项，本质上，回购协议是一种证券抵押贷款；C项，回购协议是一种证券抵押贷款，抵押品以国债为主；D项，证券的出售方为正回购方，证券的购买方为逆回购方，正、逆回购是一个问题的两个方面。

18．关于债券条款对债券收益率的影响，以下表述正确的是(　　)。

A．债的提前赎回条款对债券投资人有利，因此投资者将要求相对于同类国债来说较低的利差

B．债券的提前赎回条款对债券发行人有利，因此投资者将要求相对于同类国债来说较高的利差

C．债券的转换期权条款是对债券发行人有利，因此投资者可能要求一个高的利差

D．债券的转换期权条款是对债券投资者有利，因此投资者可能要求一个高的利差

【答案】B

【解析】提前赎回风险又称为回购风险，是指债券发行者在债券到期日前赎回有提前赎回条款的债券所带来的风险。债券发行人通常在市场利率下降时执行提前赎回条款，因此投资者只好将收益和本金再投资于其他利率更低的债券，导致再投资风险。可赎回债券和大多数的住房贷款抵押支持证券允许债券发行人在到期日前赎回债券，此类债券面临提前赎回风险。

19．特种金融债券的发行主体是(　　)。

A．部分金融机构　　　　　　　　B．非银行金融机构

C．中国证监会　　　　　　　　　D．中国人民银行

【答案】A

【解析】特种金融债券是指经中国人民银行批准，由部分金融机构发行的，所筹集的资金专门用于偿还不规范证券回购债务的有价证券。

20．下列关于债券，说法错误的是(　　)。

A．固定利率债券是由政府和企业发行的主要债券种类

B．确定浮动利率时，Shibor是被广泛采纳的货币市场基准利率

C．零息债券以低于面值的价格发行

D．发行固定利率债券后，发行人的信用等级改变，其要偿付的利息会随之变化

【答案】D

【解析】D项，固定利率债券是由政府和企业发行的主要债券种类，有固定的到期日，并在偿还期内有固定的票面利率和不变的面值。即使市场利率或者发行人的信用等级改变，债券发行人要偿付的利息也不会变。

21．下列关于结构化债券的描述，不正确的是(　　)。

A．包括住房抵押贷款支持证券(MBS)和资产支持证券(ABS)

B．购买结构化债券的投资者通常定期获得资金池里的一部分现金

C．MBS资金流来自住房抵押贷款人的定期还款

D．MBS贷款的种类包括汽车消费贷款、学生贷款、信用卡应收款等

【答案】D

【解析】D 项，MBS 是以居民住房抵押贷款或商用住房抵押贷款组成的资金池为支持的；ABS 的发行和 MBS 类似，其贷款的种类是其他债务贷款，如汽车消费贷款、学生贷款、信用卡应收款等。

22. 下列关于收益率曲线特点的描述，错误的是(   )。

    A. 短期收益率一般比长期收益率更富有变化性

    B. 收益率曲线一般向上倾斜

    C. 当利率整体水平较高时，收益率曲线会呈现向下倾斜的形状

    D. 短期债券倾向于比长期的有相同质量的债券提供更高的收益率

【答案】D

【解析】收益率曲线一般具备以下特点：①短期收益率一般比长期收益率更富有变化性；②收益率曲线一般向上倾斜；③当利率整体水平较高时，收益率曲线会呈现向下倾斜(甚至是倒转)的形状。

23. 债券基金经理合理运用免疫策略实现资产组合现金流匹配和资产负债有效管理，常用的免疫策略不包括(   )。

    A. 所得免疫   B. 价格免疫   C. 或有免疫   D. 市场免疫

【答案】D

【解析】如果债券基金经理能够较好地确定持有期，那么就能够找到所有的久期等于持有期的债券，并选择凸性最高的那种债券，这类策略称为免疫策略。选择免疫策略，就是在尽量减免到期收益率变化所产生负效应的同时，还尽可能从利率变动中获取收益。常用的免疫策略主要包括所得免疫、价格免疫和或有免疫。

24. 影响回购协议利率的因素不包括(   )。

    A. 回购协议的定价   B. 抵押证券的质量

    C. 回购期限的长短   D. 交割的条件

【答案】A

【解析】影响回购协议利率的因素包括：①抵押证券的质量；②回购期限的长短；③交割的条件；④货币市场其他子市场的利率。

25. 在货币市场上占有重要地位的国债是(   )。

    A. 无期限国债   B. 长期国债

    C. 国库券   D. 短期国债

【答案】D

【解析】货币市场工具一般是指短期的(1 年之内)、具有高流动性的低风险证券，具体包括银行回购协议、定期存款、商业票据、银行承兑汇票、短期国债、中央银行票据等。

26. 下列关于商业票据发行的说法错误的是(   )。

    A. 商业票据的发行包括直接发行和间接发行两种

    B. 大多数资信好的公司采用间接发行方式

    C. 和短期政府债券一样，商业票据也采用贴现发行的方式

    D. 货币市场利率越高，贴现率越高；发行主体资信越好，贴现率越低

【答案】B

【解析】商业票据的发行包括直接发行和间接发行两种。直接发行是指发行主体直接

将票据销售给投资人，大多数资信好的公司采用这种发行方式。间接发行是指发行主体通过票据承销商将票据间接出售给投资者。和短期政府债券一样，商业票据也采用贴现发行的方式。货币市场利率越高，贴现率越高；发行主体资信越好，贴现率越低。

27. 大额可转让定期存单的二级市场流动性的大小取决于(   )。

  A. 存单发行的形式   B. 做市商的种类

  C. 做市商的数量   D. 投资者的数量

【答案】C

【解析】大额可转让定期存单的二级市场一般采取做市商制度，做市商会通过回购协议将部分大额可转让定期存单抵押出去以获得资金，但存单回购利率要高于国债回购利率。二级市场流动性的大小取决于做市商的数量。

28. 可在期权到期日或到期日之前的任何时间执行权利的金融期权是(   )。

  A. 美式期权   B. 修正的美式期权

  C. 欧式期权   D. 大西洋期权

【答案】A

【解析】按期权买方执行期权的时限分类，期权可分为欧式期权和美式期权两种。欧式期权，是指期权的买方只有在期权到期日才能执行期权(即行使买入或卖出标的资产的权利)，既不能提前也不能推迟；美式期权则允许期权买方在期权到期前的任何时间执行期权。

29. 任何金融工具都可能出现由资产价格或指数变动导致损失的可能性，这是(   )。

  A. 信用风险   B. 市场风险   C. 法律风险   D. 结算风险

【答案】B

【解析】衍生工具的价值与合约标的资产紧密相关，合约标的资产的价格变化会导致衍生工具的价格变动。而且衍生工具通常存在较大的杠杆，所以常常会有比较大的风险。除了这几种风险，衍生工具还可能具有的风险包括：①交易双方中的某方违约的信用风险；②因为资产价格或指数变动导致损失的市场风险；③因为缺少交易对手而不能平仓或变现的流动性风险；④因为交易对手无法按时付款或者按时交割带来的结算风险；⑤因为操作人员人为错误或系统故障或控制失灵导致的运作风险；⑥因为合约不符合所在国法律带来的法律风险。

30. 关于期货合约和远期合约的比较，下列叙述不正确的是(   )。

  A. 期货合约在交易所交易，远期合约通常在场外交易

  B. 期货合约实物交割比例非常低，远期合约实物交割比例非常高

  C. 期货合约和远期合约都有杠杆效应

  D. 期货合约是标准化合约，远期合约是非标准化合约

【答案】C

【解析】C 项，期货合约通常用保证金交易，因此有明显的杠杆，而远期合约通常没有杠杆效应。

31. 期货市场投机者的作用不包括(   )。

  A. 承担风险并提供风险资金   B. 实现商品价格的套期保值

  C. 抵消套期保值者之间的不平衡   D. 增强了市场的流动性

【答案】B

【解析】B 项属于期货套期保值的功能。

32. 下列关于影响期权价格的因素及其影响方向说法有误的是( )。

    A. 合约标的资产的分红增加,看跌期权价格上涨

    B. 合约标的资产的市场价格上涨,看涨期权价格上涨

    C. 合约标的资产价格的波动率增加,看跌期权价格上涨

    D. 无风险利率水平上升,看涨期权价格下跌

【答案】D

【解析】D 项,对买方而言,期权买方只需要支付期权费买入期权,从而其剩余资金可以无风险利率进行投资。故当无风险利率上升时,看涨期权的价格随之升高。

33. 关于看涨期权交易双方的潜在盈亏,下列说法正确的是( )。

    A. 买方的潜在盈利是无限的,卖方的潜在盈利是有限的

    B. 买方的潜在亏损是无限的,卖方的潜在亏损是有限的

    C. 双方的潜在盈利和亏损都是无限的

    D. 双方的潜在盈利和亏损都是有限的

【答案】A

【解析】看涨期权买方的亏损是有限的,其最大亏损额为期权价格,而盈利可能是无限大的。相反,看涨期权卖方的盈利是有限的,其最大盈利为期权价格,而亏损可能是无限大的。

34. 下列关于利率互换合约与货币互换合约的表述,不正确的是( )。

    A. 利率互换包括息票互换和基础互换两种形式

    B. 货币互换有固定对固定、固定对浮动、浮动对浮动三种互换形式

    C. 货币互换合约是两种货币资金的本金交换

    D. 利率互换合约双方交易时涉及本金交换

【答案】D

【解析】D 项,由于双方使用相同的货币,利率互换采用净额支付的方式,即互换双方不交换本金,只按期由一方向另一方支付本金所产生的利息净额。

35. 假定欧元兑美元汇率为 1 欧元=1.5 美元。A 公司想借入 5 年期的 1500 万美元借款,以浮动利率支付利息;B 公司想借入 5 年期的 1000 万欧元借款,以固定利率支付利息。表 1 为市场提供给 A、B 两公司的借款利率。如果进行货币互换,则 A、B 公司可节约的融资成本分别为( )。

表 1 市场提供给 A、B 两公司的借款利率

公司	欧 元	美 元
A 公司	5.6%	LIBOR+0.2%
B 公司	6.7%	LIBOR

    A. 欧元 0.5%;欧元 0.5%   B. 美元 0.2%;美元 0.2%

    C. 欧元 0.5%;美元 0.2%   D. 美元 0.2%;欧元 0.5%

【答案】A

【解析】双方进行货币互换的过程如图 1 所示。

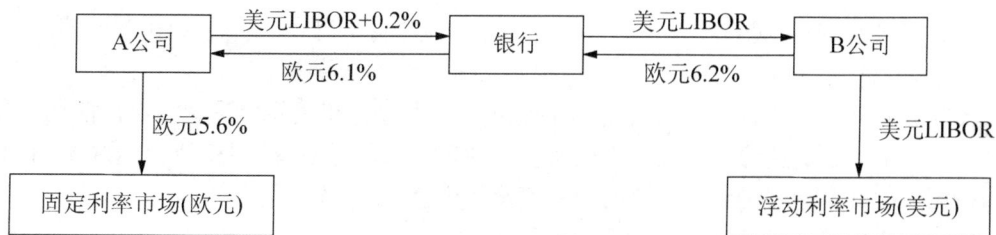

图 1　货币互换过程

货币互换前后 A、B 两家公司融资成本如表 2 所示。

表 2　货币互换前后 A、B 两家公司融资成本

公　司	互换前成本	互换后成本	节约的融资成本
A 公司	美元：LIBOR+0.2%	美元：LIBOR+0.2% 欧元：5.6%-6.1%=-0.5%	欧元：0.5%
B 公司	欧元：6.7%	美元：LIBOR-LIBOR=0 欧元：6.2%	欧元：0.5%

36．下列关于常见衍生工具的区别中，说法有误的是(　　)。

　　A．最常见的衍生工具包括远期合约、期货合约、期权合约和互换合约

　　B．期权合约与远期合约以及期货合约的不同之处是它的损益的不对称性

　　C．期货合约的实物交割比例非常高，远期合约的实物交割比例非常低

　　D．期货合约具有杠杆效应

【答案】C

【解析】C 项，期货合约由于具备对冲机制，实物交割比例非常低。远期合约如要中途取消，必须经双方同意，任何单方面意愿是无法取消合约的，其实物交割比例非常高。

37．另类投资产品(　　)的问题可能导致估值的不准确。

　　A．杠杆率较高　　　　　　　　　B．缺乏监管

　　C．流动性较差　　　　　　　　　D．信息不对称

【答案】C

【解析】另类投资产品流动性较差的问题可能导致估值的不准确，主要是因为，另类投资产品变现能力较差，市场将难以及时反映出该另类投资项目所包含的真正价值。

38．风险投资的特点是(　　)。

　　A．投资创新企业　　　　　　　　B．预期回报率低

　　C．收益来自企业分红　　　　　　D．风险低

【答案】A

【解析】风险投资的重要特点之一在于投资创新企业，进一步的，是投资于它们的创新性技术和产品。风险投资被认为是私募股权投资当中处于高风险领域的战略。由于承担更高的风险，风险投资比其他金融工具有更高的预期回报率。风险投资的收益不是来自企业本身的分红，而是来自企业成熟壮大之后的股权转让。

39．(　　)更偏好于在后期给企业提供额外资本来协助上市。

　　A．成长权益投资者　　　　　　　B．保荐机构

C. 机构投资者　　　　　　　D. 风险投资者

【答案】A

【解析】有些成长权益投资者着力于帮助企业上市。和风险投资者相比，前期成长权益投资者更偏好在后期给企业提供额外资本来协助上市。通过首次公开发行(IPO)，企业创立者和权益投资者能够得到将之前的投入变现的机会。

40. 私募股权投资基金的组织结构不包括(　　)。

　　A. 有限合伙制　　　　　　　B. 责任制

　　C. 信托制　　　　　　　　　D. 公司制

【答案】B

【解析】私募股权投资基金通常分为有限合伙制、公司制和信托制三种组织结构。

41. 下列关于房地产有限合伙的表述错误的是(　　)。

　　A. 由有限合伙人和普通合伙人组成

　　B. 有限合伙人直接参与管理和经营项目

　　C. 偏好资金的非流动性

　　D. 有限合伙人可能面临长达数年的负现金流

【答案】B

【解析】房地产有限合伙人将资金提供给普通合伙人，有限合伙人仅以出资份额为限对投资项目承担有限责任，并不直接参与管理和经营项目；普通合伙人通常是房地产开发公司，依赖其具备的专业能力和丰富经验将资金投资于房地产项目当中，之后管理并经营这些项目。

42. 房地产权益基金的退出策略是(　　)。

　　A. 打包上市　　　　　　　　B. 在公开市场上出售资产

　　C. 管理层回购　　　　　　　D. 二次出售

【答案】A

【解析】在退出策略方面，房地产权益基金可以通过在非公开市场上出售其所持有的资产退出，也可通过打包上市后退出。

43. 下列(　　)个人投资者在选择基金产品时应该以低风险为核心，不宜过度配置股票型基金等风险较高的产品。

　　A. 三口之家中的中年人　　　B. 老年人

　　C. 已经成家但尚未生育的年轻人　　D. 单身时期的年轻人

【答案】B

【解析】个人投资者的预期投资期限、对风险和收益的要求、对流动性的要求等因素会影响投资者的投资需求和投资决策，一般根据个人投资者所处生命周期的不同阶段确定其应该选择的基金产品类型。对老年人而言，投资的稳健、安全、保值最重要，在选择基金产品时应该以低风险为核心，不宜过度配置股票型基金等风险较高的产品。

44. 下列关于个人投资者的投资需求，说法错误的是(　　)。

　　A. 拥有稳定工作的年轻个人投资者，其风险承受能力较强

　　B. 随着年龄的增长，个人投资者的风险承受能力和风险承受意愿递增

　　C. 家庭负担越重，则可投资的资源越少，投资者越偏向于稳健的投资策略

D．个人投资者应根据所处生命周期的不同阶段确定其应该选择的基金产品类型

【答案】B

【解析】随着年龄的增长，个人投资者的风险承受能力和风险承受意愿递减。中青年人更具有冒险的精神，而且其有较长的时间来积累财富，更能承担不利的投资后果；而老年人对风险控制有更深切的体会，而且其一般因退休而失去了工资收入，增量资金有限，所以更偏向于保守的投资。

45．下列关于机构投资者保险公司说法错误的是(　　)。

A．保险公司通过销售保单募集大量保费

B．财险公司通常将保费投资于低风险资产

C．寿险公司通常将保费投资于低风险资产

D．保险公司可分为财险公司与寿险公司

【答案】C

【解析】保险公司可区分为财险公司与寿险公司，其中，财险公司针对因火灾、盗窃等意外事件导致的损失提供保险赔偿服务，财险公司吸纳的保费投资期限较短，并且赔偿额度具有很大风险，因此财险公司通常将保费投资于低风险资产；寿险公司开展人寿保险、人身意外险、健康险等险种业务，通过人寿保险业务吸纳的保费具有较长的投资期，通常可以投资于风险较高的资产。

46．投资政策说明书的内容一般不包括(　　)。

A．投资回报率目标、投资范围

B．期限、流动性、合规等投资限制

C．投资决策流程、投资策略与交易机制

D．宣传以往业绩的夸大性、误导性材料

【答案】D

【解析】投资政策说明书的内容一般包括投资回报率目标、投资范围、投资限制(包括期限、流动性、合规等)、业绩比较基准。有些机构还将投资决策流程、投资策略与交易机制等内容纳入投资政策说明书。

47．在(　　)的情况下，投资者一般会要求较高的债券收益率。

A．债券发行人信用度较高　　　　B．债券发行条款对投资者有利

C．债券到期期限较短　　　　　　D．债券预期流动性较差

【答案】D

【解析】投资者会要求对承担的流动性风险进行补偿，因此，一般来说，债券流动性越差，投资者要求的收益率越高。

48．投资组合可以(　　)。

A．降低系统性风险　　　　　　B．降低非系统性风险

C．提高系统性收益　　　　　　D．提高非系统性收益

【答案】B

【解析】非系统性风险往往是由与某个或少数的某些资产有关的一些特别因素导致的，这些因素只对某个或某些资产的收益造成影响，而与其他资产的收益无关，所以这些风险可以分散化。当投资组合中包含的资产数量增加时，每个资产在其中所占比重下降，那么

各特别因素对整个投资组合收益率的影响程度就降低了，并且有可能被其他特别因素的影响所抵消。

49. 马柯威茨的投资组合理论的主要贡献表现在(   )。

    A. 以因素模型解释了资本资产的定价问题

    B. 降低了构建有效投资组合的计算复杂性与所费时间

    C. 确立了市场投资组合与有效边界的相对关系

    D. 创立了以均值方差法为基础的投资组合理论

【答案】D

【解析】马柯威茨于1952年开创了以均值方差法为基础的投资组合理论。这一理论的基本假设是投资者是厌恶风险的。这意味着投资者若接受高风险的话，则必定要求高收益率来补偿。

50. 无风险资产与市场组合的连线，形成了新的有效前沿，被称为(   )。

    A. 无差异曲线   B. 证券市场线

    C. 资本市场线   D. 资产配置线

【答案】C

【解析】若不考虑无风险借贷，由风险资产构成的有效前沿在标准差—预期收益率平面中的形状为双曲线上半支。当引入无风险资产后，有效前沿变成了射线。这条射线从纵轴上无风险利率点 r_f 处向上延伸，与原有效前沿曲线相切于点 M，它包含了所有风险资产投资组合 M 与无风险借贷的组合。这条射线即是资本市场线。如图2所示。

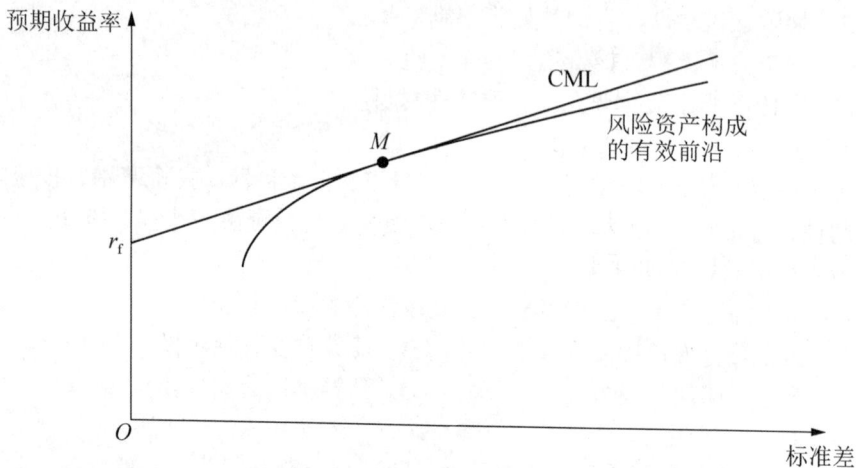

图2　资本市场线

51. 基金实际投资绩效在很大程度上决定于(   )。

    A. 投资研究的水平   B. 与上市公司管理层的良好关系

    C. 灵通的市场消息   D. 基金交易员的操盘水平

【答案】A

【解析】研究部是基金投资运作的基础部门，通过对宏观经济形势、行业状况、上市公司等进行详细分析和研究，提出行业资产配置建议，并选出具有投资价值的上市公司建立股票池，向基金投资决策部门提供研究报告及投资计划建议。研究能力对于基金公司的投资业绩具有重要影响。

52．当技术分析无效时，市场至少符合(　　)。

　　A．无效市场假设　　　　　　　B．强有效市场假设

　　C．半强有效市场假设　　　　　D．弱有效市场假设

【答案】D

【解析】弱有效市场是指证券价格能够充分反映价格历史序列中包含的所有信息。在一个弱有效的证券市场上，任何为了预测未来证券价格走势而对以往价格、交易量等历史信息所进行的技术分析都是徒劳的。在弱式、半强式、强有效市场上，技术分析均无效，三种市场包含的假设条件依次增多。因此，技术分析无效时，市场至少符合弱势有效市场假设。

53．沪深 300 指数采用(　　)进行计算。

　　A．算术平均法　　　　　　　　B．派许加权法

　　C．几何平均法　　　　　　　　D．市值加权法

【答案】B

【解析】选择计算期的同度量因素作为权数，被称为派许加权法。沪深 300 指数在上海和深圳证券市场中选取 300 只 A 股股票作为样本，以 2004 年 12 月 31 日为基期，基点为 1000 点，其计算以调整股本为权重，采用派许加权综合价格指数公式进行计算。

54．根据市场条件的不同，指数复制方法不包括(　　)。

　　A．完全复制　　　B．抽样复制　　　C．优化复制　　　D．随机复制

【答案】D

【解析】指数跟踪也称指数复制，是用指数成分证券创建一个与目标指数相比差异尽可能小的证券组合的过程。根据市场条件的不同，通常有三种指数复制方法，即完全复制、抽样复制和优化复制。

55．有甲、乙、丙、丁四个投资者，均申报买进 X 股票，申报价格和申报时间分别为：甲的买进价为 10.70 元，时间是 13:35；乙的买进价为 10.40 元，时间是 13:40；丙的买进价为 10.75 元，时间为 13:55；丁的买进价为 10.40 元，时间为 13:50。则四位投资者交易的优先顺序(　　)。

　　A．丁、乙、甲、丙　　　　　　B．丁、乙、丙、甲

　　C．丙、甲、丁、乙　　　　　　D．丙、甲、乙、丁

【答案】D

【解析】指令驱动的成交原则如下：①价格优先原则；②时间优先原则。如果在同一价格上有多笔交易指令，此时会遵循"先到先得"的原则，即买卖方向相同、价格一致的，优先成交委托时间较早的交易。先比较申报价格，可知丙的申报价格最高，甲其次，乙、丁的申报价格相同且低于丙、甲；再比较乙、丁的申报时间，乙先于丁申报，所以乙应优先于丁。

56．在保证金交易中，上海证券交易所规定的维持担保比例下限为(　　)。

　　A．120%　　　　B．130%　　　　C．140%　　　　D．150%

【答案】B

【解析】上海证券交易所规定的维持担保比例下限为 130%，维持担保比例=(现金+信

用证券账户内证券市值总和)÷(融资买入金额+融券卖出证券数量×当前市价+利息及费用总和)。

57. 与传统的手动交易相比，算法交易不能(   )。

    A. 提高交易员的工作效率

    B. 最大限度地降低由于人为失误而造成的交易错误

    C. 高效地捕捉市场流动性以及市场上的交易机会

    D. 替代交易员执行工作

【答案】D

【解析】相比传统的手动交易，算法交易可以极大地提高交易员的工作效率，进而把交易员从重复而繁重的执行操作中解放出来，使得他们可以在一个更高的层次上做出决策。同时算法交易可以最大限度地降低由于人为失误而造成的交易错误。计算机的特性使得算法交易可以更高效地捕捉市场流动性以及市场上的交易机会，进而增加投资组合收益，使复杂的交易和投资策略得以执行。

58. 我国证券业收入的主要组成部分是(   )。

    A. 买卖价差   B. 印花税   C. 佣金   D. 过户费

【答案】C

【解析】佣金是指交易成功后，投资者根据交易额，按照一定比例付给经纪人的费用，是证券交易中最普遍、最清晰的成本。据中国证券业协会提供的数据，2013 年我国证券业营业收入达到了 1590 亿元，其中佣金收入为 760 亿元，占比为 47.8%，是证券业收入的主要组成部分。

59. 下列关于市场冲击说法错误的是(   )。

    A. 市场冲击是交易行为对价格产生的影响

    B. 市场冲击可以用交易头寸占日平均交易量的比例来衡量

    C. 头寸越大，对市场价格的冲击越明显

    D. 头寸越大，交易所需的时间越短

【答案】D

【解析】市场冲击是交易行为对价格产生的影响，可以用交易头寸占日平均交易量的比例来衡量。头寸越大，对市场价格的冲击越明显，交易所需的时间也越长，执行时间的延长就会导致机会成本的增加。

60. 2013 年 6 月，国内市场资金面持续紧张，资金利率一路上行，出现"钱荒"。这主要体现了投资分析中的(   )。

    A. 操作风险   B. 政策风险

    C. 流动性风险   D. 信用风险

【答案】C

【解析】当流动性供给者与需求者出现供求不平衡时便会带来流动性风险。流动性风险有两个方面的影响，从资金供给的角度看取决于股票市场和货币市场的资金供给，从资金需求的角度则要看基金持有人的结构。

61. (   )通常用来衡量和预测目前组合在将来的表现和风险情况。

    A. 事前指标   B. 事后指标   C. 下行风险   D. 风险价值

【答案】A

【解析】风险指标可以分成事前和事后两类。事后指标通常用来评价一个组合在历史上的表现和风险情况，而事前指标则通常用来衡量和预测目前组合在将来的表现和风险情况。

62．证券投资组合 p 的收益率的标准差为 0.49，市场收益率的标准差为 0.32，投资组合 p 与市场收益的相关系数为 0.6，则该投资组合的贝塔系数为(　　)。

　　A．0.4　　　　　B．0.65　　　　　C．0.92　　　　　D．1.53

【答案】C

【解析】贝塔系数(β)是评估证券或投资组合系统性风险的指标，反映的是投资对象对市场变化的敏感度。贝塔系数可以通过相关系数计算得到，

$\beta_p = \rho_{p,m} \cdot \dfrac{\sigma_p}{\sigma_m} = 0.6 \times 0.49 \div 0.32 = 0.92$。

63．商业银行普遍采用的计算 VaR 值的方法不包括(　　)。

　　A．参数法　　　　　　　　　　　B．历史模拟法
　　C．情景分析法　　　　　　　　　D．蒙特卡洛模拟法

【答案】C

【解析】目前，商业银行普遍采用三种模型技术来计算 VaR 值，即参数法、历史模拟法和蒙特卡洛模拟法。

64．当市场利率(　　)时，持有附有提前赎回权债券的基金将不仅不能获得高息收益，而且还会面临再投资风险。

　　A．下降　　　　B．上升　　　　C．波动较大　　　　D．波动较小

【答案】A

【解析】提前赎回风险是指债券发行人有可能在债券到期日之前回购债券的风险。当市场利率下降时，债券发行人能够以更低的利率融资，因此可能会提前偿还高息债券，以降低企业融资成本。持有附有提前赎回权债券的基金将不仅不能获得高息收益，而且还会面临再投资风险。

65．下列关于分级基金的说法，不正确的是(　　)。

　　A．分级基金将基础份额结构化分为不同风险收益特征的子份额
　　B．一旦基准利率发生变化，A 类份额将面临利率风险
　　C．B 类份额的杠杆面临变动的风险
　　D．在折算后，部分基金份额将转化为母基金份额，但其风险收益特征不会发生
　　　　改变

【答案】D

【解析】D 项，在折算(包括定期折算和不定期折算)后，部分基金份额将转化为母基金份额，其风险收益特征将发生改变。

66．假定在样本期内无风险利率为 6%，市场资产组合的平均收益率为 18%；基金 A 的平均收益率为 17.6%，贝塔值为 1.2；基金 B 的平均收益率为 17.5%，贝塔值为 1.0；基金 C 的平均收益率为 17.4%，贝塔值为 0.8。那么用詹森指数衡量，绩效最优的基金是(　　)。

　　A．基金 A+基金 C　　　　　　　　B．基金 B

C. 基金 A   D. 基金 C

【答案】D

【解析】基金 A 的詹森指数=17.6%-[6%+1.2×(18%-6%)]=-2.8%；基金 B 的詹森指数=17.5%-[6%+1.0×(18%-6%)]=-0.5%；基金 C 的詹森指数=17.4%-[6%+0.8×(18%-6%)]=1.8%。因此，基金 C 的绩效最优。

67. 如果两只基金的时间加权收益率相等，下列表述正确的是(   )。

　　A. 早分红的基金比晚分红的基金收益率高

　　B. 两只基金的表现同样好

　　C. 分红次数多的基金收益率高

　　D. 分红额高的基金收益率高

【答案】B

【解析】时间加权收益率反映了 1 元投资在 n 期内所获得的总收益率。基金收益率计算一般要求采用考虑了基金分红再投资的时间加权收益率。

68. 下列关于持有区间收益率的说法，不正确的是(   )。

　　A. 持有区间所获得的收益通常来源于资产回报和收入回报

　　B. 持有区间收益率=(期末资产价格-期初资产价格+期间收入)÷期初资产价格 ×100%

　　C. 持有区间收益率的组成中，收入回报是指股票、债券、房地产等资产价格的增加或减少

　　D. 收入回报率=期初收入÷期初资产价格×100%

【答案】C

【解析】C 项，持有区间所获得的收益通常来源于资产回报和收入回报。资产回报是指股票、债券、房地产等资产价格的增加或减少；而收入回报包括分红、利息、租金等。

69. 某养老基金资产组合的年初值为 50 万美元，前 6 个月的收益率为 15%，下半年发起人又投入 50 万美元，年底资产总值为 118 万美元，则其时间加权收益率为(   )。

　　A. 9.77%   B. 15.00%   C. 18.00%   D. 26.23%

【答案】D

【解析】前 6 个月的收益率为 15%；后 6 个月的收益率=[118-50-50×(1+15%)]÷[(50+50×(1+15%)]=9.77%；时间加权收益率=(1+15%)×(1+9.77%)-1=26.23%。

70. 某投资组合的平均收益率为 14%，收益率标准差为 21%，β 值为 1.15，若无风险利率为 6%，则该投资组合的夏普比率为(   )。

　　A. 0.21   B. 0.07   C. 0.13   D. 0.38

【答案】D

【解析】根据投资组合中夏普比率的计算公式，可得：

$$S_p = \frac{\overline{R}_p - \overline{R}_f}{\sigma_p} = \frac{14\% - 6\%}{21\%} = 0.38$$

71. 某基金詹森 α 为 2%，表示其表现(   )。

　　A. 不如市场的平均水平   B. 优于市场的平均水平

　　C. 等于市场的平均水平   D. 不确定

【答案】B

【解析】詹森 α 衡量的是基金组合收益中超过 CAPM 模型预测值的那一部分超额收益。用公式表示为

$$\alpha_p = (\bar{R}_p - \bar{R}_f) - \beta_p(\bar{R}_M - \bar{R}_f)$$
$$= \bar{R}_p - [\bar{R}_f + \beta_p(\bar{R}_M - \bar{R}_f)]$$

若 $\alpha_p = 0$，则说明基金组合的收益率与处于相同风险水平的被动组合的收益率不存在显著差异；当 $\alpha_p > 0$ 时，说明基金表现要优于市场指数表现；当 $\alpha_p < 0$ 时，说明基金表现要弱于市场指数的表现。

72. 基金 P 当月的实际收益率为 5.34%。表 3 为该基金的基准投资组合 B 的相关数据。

表3　基准投资组合的组成及各部分收益

组　成	基准权重	月指数收益率(%)
股票(沪深 300 指数)	0.60	5.81
债券(中国债券指数)	0.30	1.45
现金(货币市场工具)	0.10	0.48

假设基金 P 的各项资产权重分别为股票 70%、债券 7%、货币市场工具 23%，则资产配置对基金 P 超额收益的贡献为(　　)。

　　A．0.31%　　　　B．1.37%　　　　C．1.06%　　　　D．0.44%

【答案】A

【解析】基金 P 的资产配置所带来的超额收益率仅反映了从 60∶30∶10 的基准权重转变到当前权重所引起的收益变化，而不包括基金经理在各个市场中积极选择证券所带来的收益变化，资产配置带来的贡献为 =(0.70-0.60)×5.81%+(0.07-0.30)×1.45%+(0.23-0.10)×0.45%=0.31%。

73. 对于我国证券交易所市场实行多边净额清算的证券交易，(　　)是所有结算参与人的共同对手方。

　　A．主承销商　　　　　　　　　B．证券交易所
　　C．中国结算公司　　　　　　　D．结算银行

【答案】C

【解析】对于我国证券交易所市场实行多边净额清算的证券交易,证券登记结算机构(即中国结算公司)是承担相应交易交收责任的所有结算参与人的共同对手方。

74. 以下关于货银对付交收制度的表述，错误的是(　　)。

　　A．目前中国结算公司仅在基金、权证等品种实行了货银对付制度
　　B．货银对付制度可防范本金风险
　　C．通过货银对付，保证证券和资金所有权同时进行实质性交收
　　D．货银对付制度就是"一手交钱、一手交货"

【答案】A

【解析】我国证券市场目前已经在权证、ETF 等一些创新品种实行了货银对付制度,但 A 股、基金等老品种的货银对付制度还在推行当中。

75. 市场参与者待返售债券总余额应小于其在债券登记托管结算机构托管的自营债券总量的(　　)。

  A. 100%　　　　B. 300%　　　　C. 200%　　　　D. 50%

【答案】C

【解析】按照中国人民银行的规定,任何一家市场参与者在进行买断式回购交易时单只券种的待返售债券余额应小于该只债券流通量的 20%,任何一家市场参与者待返售债券总余额应小于其在债券登记托管结算机构托管的自营债券总量的 200%。

76. 证券交收环节的含义包括(　　)。

  A. 投资者与投资者之间的证券交收

  B. 证券公司与结算参与人之间的证券交收

  C. 结算参与人与客户之间的证券交收

  D. 结算参与人与结算参与人之间的证券交收

【答案】C

【解析】证券交收包含两个层面的含义:①中国结算公司沪、深分公司与结算参与人的证券交收;②结算参与人与客户之间的证券交收。

77. 证券交易所的设立和解散,由(　　)决定。

  A. 国务院　　　　　　　　　　B. 证监会

  C. 中国人民银行　　　　　　　D. 证券交易所

【答案】A

【解析】证券交易所是为证券集中交易提供场所和设施,组织和监督证券交易,实行自律管理的法人。证券交易所的设立和解散由国务院决定。

78. 在深圳证券交易所,接受大宗交易申报的时间为每个交易日 9:15 至 11:30、(　　)。

  A. 15:00 至 15:30　　　　　　B. 13:00 至 15:30

  C. 15:30 至 16:00　　　　　　D. 13:00 至 15:00

【答案】B

【解析】深圳证券交易所于 2009 年 1 月 12 日起,启用综合协议交易平台,取代原有大宗交易系统。协议平台接受交易用户申报的时间为每个交易日 9:15 至 11:30、13:00 至 15:30。

79. 在证券交易分级结算制下,证券公司承担的责任是(　　)。

  A. 每笔结算只计其应收、应付款项

  B. 证券或资金的交收责任

  C. 证券交付时双方可给付资金

  D. 担当买卖双方结算交易对手

【答案】B

【解析】证券和资金结算实行分级结算原则。实行分级结算,意味着对证券公司接受投资者委托达成的证券交易,证券公司需要承担相应的证券或资金的交收责任。

80. 证券公司在存管银行开立的客户交易结算资金账户不能用于(　　)。

  A. 客户取款　　　　　　　　　B. 客户存款

  C. 证券交易资金交收　　　　　D. 支付佣金手续费

【答案】B

【解析】证券公司在存管银行开立客户交易结算资金汇总账户，用于集中存管客户交易结算资金。交易结算资金账户只能用于客户取款、证券交易资金交收和支付佣金手续费等用途。客户的证券资金账户与托管账户一一对应。

81. 下列关于银行间债券市场的组织体系的表述，不正确的是(　　)。
    A. 中国人民银行负责监督管理银行间债券市场
    B. 其中介服务机构主要有全国银行间同业拆借中心、中央结算公司和上海清算所
    C. 中央结算公司主要为市场的投资者提供报价平台
    D. 上海清算所为银行间市场提供以中央对手净额清算为主的直接和间接的本、外币清算服务

【答案】C

【解析】C 项，全国银行间同业拆借中心主要为市场的投资者提供报价平台，为其交易提供电子成交登记服务，并按照中国人民银行的有关规定，对通过交易系统开展的债券交易活动进行监测。中央结算公司主要为市场的各类参与主体提供国债、金融债券、企业债券和其他固定收益证券的发行、登记、托管、交易结算、信息发布等服务，并负责维护中债综合业务平台的正常运行。

82. 2007 年 3 月底，泛欧证券交易所与(　　)合并。
    A. 布鲁塞尔证券交易所
    B. 巴黎证券交易所
    C. 阿姆斯特丹证券交易所
    D. 纽约证券交易所

【答案】D

【解析】2007 年 3 月底，泛欧证券交易所与纽约证券交易所合并组成纽约泛欧证券交易所(NYSE Euronext)，并于 2007 年 4 月 4 日在纽约证券交易所和泛欧证券交易所同时挂牌上市。

83. 以下关于基金资产估值，表述正确的是(　　)。
    A. 我国开放式基金于每个交易日估值，并于次日公告基金份额净值
    B. 基金持有的证券全部采用市场交易价格估值
    C. 我国的封闭式基金每周估值一次
    D. 海外的基金都是每个交易日估值

【答案】A

【解析】B 项，当基金只投资于交易活跃的证券时，直接采用市场交易价格就可以对基金资产估值；C 项，封闭式基金每周披露一次基金份额净值，但每个交易日也进行估值；D 项，海外的基金多数也是每个交易日估值，但也有一部分基金是每周估值一次，有的甚至每半个月、每月估值一次。

84. 目前，货币市场基金的管理费率一般为(　　)。
    A. 1%　　　　　　B. 0.05%　　　　　C. 1.5%　　　　　D. 0.33%

【答案】D

【解析】基金管理费率通常与基金规模成反比，与风险成正比。基金规模越大，基金

管理费率越低;基金风险程度越高,基金管理费率越高。不同类别及不同国家、地区的基金,管理费率不完全相同。目前,我国股票基金大部分按照 1.5%的比例计提基金管理费,债券基金的管理费率一般低于 1%,货币市场基金的管理费率不高于 0.33%。

85．关于基金托管人的基金估值责任的表述,不正确的是(   )。

    A．基金托管人对基金管理人的估值原则和程序有异议的,以基金管理人的意见为准

    B．基金托管人对基金管理人的估值结果负有复核责任

    C．我国基金资产估值的责任人是基金管理人

    D．在复核基金管理人的估值结果之前,基金托管人应该审阅基金管理人的估值原则和程序

【答案】A

【解析】我国基金资产估值的责任人是基金管理人,但基金托管人对基金管理人的估值结果负有复核责任。托管人在复核、审查基金资产净值以及基金份额申购、赎回价格之前,应认真审阅基金管理公司采用的估值原则和程序。当对估值原则或程序有异议时,托管人有义务要求基金管理公司作出合理解释,通过积极商讨达成一致意见。

86．基金的存款利息收入计提方式为(   )。

    A．按周计提   B．按月计提   C．按日计提   D．按季计提

【答案】C

【解析】利息主要包括债券的利息、银行存款利息、清算备付金利息、回购利息等。各类资产利息均应按日计提,并于当日确认为利息收入。

87．证券投资基金持有证券的上市公司的如下行为中,不需要证券投资基金进行会计核算的有(   )。

    A．发行新股   B．资产出售   C．发放红利   D．配股

【答案】B

【解析】权益核算是指与基金持有证券的上市公司有关的、所有涉及该证券权益变动并进而影响基金权益变动的事项,包括发行新股、发放股息和红利、配股等公司行为的核算。

88．以下关于基金会计核算的特点,表述不正确的是(   )。

    A．基金管理公司的经营活动和证券投资基金的投资管理活动应独立建账、独立核算

    B．目前,我国基金会计核算的会计区间细化到日

    C．为了提高核算效率,同一基金管理公司管理的所有基金可以合并建账、统一核算

    D．基金会计核算主体为证券投资基金

【答案】C

【解析】C 项,基金管理公司是证券投资基金会计核算的责任主体,对所管理的基金应当以每只基金为会计核算主体,独立建账、独立核算,保证不同基金在名册登记、账户设置、资金划拨、账簿记录等方面相互独立。

89．估值方法的(   )是指基金在进行资产估值时均应采取同样的估值方法,遵守同样

的估值规则。

    A．公开性   B．有效性   C．真实性   D．一致性

【答案】D

【解析】基金资产估值需考虑的因素有估值方法的一致性及公开性。估值方法的一致性是指基金在进行资产估值时均应采取同样的估值方法，遵守同样的估值规则；估值方法的公开性是指基金采用的估值方法需要在法定募集文件中公开披露。

90．基金管理费率通常与基金投资风险(   )。

    A．无关   B．无法判断   C．成正比   D．成反比

【答案】C

【解析】基金管理费是指基金管理人管理基金资产而向基金收取的费用。基金管理费率通常与基金规模成反比，与风险成正比。

91．股票投资、债券投资和银行存款等现金类资产分别占基金资产净值的比例等指标，在基金定期报告的投资组合报告中披露。这属于基金财务会计报告分析的(   )。

    A．基金持仓结构分析   B．基金盈利能力和分红能力分析

    C．基金收入情况分析   D．基金费用情况分析

【答案】A

【解析】基金持仓结构分析包括股票投资、债券投资、银行存款等现金类资产分别占基金资产净值的比例等指标，在基金定期报告的投资组合报告中披露。除此之外，在基金的定期报告中，还披露股票投资在各行业的分布情况，通过行业分布可以分析出基金的重点投资方向。

92．假设某投资者持有 5000 份基金 A，当前的基金份额净值为 1.4 元，对该基金按 1：1.4 的比例进行拆分操作后，对应的基金资产为(   )元。

    A．3571   B．5000   C．7000   D．9800

【答案】C

【解析】拆分前，投资者对应的基金资产为 1.4×5000=7000(元)，拆分不改变投资者的投资总额，基金资产仍为 7000 元。

93．关于基金收益分配的说法中，不正确的有(   )。

    A．开放式基金的分配应可以用现金方式

    B．封闭式基金只能采用现金分红

    C．封闭式基金收益分配比例不得低于基金年度已实现收益的 90%

    D．投资者事先未作出开放式基金分红方式选择的，基金管理人可以将分红再投资转换为基金份额

【答案】D

【解析】根据有关规定，基金收益分配默认为采用现金方式。开放式基金的基金份额持有人可以事先选择将所获分配的现金利润，转为基金份额，即选择分红再投资。基金份额持有人事先没有做出选择的，基金管理人应当支付现金。

94．从 2008 年 9 月 19 日起，基金卖出股票时____印花税，买入股票时____印花税。(   )

    A．征收；征收   B．征收；不征收

    C．不征收；征收   D．不征收；不征收

【答案】B

【解析】根据财政部、国家税务总局的规定，从 2008 年 9 月 19 日起，基金卖出股票时按照 1‰的税率征收证券(股票)交易印花税，而对买入交易不再征收印花税，即对印花税实行单向征收。

95．下列关于机构法人买卖基金产生的税收的表述，正确的是(   )。

A．对机构买卖基金份额征收印花税

B．对非金融机构买卖基金的差价收入征收营业税

C．对机构从基金分配中获得的收入征收企业所得税

D．对金融机构买卖基金的差价收入征收营业税

【答案】D

【解析】A 项，机构投资者买卖基金份额暂免征收印花税；B 项，非金融机构买卖基金份额的差价收入不征收营业税；C 项，机构投资者从基金分配中获得的收入，暂不征收企业所得税。

96．下列关于基金业行业自律组织监管，说法错误的是(   )。

A．是对政府监管的有益补充

B．自律组织对市场运作和行为的了解深入，专业水平高

C．对市场变化的反应比政府机构慢且不够灵活

D．自律组织可以要求其管理对象除遵循政府法规之外，还要遵守一定的道德规范

【答案】C

【解析】C 项，由于自律组织对市场运作和行为的了解更为深入，专业水平更高，可能对市场变化的反应比政府机构更快、更灵活。

97．下列关于卢森堡，说法错误的是(   )。

A．拥有全球第二大基金资产管理市场

B．欧洲第一、世界第二大金融中心

C．欧洲第一个推行公募发行开放式 UCITS 基金的国家

D．另类投资基金的中心

【答案】B

【解析】作为欧洲第一、世界第八大金融中心，卢森堡拥有全球第二大基金资产管理市场、全世界 20%的管理资产，同时也是另类投资基金的中心。此外，卢森堡还是欧洲第一个推行 UCITS 指令的国家，是目前全球最大的 UCITS 基金注册地。

98．QDII 基金的下列行为中符合证监会规定的有(   )。

A．购买不动产和房地产抵押按揭

B．购买贵重金属或代表贵重金属的凭证

C．购买实物商品

D．借入临时用途现金比例不超过基金资产净值的 5%

【答案】D

【解析】除中国证监会另有规定外，QDII 基金不得有下列行为：①购买不动产；②购买房地产抵押按揭；③购买贵重金属或代表贵重金属的凭证；④购买实物商品；⑤除应付赎回、交易清算等临时用途以外，借入现金，该临时用途借入现金的比例不得超过基金、

集合计划资产净值的 10%；⑥利用融资购买证券，但投资金融衍生产品除外；⑦参与未持有基础资产的卖空交易；⑧从事证券承销业务；⑨中国证监会禁止的其他行为。

99. 关于中外合资基金管理公司的境外股东应当具备的条件，下列表述错误的是( )。

    A. 最近 5 年没有受到监管机构或者司法机关的处罚

    B. 实缴资本不少于 3 亿元人民币的等值可自由兑换货币

    C. 所在国家或者地区具有完善的证券法律和监管制度

    D. 所在国家或者地区证券监管机构已与中国证监会或者中国证监会认可的其他机构签订证券监管合作谅解备忘录

【答案】A

【解析】A 项，根据《证券投资基金管理公司管理办法》的相关规定，中外合资基金管理公司的境外股东应为依其所在国家或者地区法律设立，合法存续并具有金融资产管理经验的金融机构，财务稳健，资信良好，最近 3 年没有受到监管机构或者司法机关的处罚。

100. 《集合投资计划治理白皮书》是由( )于 2005 年发表的。

    A. WTO   B. 国际证监会

    C. 欧盟   D. 经合组织

【答案】D

【解析】经济合作与发展组织在 2005 年发表了《集合投资计划治理白皮书》(简称《白皮书》)，提出了该组织对新时期投资基金治理及监管的原则性建议。